Ina Hellmann

Hinten ist schon ganz weit weg

10 Monate im Feuerwehrauto durch Nordamerika

Herstellung und Verlag:

BoD- Books on Demand, Norderstedt

ISBN: 9783755758716

INHALT

I

II

Vorwort

Keine Ahnung, wann Stefan mir die entscheidende Frage gestellt hat. Ich behaupte jetzt mal, dass wir - die Kinder schon im Bett, die Luft noch warm - auf den Horizont blickten. „Ina, wie viele Leute hat man am Ende des Lebens sagen hören: „Ach, hätte ich doch damals *BLOß* nicht diese Weltreise gemacht, sondern mir stattdessen eine schicke Einbauküche gekauft!"?" Weil die Antwort auf der Hand liegt und das Argument einleuchtet, könnte ich jetzt behaupten, dass dies der Moment war, um aus einem dummen Gedanken („Komm, wir reisen ein Jahr rum!") einen festen Plan werden zu lassen. („Ja nee, is klar.") In Wirklichkeit hatten meine Zweifel aber gar nichts mit dem Traum von einer Kochinsel, sondern vielmehr mit schulpflichtigen Kindern zu tun. Stefan dagegen hielt unsere fixe Idee von Anfang an für eine ausgemachte Sache, die er überall begeistert herumerzählte. Kanada! (Grins) Der Wilde Westen! (Augenleuchten) Amerikanische Trucks! (Geräusche von V8-Motoren) Wilde Landschaft, einsame Landstraßen und eine kleine Familie in einem roten Feuerwehrbus. Zugegeben - der Gedanke war verlockend.

Genau genommen war die Gelegenheit, einfach mal dem Ruf der Wildnis zu folgen, sogar ausgesprochen günstig, da sowieso ein großer Umbruch vor der Tür stand. Neun Jahre Auslandsschuldienst in Spanien gingen dem Ende zu. Die Rückreise nach Deutschland stand unmittelbar bevor. Warum sollte man die nicht einfach ein klitzekleines bisschen ausdehnen? „Take the long way home!", singt Supertramp und damit könnte doch ein kleiner Umweg von Spanien über Nordamerika nach Deutschland gemeint sein. Warum eigentlich nicht?! Und außerdem: Aufbruch ist leichter als Rückkehr. Keine Zeit für Traurigkeit, wenn man ein Leben auf Rädern führt. WAS würden wir nicht alles sehen und erleben! Füße auf dem Armaturenbrett, Wind im Haar, Pott Kaffee in der Hand, Blick in die Ferne - guck mal 'n Adler! Geschenkte Zeit.

So kam es, dass wir uns gegen die Rückkehr und fürs Reisen entschieden haben - für minimalen Wohnraum und maximal viel Zeit. Zeit für die Familie. Zeit für den Sternenhimmel. Über mir die Adler, unter mir die Schnappschildkröte, vor mir der Horizont - und hinten? „Hinten ist schon ganz weit weg!", meinte Edda begeistert, als sie zusammen mit Martha ihre Eltern in den kanadischen Sonnenuntergang paddelte. Dieses „Hinten" war für sie das Ufer und für mich das Leben vor unserer großen Reise. Das Unterwegssein war zu unserem neuen Lebensgefühl geworden.

In so einer Roadstory passieren die abenteuerlichsten, lustigsten und unvorhergesehensten Dinge, man begegnet den interessantesten, durchgeknalltesten und gastfreundlichsten Menschen und man macht sich so manche Gedanken über Gott und die Welt, wenn man die Landschaft an sich vorbeiziehen sieht. All dies steht in diesem Buch. Ich möchte nichts vorwegnehmen - nur vielleicht diese eine, zugleich banalste und wesentlichste Erkenntnis: Alles, was das Herz begehrt, passt in einen alten Feuerwehr-Mannschaftsbus.

Darf ich vorstellen? Unsere Dicke: Knallrot, fast 40 Jahre alt, knubbelig, gut in Schuss und - zugegeben - ein bisschen laut. Ein sogenanntes „Breitmaul", also ein Mercedes 608, falls du dich für Autos interessierst. 4 Liter Hubraum, 89 PS, 6,8 Tonnen: I know, sooo slow! Wobei - eigentlich wusste ich von nix. Ich wusste nur: Diese dicke Feuerwehr, die ist es! Die müssen wir haben! Die wird unser zukünftiges Reisegefährt!

Gesagt, getan. Nun noch schnell ein Wohnmobil draus machen. (Hüstel. Räusper.) Als Stefan, der Haushälter, Junge für alles, Familienvater, Selfmademan (kurz: der Mann am Lenkrad), sich dann zwecks Aneignung von Sachverstand (Kannst du das eigentlich mit der Elektrik und den Gasleitungen und dem Wasser und so? - NOCH nicht. - AH ja.) hilfesuchend ans Internet wandte, ging ihm nach und nach ein Licht auf. Und Monate später brannte ein solches auch im Innenraum der Dicken. Alles, was man sonst noch so braucht, wurde um das Wichtigste herum gebaut und das sind: ein großer Tisch, zwei gute Heizungen und drei gemütliche Betten. Eins für uns, eins für unsere beiden Mädels und eins für Gäste. Willste mit? Na los, steig ein! - WAS HAST DU GESAGT? Ich versteh´ nix, der Motor ist so laut. - Komm rein und mach die Musik lauter! - Alles klar. - Auch ´n Kaffee?

1. *Greenhorns on Tour* - Kanadas Ostküste

„Well, take the long way home, take the long way home!"
(Supertramp)

Adios España!
ALICANTE, SPANIEN

So langsam unsere Dicke auch ist, diesmal sollte sie ausnahmsweise mal die Erste sein. Von Hamburg aus hat sie
schon vor über einer Woche den Weg per Schiff über den großen Teich angetreten. Abschied hin oder her - schon in zwei
Tagen würde es das erste freudige Wiedersehen geben, und
zwar im Hafen von Halifax, Nova Scotia, Kanada.
Hoffentlich, denke ich beim Anblick des schwarzen Punktes auf
blauem Hintergrund. Dieser Punkt heißt „Atlantic Sea" und ist
ein gigantischer Ro-Ro-Frachter, der unser zukünftiges Zuhause geladen hat. Zumindest gehen wir davon aus. Schwitz!
„Und wenn das Schiff sinkt?", frage ich Stefan. „Haben wir eigentlich eine Versicherung oder sowas?" Statt Antwort
Schweißperlen auf seiner Stirn. Oh oh. (Ja nun, es ist Juli und
wir sind in Spanien, beruhige ich mich, während ich fröstelnd
die Klimaanlage ausmache. No risk no fun - oder etwa nicht?!)
Doch Stefan hat derzeit andere Sorgen als ein gekentertes Feuerwehrauto. Schon seit Stunden versucht er fieberhaft herauszufinden, warum „dieser verdammte Online-Check-In" nicht
funktioniert. Derweil turnen die Mädels aufgeregt in unserer
kleinen Ferienwohnung herum, die wir für die letzte Schulwoche
in Alicante bezogen haben, um den Rest der Monatsmiete zu
sparen. Nun aber ab ins Bett! Morgen wird ein anstrengender
Tag.
Die letzten Wochen in Spanien fühlten sich wie ein finaler
Countdown an. Seitdem wir beschlossen hatten, eine Auszeit
zu nehmen, um irgendwie die Uhr anzuhalten, rennen die Stunden gnadenlos voran, sodass wir japsend hinterher hechten
müssen. Kennst du Grobi aus der Sesamstraße? Hast du vor
Augen, wie er dir den Unterschied zwischen - hechel, hechel,
hechel - „hinten" und - japs, prust, keuch - „vorne" erklärt? Genauso war es bei uns. Seit Wochen planten wir entweder das
„Vorne" oder blickten zurück ins „Hinten", aber es gab kein rich-
tiges „Dazwischen" mehr. Die letzte Pizza in der Altstadt, der
letzte Marktbesuch, das letzte Mal Töpfern mit Lola - schon war
alles „hinten". Der letzte Strandspaziergang, das letzte Baden

im Meer, 125000 Abschiede von diesem und jenem, von unserer schönen Wohnung, vom weiten Blick aufs Meer, von tollen Freunden, von netten Kollegen.

Seufz. Jetzt erstmal den Umzugsleuten beim Kistenpacken helfen. So dachte ich jedenfalls. Schlüssel ins Schloss. Schockstarre. Was ist...? Wer hat...? Wo sind...? In unserer Wohnung tummelt es sich. „Ah, buenos dias!" „Hola, que tal." „Hola. Hola..." Acht Umzugshelfer tragen emsig wie spanische Balkonameisen bergeweise Kisten und weiß Verpacktes durch die Gegend. All unser Krempel war (Dabei wollte ich doch noch... Ich hatte doch noch gar nicht... Wo sind denn jetzt die?) bereits großzügig mit weißer Noppenfolie umwickelt. Immerhin hatte Stefan es geschafft, den Männern die beiden Seesäcke und unsere Abschiedsgeschenke zu entreißen, bevor sie ebenfalls im Schlund des Doppelschleppers verschwinden konnten. Puh! Dabei hatten die doch drei Tage für den Umzug veranschlagt.

Zweiter Umzugstag. Kontrastprogramm im Ameisenhaufen. Jetzt aber mal gaaanz in Ruhe. Erstmal ´n Kaffeepäuschen und ´n bisschen mit der Hausherrin plaudern - da bin ich dabei! „Ah, Wassereinlagerung? Das ist ja blöd. Wo? Im Genitalbereich? Fies! Wie, erst am 4. Dezember einen Termin gekriegt? Nee, also wirklich! Ja, da kann man schlecht mit anpacken. Echt ärgerlich, macht keinen Spass! Wie der korrekte Name dieses Werkzeugs ist? Also, ich würde mal sagen, es ist ein Bandschleifer. Aber wie heißt das auf Spanisch? Welche Artikelnummer diese Tischkreissäge da hat? Nee, also, da bin ich jetzt überfragt. Muss das denn so genau...? Ach so. Muss. Gesucht, gefunden, Packlisten geschrieben, Datum gefälscht, Mittagspause.

Dritter Umzugstag: Wahrscheinlich gönnt sich die Truppe jetzt erstmal eine ausgiebige Siesta, denke ich noch so bei mir, als ich dem riesigen Umzugswagen nachschaue. (So. Mindestbeitrag zur Klischeepflege geleistet. An mir soll´s nicht liegen!) Während ich unserem Hab und Gut zuwinke, spule ich meinen Film zurück: Neun Jahre zuvor. 2000 km weiter nördlich. Münster. Wir winken der Familie, die nun für unbestimmte Zeit unser Reihenhaus, unsere Möbel und alles andere bewohnen wird, ich schnalle die Babyschale fest und der zukünftige Hausmann startet den Bulli. Ab nach Spanien! Auf ins neue Leben! Wir hatten alles dabei, was wir brauchten: Uns. Doch in den letzten Tagen hatten wir „Weiß auf Weiß", Kiste auf Kiste gesehen, was sich innerhalb von neun Jahren so ansammelt, wenn man nicht aufpasst - vieles davon wahrscheinlich weit weniger wertvoll als das Verpackungsmaterial. Was von dem Zeug werden wir wohl tatsächlich vermisst haben, wenn wir in einem Jahr wieder in Deutschland ankommen?

Und ist man den Besitz erstmal losgeworden, dann hat man wieder Zeit. Zeit, Abschied zu nehmen, denn so ein Countdown läuft gnadenlos weiter. Also tauschten wir Asyl bei Freunden gegen die Reste unserer neunjährigen Hauswirtschaft: exotische Gewürze, duftende Tees und Kuchendeko in allen Regenbogenfarben - auch den nicht weniger bunten Reigen diverser Alkoholika nicht zu vergessen, der abends in großer Runde in Angriff genommen wurde.

Also an diese Abschiedsabende könnte ich mich gewöhnen. Eigentlich bin ich sogar der Meinung, dass JEDER mal so einen Abschied erleben sollte. Natürlich ist Abschied auch traurig. Alle weinen. Viele (ich) auch mehrmals. (Okay, ich spreche hier von den Frauen. Männer können ja bekanntlich ihre Gefühle nicht so zeigen und schluchzen dann nachts heimlich in ihr Kissen.) Blick aufs glitzernde Meer. Ein letzter Moment im „Dazwischen", in Gedanken zwischen hinten und vorne. Nun weiß ich ziemlich genau, was und wen ich in Zukunft vermissen werde. Und genau DAS ist - bei all der Wehmut - auch ein schönes Gefühl. Endlich kreisen die Gedanken mal um die wesentlichen Dinge des Lebens. Man spricht aus, was man sich sonst vielleicht nie gesagt hätte. (Warum eigentlich nicht?) Ich blicke zurück auf die Highlights der vergangenen Jahre. Schön. Und ein bisschen wie Aufräumen. Liebgewonnene Dinge werden wieder nach vorne ins Regal gestellt. Manches hat im Laufe der Jahre eine kleine Staubschicht bekommen. Jetzt wird drüber gepustet, in die Hand genommen, blank geputzt. (Dabei Köpfchen schief legen und bräsig lächeln, gerne mit Rührungstränen in den Augen.)

Und nun viel Spaß mit meiner 5:55-Uhr-Metapher - „Schlaflos-in-Alicante" meldet sich ab. Ich muss noch die Seesäcke packen. Gleich geht es los ins Vorne! Hoffentlich. Denn - schlechte Nachrichten - der Online-Check-In hat tatsächlich nicht geklappt. Plötzlich hatten sich auch noch die Flugzeiten geändert, Anschlussflüge sind auf einmal knapp geworden, TAP-Airline war natürlich nicht erreichbar, unser Handyguthaben ist quasi verbraten. Läuft bei uns.

Hero of the day
HALIFAX, NOVA SCOTIA, KANADA

Nie wieder Billigfliegen! Was für ein Alptraum! Früh morgens, über vier Stunden vor unserem planmäßigen Abflug, stehen wir am Flughafen, schon jetzt völlig übernächtigt. Dort die Hiobsbotschaft: Da sind keine Tickets unter unserer Buchungsnummer. Wie bitte? Nach ewiger Hin- und Her-Telefoniererei mit dem vermutlichen, dem vermeintlichen und dem verleugneten Verantwortlichen ist Stefan bereits total verschwitzt, bevor es überhaupt losgeht. Die Frage ist nämlich, ob es ÜBERHAUPT losgeht. „Jetzt sind Ihre Tickets da!", ruft die Schalterdame mit Blick auf ihren Bildschirm. Erleichterung. Minuten später am Check-In: „No, perdona, hier sind keine Tickets für Sie." Also wieder zurück zur TAP-Dame. Unser vierstündiger Zeitpuffer ist längst aufgebraucht, die Nerven liegen blank, da drückt uns irgendwer im letzten Augenblick irgendwelche Tickets in die Hand. Im Laufschritt zum Gate.
Den allerersten Flug haben wir gemeistert, den Anschlussflug in Lissabon gerade noch erwischt, den fernen Kontinent todmüde betreten. Welcome to Toronto. Schon geht es im Schweinsgalopp zum Visa-Gedöns-Schalter, schnell Passkon-

trolle hinter uns bringen, Flug nach Halifax auf der Ankündigungstafel ausfindig machen, jetzt aber zügig zum Gate. Los los, Hackengas Kinder! Moment mal. Da ist aber ´ne ganz andere Flugnummer auf den Tickets. Wie ist das denn möglich? Irritierte Nachfrage und düstere Erkenntnis: Man hatte uns bei der Hektik am gestrigen Morgen einfach schnell ´nen falschen Flug gebucht. Erschöpfte Verzweiflung. Fassungslosigkeit.

Doch am Info-Schalter von Air Canada arbeitet ein Schrank von einem Mann, der Tony heißt und Mitleid mit übermüdeten Deutschen hat. Tony identifiziert sich mit unserem Einzelschicksal. Sein zuversichtliches Lächeln umhüllt uns wie eine Rettungsdecke. Jetzt, die Zeit drängt, wird auf seiner Seite des Schalters fieberhaft geforscht, in die Tasten gehackt, in der Schlussphase im Stehen gearbeitet, der flackernde Blick nicht vom flackernden Bildschirm genommen. To-ny! To-ny! To-ny! Es pocht in den Schläfen. Jetzt! Der Drucker wirft die Tickets aus, eine Mitarbeiterin stürzt sich drauf und übergibt sie Stefan wie einen Staffelstab. „That's why Air Canada is the most powerful airline in the world!", sind Tonys Worte beim Vollenden seiner Rettungsaktion. Im Hintergrund sollte jetzt die Nationalhymne ertönen, alle Bediensteten müssten aufstehen, Hand auf die Brust. Im Losrennen (jetzt Zeitlupe) wirft Stefan noch einen letzten Blick zurück und ruft: „You are my hero of the day!"

MEIN Hero of the day ist jedenfalls Stefan, der mittlerweile - und das nach nur drei Stunden Schlaf in drei Tagen - unsere Dicke geholt hat. Und das sage ich trotz der Berichterstattung meiner kleinen Tochter, der zufolge im Fahrzeug hinter mir nach meinem versehentlich falschen Abbiegen mit dem Mietwagen der Begriff „Dachschaden" im Zusammenhang mit meinem Namen gefallen sein soll. Ich nehme mal an, mein Held war ´n bisschen müde.

Hey. Ho. Let´s go!

Tja. Bis man so loskommt... Doch irgendwann hatten dann auch unsere beiden Seesäcke den Weg zu uns gefunden, hatte Stefan sein erstes Handy seit Jahren gekauft, waren die Dachboxen montiert, hatten wir kreisgrinsend die ersten Raodsongs gehört - und die Dicke war fahrbereit. „There she stood in the street, smiling from her head to her feet", singt „Free" und meint damit sowohl unser feuerrotes Spielmobil als auch mich, denn alles ist „All right now, baby, it´s all right now"!

Zwar gab es ein paar Hürden zu überwinden, weil a) das mit dem „beknackten" mobilen WLAN nicht so funktionierte, wie Stefan sich das erhofft hatte, und b) die Nahrungsmittelpreise in Kanada wohl auch deutlich anders sind als in Europa, aber - Hey, was soll´s! - mittlerweile herrscht wieder ausgelassene Happy-Holiday—Stimmung an Bord unseres Spielmobils, denn a) haben die Fünf Freunde damals auch nicht ständig bei Mama angerufen und b) haben wir nahrungstechnisch bereits unsere ultimative Überlebenstaktik entwickelt.

Blauäugig hatte ich bei unserem allerersten Einkauf in der „Neuen Welt" nach alter Gewohnheit Obst, Käse und Schokolade in den Einkaufswagen gepackt. Ungläubig der Blick auf den Kassenbon: 100 Dollar für ´nen Beutel Lebensmittel? Holy Moly! Dann wird das hier aber ´ne kurze Weltreise. Doch es kam noch schlimmer. Nur zu gerne wollten wir auf die geglückte Ankunft mit ´ner Flasche Bier oder einem Glas Wein anstoßen. (Notfalls hätten es auch zwei sein dürfen.) Recht unschlüssig streunte ich im „Liquor Store" so lange von Regal zu Regal, bis ich freundlich angesprochen wurde. „Some less expensive local wine?", lautete meine schüchterne Nachfrage, wo denn die „bezahlbaren" Weine zu finden seien. Doch Alkoholismus scheint in Kanada ein Privileg der Reichen zu sein. Hier hat man die Wahl: Bierbauch oder Eigenheim. Des Nachts träumte ich, dass ich in das Haus unserer Freunde einsteige und all unseren Fusel wieder an mich reiße.

Der obligatorische Großeinkauf sollte also etwas planmäßiger ausfallen. Stundenlang wurden Preise verglichen, fast abgelaufener Käse mit fünfzigprozentiger Ermäßigung als großer Fund gefeiert, das 100er-Pack Chicken-Nuggets trotz des Dumpingpreises verworfen, das ebenso winzige wie kostenintensive Salatköpfchen leider auch. (Seufz!) Doch am Ende des Tages hatten wir die Lösung unseres Problems gefunden und eine neue Signalfarbe für uns entdeckt: Gelb. Diese als „No name"-Produkte ausgewiesenen Artikel mit gelber Verpackung sind nämlich mit Abstand die billigsten - wenn auch nur im Verhältnis zur Füllmenge, also nur, wenn man sich für das Vorratspack entscheidet, eigentlich sogar nur dann, wenn man davon zwei (oder mehr) nimmt. Aber was soll´s! Die 20 kg Zucker kriegen wir schon irgendwie auf. Wir sind ja zum Glück lange genug unterwegs. Dumdidum.

Ach, wir haben so viele Gründe gut drauf zu sein! Wo fange ich an? Vielleicht bei unserer aufregenden Bootstour auf der wunderschönen Insel Briar Island im zauberhaften Nova Scotia. (Schwärm!) Dabei hatte ich wirklich nicht mehr damit gerechnet, dass wir am Ende noch Wale sehen würden, da die berühmte „Bay of Fundy" sich mir nix dir nix in eine „Bay of Foggy" verwandelt hatte. Von der Küste aus sieht das ja toll aus, wie die Nebelschwaden über das Wasser gleiten. Vom Boot aus ist das aber eher ungeil, weil man eben nix sieht. Wir mussten die Wale regelrecht wie die Nadel im Plantschbecken suchen, und zwar anhand der Akustik: Motor aus, alle still sein, auf Walpustegeräusche lauschen!

Da schaukeln wir also mitten auf dem Meer, um uns herum nichts als Blaugrau: Wasser, Nebel, Himmel. Man hört nur das leise Plätschern des sanft schwankenden Bootes. Da! Ich hab was gehört! Walgesänge, wie wunderbar! (Ach nee, das war nur das Nebelhorn von irgendso´nem Schiff, irgendwo da draußen auf dem Meer. Man sieht ja nix.) Doch plötzlich höre ich tatsächlich so ein Prusten, gefühlt direkt neben mir. Da war ganz klar ein Wal, ich hatte ihn gehört! Krass! Hätten die am Ende gesagt: „Okay Leute, wir drehen um. Glückwunsch! Wir haben tatsächlich einen Wal gehört, passiert ja schließlich nicht alle Tage.", dann wäre ich schon mega glücklich gewesen. Na gut, zugegeben, ein klitzekleines bisschen enttäuscht gewesen wäre ich vielleicht doch, weil man ja fürs Gucken bezahlt hat und nicht fürs Hören. (Oh nee. Der Satz klingt übel, irgendwie so typisch deutsch. „I want my money back! I didn´t see a whale! Show me this fucking whale, I have payed for it!" Geht gar nicht! Satz wird gestrichen!)

Diese mächtigen Tiere dann auch aus nächster Nähe zu sehen - vier Buckelwale schwammen eine Zeitlang direkt neben unserem Boot her, um in regelmäßigen Abständen abzutauchen, erneut die Wasseroberfläche zu durchbrechen und eine enorme Wasserfontäne in die Luft zu blasen -, das war einfach ein unglaubliches Erlebnis! Außerdem hatten wir tags zuvor bereits Delfine in der Bucht schwimmen gesehen. (Prahl!) Und direkt vor uns hatte schließlich ein Seehund sein niedliches Schnäuzchen aus dem Wasser gestreckt. (Ey, das stimmt wirklich!) Briar Island wäre wirklich ein ganz und gar perfekter Ort für uns, wären da nicht diese anderen wilden Tiere gewesen…

Als wir das Ausmaß des killerartigen Überfallkommandos geahnt hatten, war es leider zu spät, das Dachfenster noch komplett zu schließen, weil sich abgerundet hundert Trillionen von Blutsaugern bereits zwischen Dachluke und Mückengitter des Camping-Fensters verfangen hatten. Trotz Mückenschutz schafften es diese Bestien immer wieder, sich einen Weg in unser mobiles Eigenheim zu bahnen. Jeder, der Stefan kennt, weiß, welche Mordgelüste sich zunehmend in seinem Innersten breit gemacht haben. Er arbeitete nicht konzentriert, nein fieberhaft, um diese Kreaturen davon abzuhalten, unsere mittlerweile schlafenden Kinder auszusaugen. Das Werkzeug in allen campingmotivierten Lebenslagen: Panzertape. Das Unwort eines jeden mückenerfahrenen Campers: Zwangsbelüftung. Gibt's bei uns jetzt nicht mehr. „Die Türen schließen eh nicht luftdicht ab", brachte der Mann zwischen geschlossener Zahnreihe hervor. Immerhin ist nichts zu Bruch gegangen. Jedenfalls nicht diesmal. (Rückblick: Nacht. Halb schlafend erblinzele ich Stefan, der wie ein Tiger im Sprung seine Beute anvisiert. Mücke. Auf Glasbilderrahmen. Er wird doch nicht… Neiiiiin! Doch! Schon liegt das Rahmenglas in tausend Scherben auf dem Bett.

Stefan mit irrem Blick beim Ablecken des Bluttropfens von seiner Hand: „Die hab ich!") Wo war ich?

Ach ja: Wildlife. Im Nationalpark Kejimkujik, unserem allerersten Top-Spot unserer Reise, hätten wir FAST die dort lebenden Schwarzbären, Elche, Schildkröten und Biber gesehen, doch leider waren es nur zwei Deutsche aus Karlsruhe: Klaus (74) und Hanne (etwas jünger). Die beiden komplett in khakifarbene Outdoorklamotten Gewandeten waren uns des Abends zugelaufen und von Stefan mit Strongbow Cider angefüttert worden. (Das gute Bier! Bist du WAHNSINNIG!?) Schon war es passiert: Selbstgefällige Lebensgeschichten und -weisheiten füllten nach und nach dringend anderweitig benötigten Speicherplatz meines Gehirns. Geld spielt keine Rolle? Ist ja schön. Alle Söhne studiert? Aha. Alle erfolgreich? Ist ja toll. Hanne ist die zweite Frau? Hmhm. Geldangelegenheiten sauber geregelt? Was du nicht sagst. Sie zahlt zwei Fünftel, du drei Fünftel der gemeinsamen Ausgaben? Ja dann. Gähn. Ach so, wegen des Einkommensschlüssels als Berechnungsgrundlage. Soso. Ich dachte, Geld spielt keine Rolle?!

Wie bitte? Dich interessiert die Story von wildfremden Deutschen nicht? Ja, denkste uns?!

Der Kanadier an sich
NATIONALPARK KOUCHIBOUGUAC, NEW BRUNSWICK

Es ist nun an der Zeit, mit dem allgemeinen Klischee vom „Kanadier an sich" aufzuräumen, der ja gemeinläufig und reiseliterarisch als absolut freundlich und durchaus aufgeschlossen beschrieben wird. Leider kann ich das so nicht stehen lassen, denn der „Kanadier an sich" ist absolut nicht „absolut freundlich" und durchaus nicht „durchaus aufgeschlossen", sondern in Wahrheit MEGA freundlich und UNFASSBAR aufgeschlossen. So, die These steht. Argumente lasse ich weg. Hier meine Beispiele (immerhin in chronologischer Reihenfolge):
Wir stehen vor dem „Whale watch office" und haben a) schon genug erlebt für den Tag, b) schon genug Geld ausgegeben für diese Woche und würden c) gerne die Nacht kostensparend auf dem Parkplatz vorm Office verbringen. Stammelnd stehe ich vor der Dame und radebreche irgendwas mit „was wondering if" und „might not be possible" und dergleichen, werde aber sofort unterbrochen mit „absolutely no problem!" Dem nicht genug werden ungefragt weitere kostenfreie Übernachtungsmöglichkeiten auf der kleinen Insel angeführt, die für uns ebenfalls in Frage kommen könnten, kombiniert mit individuellen Empfehlungen und Detailinformationen über den jeweiligen Spot, gepaart mit dazugehöriger Karte und einem Kugelschreiber als Andenken. Äh, Wahnsinn! Danke!
Abends – die Kinder liegen schon in der Koje – nähert sich ein Typ mit Warnweste unserem Fahrzeug. „War ja klar! Jetzt gibt es doch noch Ärger!", brummelt Stefan. Schon klopft es an unsere Fahrzeugtür. Doch bevor der verstimmte Deutsche sich ergeben ans Steuer setzten kann, stellt der vergnügte Kanadier sich als unser „neighbour" vor und setzt sich grinsend zu uns an den Tisch. Der LKW-Fahrer kam direkt von der Arbeit. Hatte bis eben fangfrischen Lobster ausgefahren. (So einen Hummer hätte ich zu gerne auch mal probiert. Aber leider sind die Biester ja orange und nicht gelb, womit sie dann wohl außerhalb unseres Budgets liegen dürften.)
Nach einer längeren Etappe am darauffolgenden Tag erblicken meine Augen das Schild „Farm Shop" und eine innere Stimme

flüstert mir zu: „Scheiß auf die Kohle! Hol dir den Salat!" Nach erfolgreichem Tauschhandel hängen wir noch ein wenig auf dem Parkplatz rum, bis schließlich der Farmer persönlich auf unsere Feuerwehr zu läuft. „Mist! Jetzt müssen wir hier weg!", kombiniert der europaerfahrene Camper. Aber nein, wir dürfen bleiben, beschwichtigt der kanadische Bauer. Der war nur vorbeigekommen, um uns den seiner Meinung nach schönsten Platz auf seinem Anwesen zu empfehlen. (Hat man da noch Worte?)

Dass wir die freundliche Einladung nicht angenommen haben, bereuen wir um 23:00 Uhr: Ein V8 mit Lampe auf dem Dach rollt in der Dunkelheit neben uns. Ich panicke Stefan aus dem Bett. „Polizei! Wir müssen weg hier!" Schon findet sich ein Konvoi weiterer Fahrzeuge ein, um uns komplett zuzuparken: ein Schaufelbagger, eine Dampfwalze, ein Kipplader. (Schlag mich tot, wenn das jetzt irgendwelche anderen „Bagger" waren.) Und dann geht es ab: Wieselflink werden im Scheinwerferlicht diverse Straßenbauabfälle abgetragen. Ich beobachte alles ungläubig aus dem Fenster und überlege, ob wir hier nicht ziemlich doll im Weg stehen, als auch schon - „Aha, siehste! Wir sollen Platz machen." - ein Baustellentyp an unsere Tür kommt, um sich zerknirscht bei uns dafür zu entschuldigen, dass er leider leider auch nachts seiner Arbeit nachgehen muss: „I am very sorry to disturb your sleep." Ist es nicht einfach unglaublich, wie die Leute hier drauf sind?!

So, jetzt habe ich aber genug Nettes gesagt, um auch mal ein wenig zu lästern zu dürfen. Der Kanadier an sich ist nämlich - Juchuh, nächstes Klischee bestätigt! - total abergläubisch: Der Kapitän des Wal-Beobachtungs-Kutters „Mega Nova" ist im Winter Hummerfischer und im Sommer Touristenkapitän. „Und das schon seit 12+1 Jahren", betonte der Käpt'n, denn die andere Zahl darf an Bord eines Schiffes auf keinen Fall genannt werden. Tse tse tse.

Auch an das nächste Stereotyp vom Nordamerikaner konnten wir unseren Dann-stimmt's-also-wirklich—Haken setzen. „Big is beautiful" lautet ja angeblich die Lebensphilosophie, die sich - zumindest in Bezug auf die Camper unter den Kandiern - bei einem jeden Gang über einen jeden Campingplatz verifizieren lässt. Fassen wir zunächst einmal das vier- bis 20-rädrige Fahrgestell ins Auge: 4x4 ist nicht Ausnahme, sondern Standard. Und dann erst die Wohnmobile! Hier ist der Begriff „mobiles Heim" (besser bekannt als „mobile home") wirklich mal angemessen, während man augenblicklich alle deutschen Wohnwagen in „rollende Schlafsäcke" umtitulieren müsste. Ich übertreibe kaum, wenn ich dir sage, dass ALLE kanadischen Reisemobile ausfahrbare Seitenwände haben, die meisten davon sogar 5-6 solcher Module. Mit unseren „mickrigen" 7,5 Metern Länge und 2,5 Metern Breite, mit denen wir in England und Spanien bisweilen die straßen- und städtebaulichen Limits ausgereizt hatten, werden wir HIER in der Regel direkt neben den Zeltern oder den „sonstigen Freaks" untergebracht.

Teil des kanadischen Campingzubehörs ist natürlich der Grill – also genau wie bei den Deutschen, könnte man meinen. Aber beim nordamerikanischen Freund des Barbecues wird kein klappriger Campinggasgrill ausgepackt (Wo denkst du hin!), sondern das Monsterteil mit Zweiphasen-Aufleger, drei stufenlos verstellbaren Gasdreh-Gedöns-Dingern und vier Ablageflächen sowie stabilem Unterbau aus fünffach verhärtetem Stahl. Schon am Morgen wird mittels dieser Außenküchen auf sämtlichen Nachbarparzellen der Frühstücksbacon gebrutzelt, um sich im weiteren Verlauf des Tages über gesunde Ernährung nicht mehr so den Kopp machen zu müssen. Am Strand von „Kellys Beach" im Nationalpark „Kouchibouguac" wurden allüberall fröhlich die riesigen Süßigkeiten-Packungen, die gigantischen Chipstüten, die neonfarbenen Erfrischungsgetränke für die Kleinen und diverse andere mehrfach verpackte und konservierte Lebensmittel ausgepackt. Mit unseren eingetupperten Apfel- und Möhrchenspalten kamen wir uns auf unserer winzigen Picknickdecke vor wie die reinsten Ökofaschisten.

An dieser Stelle könnte auch der erstaunte Aufschrei einer Frau an der Supermarktkasse Erwähnung finden. Nachdem ich die Waren in meinen eigenen Stoffbeutel gepackt hatte, rief sie entzückt aus: „You are bringing your own bag! What a great idea!" (Also, falls du demnächst durch Kanada reisen und einen Einheimischen mit eigenem Einkaufsbeutel sehen solltest, dann weißt du, wer den Anstoß gegeben hat.)

Den Kanadier an sich sieht man - last but not least - ständig und immer mit einem „Coffee to go-Becher" in der Hand. Wer, wenn nicht ich, hätte dafür Verständnis! Es gibt doch nichts Besseres als eine Tasse Kaffee am Morgen, am liebsten frisch aus der Espressokanne vom Feuerwehrherd, aber auf JEDEN Fall: mit Milch! Kaffee ohne Milch kann man ja bekanntlich nicht trinken. Und einen Tag ohne Kaffee zu beginnen, das bringt nix. Haben wir heute Morgen gemerkt.

Gestern Abend war ich schon mit dem unguten Gefühl eingeschlafen, dass keine Milch mehr da war. Oh oh. Auch im Campingplatz-Mini-Shop gab es leider keine mehr. „Erst wieder heute Mittag", flötete die Dame mit ihrem sorglosen Gemüt. „Never mind", log ich mit falschem Lächeln - und hätte am liebsten vorzeitig ausgecheckt. Geht´s noch?! Ohne Milch geht bei uns GAR nichts! Also komme ich ins Grübeln: Wer ist schuld daran, dass ich jetzt keinen Morgenkaffee kriege? Falsche Einkaufsphilosophie? Schlechte Produktrationierung? Seien wir mal ehrlich, die Frau an der Rezeption war hier ja nur die Spitze des Eisbergs! Immer wieder habe ich diese Szene vor Augen: Stefan am Kühlschrank. Der nur zu einem Viertel gefüllte 4-Liter-Kanister Milch wird entnommen, um Platz für hopfenhaltige Erfrischungsgetränke zu schaffen. Heimlich führt der Mann den Bottich zum Mund. Gluck. Gluck. Gluck. Schon ist sein Problem gelöst und unser aller Schicksal besiegelt.

ICH? Schlechte Laune!? DER ätzt hier doch die ganze Zeit rum: „Und ich dachte schon, dass du heute mal Frühstück machst." Das ist jawohl die Höhe! Da macht man und tut man und dann sowas. Dabei hat Stefan doch außer Auto fahren, Einparken, Stühle ausladen, Strom andocken, Handys aufladen, Kochen, Wäsche waschen, Feuer machen und Gitarre spielen gar nichts zu tun! Sogar den KAFFEE koche ich. Meistens. (Okay, manchmal.)

Ich sag nur: Männer! Und ich schreib erst weiter, wenn ich meinen Kaffee hatte!

Greenhorns

Wenn wir - wie gestern - vorsichtig ankündigen, dass es mal wieder ein laaanger Fahrtag mit mindestens *SECHS* Stunden Fahrzeit werden könnte, dann leuchten bei Martha die Augen. Endlich kann man mal in Ruhe stoffwechseln, die Luft mit Blicken perforieren, sich in der Zirkulationsatmung üben... Gäbe es die Atemmeditation noch nicht, so hätte Martha sie erfunden. Ihr Vater, der trotz friedliebender Grundhaltung „gedient" und in einer Minute seinen Wanderrucksack gefechtsmäßig gepackt hat, der musste schon so manches Mal seinen Kopf schütteln angesichts dieser absoluten inneren Ruhe, die durch nichts aus dem Gleichgewicht zu bringen ist. Selbstironisch puffert Martha jeden verbalen Anschlag mit einem verzeihenden Lächeln ab. So auch gestern Morgen, nachdem unser Stammeshäuptling namens „Der sich ´nen Wolf lenkt" ihr passend zur Situation am Frühstückstisch den indianischen Namen „Die vor dem Pfannkuchen meditiert" verpasst hatte. Martha jedoch hätte sich lieber den Namen „Lahme Ente" gegeben und ich lobte pädagogisch wertvoll ihre Selbstreflexionsfähigkeit. Gemeinsam haben wir uns dann auf den Titel „Lahmende Schildkröte" geeinigt. Das ist übrigens ein Kompliment, denn die Spezies der „Lahmenden Schildkröte" sind ganz und gar liebenswerte Wesen: loyal, treu, empathisch und durch und durch optimistisch. Martha findet: „Das Gute reist immer mit uns mit." Recht hat sie! Und am Ende des Tages stelle ich immer wieder kleinlaut fest: Nicht mein Kind muss schneller, sondern die Welt muss ruhiger werden. Ohmmm...
Da wir uns - ich weise nochmals darauf hin - auf einer Bildungsreise befinden, war es aber nicht damit getan, uns gegenseitig Indianernamen zu geben, sondern wir wollten uns heute endlich mal in Sachen „Urvölker" weiterbilden. Dass die komplizierten Namen der hiesigen Naturparks von den Mi´kmaq-Indianern herrühren (was so ähnlich wie der „Big Mac" ausgesprochen wird), haben wir mittlerweile verstanden. Es war allerdings nicht so einfach, an dieses Stück Bildung heranzukommen.

Als wir weit nach Mittag endlich vor einem Informationszentrum über die Ureinwohner standen, hatten wir bereits eine halbe Weltreise und diverses Durchfragen hinter uns. Museen und sonstiges Trallalla über die ersten Siedler, seien sie nun französischen oder englischen Ursprungs, gibt es hier an jeder Straßenecke. In Miramichi, wo wir laut Reiseführer angeblich etwas über die „Natives" herausfinden sollten, fanden wir jedoch nur einen bärtigen Geologen, der uns (mal wieder) ganz viel über die Geschichte seiner Vorfahren erzählen konnte.

In Kurzversion war das in etwa so: Einer baut da ´nen Stand auf und sagt: Alles meins! Da hat auch erstmal keiner was gegen, denn es ist ja sonst keiner da. Jetzt braucht der aber noch mehr Leute von seinem Schlag (z.B. unbedingt protestantisch und französisch). Einen Interessenten hat er schon. (Der hat sich dafür sogar extra umtaufen lassen.) Hm, ist aber irgendwie noch ein bisschen leer hier. Also wird so eine Art Ultimatum verhängt, frei nach dem Motto: Du darfst hier ganz viel Land umsonst haben, wenn du es innerhalb eines Jahres schaffst, noch fünf weitere protestantische Franzosen klarzumachen. Bis zum Wintereinbruch lief´s ganz gut. Danach kriegten sie wohl kalte Füße.

Doch auf der anderen Seite vom Fluss macht einer ein besseres Angebot. Der ist - nehmen wir jetzt mal an - katholisch und Brite (oder auch andersrum) und sagt: Pass mal auf, wenn du es schaffst, innerhalb eines Jahres auch nur EINEN weiteren katholischen Briten hier anzusiedeln, dann kriegst du so viel Land, wie du willst. Das kann doch nicht so schwer sein... Hat aber wieder nicht geklappt. So weit die exklusive Erläuterung des bärtigen Experten. (Sollte ich die eine oder andere Detailinformation durcheinander gebracht haben, dann darfst du das gerne auf seine nuschelnde Aussprache schieben.)

Auf irgendeine mysteriöse Weise haben sich im Laufe der Zeit aber doch noch ein paar Leute aus England und Frankreich hier eingefunden und sich in regelmäßigen Abständen ordentlich über die Ländereien in die Haare gekriegt. Außerdem gab es zwischendurch noch Besuch aus Schottland per Schiff, die lagen nicht vor Madagaskar und hatten nicht die Pest an Bord, aber die Lepra. Die wurden dann auf die einsame Insel verlagert, vor deren Kulisse wir all diese Informationen - wohl zu Einstimmungszwecken - erhalten hatten. Dabei wollten wir doch gar keine Bootstour zum Gebeinehaufen buchen, sondern waren - schon vergessen? - eigentlich wegen der Ureinwohner hierher gekommen.

Als wir diese dann tatsächlich irgendwann, tief in den kanadischen Wäldern in Form des Metepenagiag Heritage Parks gefunden hatten, mussten wir einsehen, dass sich hierorts - zumindest an diesem sonnigen Tag - NIEMAND außer uns für kanadische Urvölker interessierte. (Der Typ an der Kasse war auch direkt total nervös: Aaaah, Besucher, was mache ich denn jetzt?!) Dabei war es sehr schön, dieses Museum, sogar mit Ausgrabungsstätte, großem Kinosaal und Trallala - ganz für uns alleine; da kann man sogar als Deutscher nicht meckern!

Tja, und wo wir schon mal wie die Streitaxt im Walde standen, beschlossen wir, nach erhaltener Bildung endlich mit den obligatorischen Wanderungen durch die Wildnis zu beginnen. (Wofür waren wir denn schließlich in Kanada?!) Schnell stellte sich jedoch heraus, dass wir noch immer die totalen Greenhorns unter den kanadischen Wanderern sind. Kaum hatten wir unseren großen Zeh auf den Waldboden gesetzt, ging es los: „Ich habe Durst!", „Mir ist warm!", „Ich muss mal!" Wir also wieder zurück zur Dicken. Bis alle nochmal getrunken, Pipi gemacht, dringend Kekse gegessen und sich fleißig eingecremt hatten, verging nochmal so ´ne gefühlte Stunde. Jetzt aber ab in den Forst! Haben wir das Bärenspray? Okay, super. Nach ca. zehn Schritten galt es, die nächste Hürde zu überwinden: Mückeninvasion. Also nochmal zurück und mit dem neuen, KANADISCHEN Spray eingesprüht. Schon der Name - „Off" - ist eine klare Kampfansage. Das deutsche Vergleichsprodukt namens „Anti-Brumm" hatte schon in Runde 1 eine vernichtende K.O.-Niederlage erlitten. (Es gab viel Gelächter unter den Insekten.)

Als wir dann tatsächlich endlich durch den Wald streunten, wurde es für die Dauer von Minuten spannend. Hinter jedem Baum vermutete ich den Bären. Puls von 200. (Wie halten andere Wanderer bloß den täglichen Nervenkitzel aus?) Plötzlich kamen wir aus Versehen auf eine breite Straße und diese führte uns zu einem Fluss: Schön flach, 'n bisschen Strömung, nicht zu kalt, perfekt zum Baden. Na also! Das war schon eher unser Terrain. Mit Wasser, Sonne und Plantschen kennen wir uns als ehemalige Wahlspanier ja schließlich aus. Vorläufiges Fazit: Die Brightmans müssen sich noch ihre „green horns" abstoßen, um zu echten Outdoor-Freaks zu werden.

Bestätigt wurde ich darin durch meine Konversation mit einem kleinen Jungen, der mit seinem Freund ebenfalls im Fluss badete. Ich so: „Have you ever seen a bear?" Der schaut mich an, als käme ich vom Mond, und sagt: „We see them ALL THE TIME!" Ich schien seine Gedanken richtig erraten zu haben, denn schon fragt er mich konsterniert: „Where are YOU guys coming from?" Man wird doch wohl mal fragen dürfen!

Übrigens habe ich längst meinen ersten Bären gesehen: einen Babybären! Gestern. Im Gebüsch. Schön gemütlich vom Beifahrersitz der Feuerwehr aus. In your face, little canadian boy!

Das Leben ist nicht immer nur Pommes und Disco
NATIONALPARK MONT TREMBLANT, QUÉBEC

Wenn Stefan eine Reise plant, so folgt er dem folgenden Konzept: Um die großen Städte (um Städte im Allgemeinen!) einen großen Bogen machen. Stefan HASST Städte. Zu viele Menschen, stinkige Gassen, watt nich alles. Schon tausendmal gehört. Mein Mann hasst nur eins mehr als Städte: öffentliche Verkehrsmittel. Nicht ohne Grund trägt Stefan auf seinen T-Shirts das Emblem seiner Lieblingsserie aus den 80ern: „The Unknown Stuntman. Ein Colt für alle Fälle." Und steigt ein Stuntman am Ende des Drehtages in den Bus?

Auch in Québec-City wurden meine Erwartungen hinsichtlich der antizipierten Verfluchungen nicht enttäuscht. Spätestens ab 9:20 Uhr hatte Stefan seinem Städte-Tourette freien Lauf gelassen. Als wir eine Stunde später dann endlich den meilenweit außerhalb liegenden Parkplatz gefunden hatten, hatte ich bereits eine private Stadtführung mit der Feuerwehr hinter mir: Direkt am Schloss vorbei, einmal durchs Stadttor gecruist, kurz mal geguckt, ob vorm Hilton noch ´n freier Parkplatz ist. Da war keiner frei. (Meine Güte, hätte ja sein können!)

Als wir dann so gegen Mittag die Innenstadt erreicht hatten und den flimmernden Blick von oben übers Wasser gleiten ließen, brannte der Lorenz schon ordentlich auf den Sankt Lorenz, denn so heißt der Fluss, der mitten durch Québec-City fließt. Meinen Morgenkaffee hatte ich noch immer nicht getrunken, geschweige denn gefrühstückt. Unsere Mädels hatten dafür eh keine Zeit und ihre Aufmerksamkeit stattdessen sofort den Straßenkünstlern gewidmet. Verglichen mit den besoffenen Zauberern vom Retiropark in Madrid war das tatsächlich ganz großes Kino! Sogar mit Tribünen rechts, links, vorne. Immer wieder das Witzigste an diesen Darbietungen: Die Zuschauer werden mit eingebunden, weil der Akrobat ja auch mal Pause machen muss. Auch das hasst Stefan, der drehbuchgemäß rumhibbelt, weggeht, nochmal auf den Lorenz schaut, sich am Ende doch zu seiner Familie gesellt und sogar anfängt, selbst an den „Darstellern" rumzuwitzeln. „Guck mal, der Deutsche da! Der macht sich hier echt zum Horst."

Irgendwann schafft es der lustige Akrobat, in Stefan sein Opfer zu erkennen und ihm zwischendurch ein Fähnchen in die Hand zu drücken. Dieser ahnt noch nichts, gibt den Staffelstab aber vorsichtshalber an Edda weiter, die damit fröhlich herumwedelt. Und schon werden die vier Auserwählten auf die Bühne gebeten – halt alle, die vorher so eine Fahne gekriegt haben. Prima Plot! Als Stefan einsehen muss, dass er seine Tochter da nicht vorschicken kann, bohrt er mir die Spitze des Fahnenstiels in den Oberschenkel und zischt zwischen seiner geschlossenen Zahnreihe die Warnung: „Wenn du auch nur EIN Foto machst!" Wir drei Frauen der Familie hatten einen Mordsspaß. Stefan weniger. Lediglich der Typ rechts von ihm (wie es der Zufall wollte auch Deutscher; die werden wohl am liebsten verarscht) hat eine noch genervtere Visage aufgesetzt als er, denn natürlich wurden sie nach allen Regeln der Kunst vorgeführt: dämliche Cowbowhüte, Tanzeinlagen, Michael-Jackson-Moves, das volle Programm. Stefan ließ alles mit grimmiger Miene über sich ergehen und ich habe – muss ich das noch erwähnen? – Tränen gelacht. Ich konnte kaum das Handy halten.

Schwamm drüber. Mittlerweile ist der Mann eh wieder entspannt, denn wir sind da, wo wir hingehören: in der Natur. Wir stehen an einem Fluss, das Sonnenlicht wirft lustige Sonnenflecken auf den weichen Waldboden, Vogelgezwitscher, Entenquaken, anderes Getier macht undefinierbare Geräusche - der berühmte Nationalpark Mont Tremblant ist in greifbarer Nähe. Gleich würden wir dort einchecken und die Gletscherseen erkunden! Vergessen ist der Stress um die elendige Stellplatzsuche. (Ganz Québec hat gerade Urlaub.) Rein ZUfällig hatten wir diesen Ort der Stille zu Füßen des Nationalparks gestern noch gefunden. Nur SEHR knapp hat unsere Dicke durch die Einfahrt zum Zeltplatz (!) gepasst. Nur ein GANZ kleines bisschen haben wir uns damit den Lack zerkratzt. VÖLLIG egal.

Und weil es so gut zur Stimmung passt, berichte ich nun von unserer Begegnung gestern Abend auf diesem Mini-mini-mini-Campingplatz inmitten wunderschöner Natur. Denn das ist ja das Schönste am Rumreisen: Dass man lauter nette Leute aus aller Herren Länder trifft und sich ganz vorurteilsfrei und offen am Lagerfeuer begegnet. Klingt kitschig? Wieso? Ganz ohne Vorurteile kann man sich nicht begegnen? Da bin ich aber anderer Meinung!

Jedenfalls sind die Kinder schon fast im Bett, als ein junges Paar sich unserer Parzelle mit vier Metallbechern nähert. Er: den halben Schädel abrasiert, der restliche Teil lang gelockt. Sie: etwas schleppende Aussprache, ein bisschen schlechte Körperhaltung. In der Summe: leicht abgerissene Typen. Eindeutig Zelturlauber mit geringem Budget, analysiere ich ganz vorurteilsfrei. Da sei noch heißer Kakao übrig, ob wir vielleicht Interesse an einem Tässchen hätten? Erstmal nichts gegen auszusetzen, befinden wir und setzen uns gemeinsam ums Lagerfeuer, jeder einen Blechnapf in der Hand. (Abgesehen von den Kindern, denn die hatten schon ihre Zähne geputzt.) Erster Schuck. (Igitt, was ist denn das? Das schmeckt aber irgendwie anders als unser Kakaopulver. Pokerface.) Wir beginnen – noch etwas zögerlich – ein Gespräch und es stellt sich heraus, dass die beiden aus Israel kommen. Ich habe überhaupt noch nie einen echten Israeli kennen gelernt. Die kennt man ja nur aus den Fernsehnachrichten. Da ist dann immer Ballerei im Hintergrund. (Was sind denn das für Krümel im Kakao? Irgendwie befremdlich.) Und wie ist „daily life in Tel Aviv?", will ich wissen. Er erzählt von vergnüglichem Nachtleben, hartnäckigen Medientrugschlüssen und dem langjährigen Militärdienst, wo er im Übrigen total hinter steht. Aha. Soso. Das sehe ich aber anders! (Ey, das sind doch HAUPTSÄCHLICH Krümel in dem Becher! Was haben die uns denn da REIN getan? Trinken die eigentlich auch mit?) Schnell Kinder ins Bett bringen, Krümel ausspucken. (Was *IST* das?)

Als ich wieder raus komme, unterhalten sich bereits alle recht angeregt: über Toleranz im Allgemeinen und Speziellen (wichtig!), „Leben und leben lassen!" (sehen wir genau gleich), über den Lehrerberuf (wird von ihr angestrebt und von mir gutgeheißen), über das eigentlich friedliche Nebeneinander der verschiedenen Kulturen in Tel Aviv. Ich muss sagen: absolut nette Leute! Und total leckerer Kakao. Mal was anderes. Waren bestimmt echte Kakaobohnen drin. Nicht immer nur dieser industrielle Kram, den man so kennt. Würde ich nur beim nächsten Mal mit MILCH zubereiten, nicht mit Wasser. (Behalte ich aber für mich.)

Kakao am Abend. Kaffee am Morgen. Was kann da noch schiefgehen? Direkt nach dem Auschecken wollen wir beim Nationalpark Mont Tremblant, wo wir gestern an der Pforte abgewiesen worden waren (weil ausgebucht), wieder einchecken. Schließlich hatten wir am Abend zuvor noch online einen Stellplatz reserviert, nachdem die nette Dame an der Rezeption das auf ihrem Bildschirm nicht buchen konnte (Häh?) und wir das aber ihrer Meinung nach „very easy" selbst online auf der Webseite erledigen können. (Na dann.) War wirklich easy.

Nun stellt sich jedoch heraus, dass wir nicht HIER gebucht hatten (Nicht?), sondern bei einem anderen Campingplatz (Ach?), denn es gibt nicht nur den Nationalpark Mont Tremblant (Ach nicht?), sondern auch den Ort mit gleichem Namen (So?) und der Campingplatz dieses Ortes heißt dummerweise genauso wie die SEKTION von dem ihr seinem Campingplatz: „Le Diable". (Ach so.) Ich glaub, ich steh im Wald - stimmt ja auch. Und das alles nur, weil die gestrige Dame uns nicht einbuchen konnte! Von wegen „very easy"! Scheiß auf das Germans-me-ckern-immer-rum-Image! Jetzt lasse ich meiner deutsch-deut-schen DNA freien Lauf!

Stefan hat auch 200 Puls: „Bloß weg hier! Ich hab hier alles ge-sehen!" Während seiner grimmigen Fluch-Salve macht noch ei-ner das 1000ste Bild von unserer Feuerwehr. Bitte lächeln! - Kein Bock jetzt! Der Fahrer braucht heute auch keine Mädchen-CD im Player, ACDC muss es schon sein. „Wer weiß, wofür es gut ist", versucht Stefan - von wohltuenden Klängen emotional stabilisiert - einen versöhnlicheren Ton anzuschlagen. (Gelingt so halb.) Nur Marthas Laune ist wieder einmal unverwüstlich: „Bestimmt haben wir nur wieder Glück im Pech!", ist ihre De-vise. Damit bezieht sie sich auf gestern, als wir am Ende der enervierenden Stellplatzsuche glücklicherweise den naturna-hesten Platz unserer Reise bekommen hatten. Währenddessen hält das Kind milde lächelnd ihre Bierdose in der Hand – zum Kühlen versteht sich! Denn Martha hatte heute Morgen „aus Versehen" ihre Finger in die noch nicht erkaltete Asche vom La-gerfeuer gesteckt. (Herr lass Hirn vom Himmel fallen! Wie kann man nur so bl...) „Mama, wie geht es eigentlich DEINER Brand-blase?", reißt sie mich aus meinen Gedanken. Werd jetzt bloß nicht frech!, denk ich und sage „Prima! Danke, meine liebe Maus!" Ist grad so schön harmonisch in der Feuerwehr. (Das mit der Brandblase ist ´ne ganz blöde Geschichte und hat mit Herd, offenem Feuer und Kaffeekanne zu tun.)

Im Hintergrund singt der „Gott of Schlager": „Das Leben ist nicht immer nur Pommes und Disco, das sag ich dir!" Wo er Recht hat, hat er Recht. Manchmal ist das Leben einfach nur eine Fla-sche Bier, heute eben auf ´nem Campingplatz mit Wasserpark und Hüpfburg. Es muss ja auch nicht *IMMER* ein Becher Kakao im Nationalpark sein.

2. *Sometimes the world is smiling on you* - wildes Ontario

„Lettin' loose around the world, but the call of home is loud, still as loud." (Slade)

Die Bären sind los!

Camper schutzlos ausgeliefert. Auch Deutsche unter den Opfern.
PROVINZIALPARK ALGONQUIN, ONTARIO

Warum fiel unsere Wahl eigentlich auf Kanada und die USA? Zugegeben - mir war das Reiseziel fast egal. Hauptsache nicht gefährlich, endlich mal ausschlafen, viel Familie, Füße hoch, Pott Kaffee in der Hand, Hooters, Mark Knopfler oder meinetwegen auch der Bibi-und-Tina-Tina-Soundtrack 1-4 im Player. Eigentlich schnuppe, Hauptsache Rock´n´Roll! Und dann quasi als soundsovielte Siedlergeneration den fernen Kontinent entdecken, ganz in der Tradition von Columbus. (Der wollte ja eigentlich auch woanders hin. Indien, Amerika? Schall und Rauch! Kann man ja hinterher immer noch umbenennen.) Und dann traditionsgebunden „Weg da! Aus dem Weg! Wir kommen!"

Nun ja. In Wirklichkeit müssen WIR ständig rechts ran, um die lange Schlange hinter uns vorbei zu lassen. „KEIN Auto außer uns hat hier Probleme bei der Steigung. Hier ballern sogar die Trucks mit 120 Sachen den Berg hoch.", stellte Stefan unlängst missmutig fest. Stimmt, aber dafür verbrauchen die auch 40 Liter. Regelrechte Schluckspechte. Und wir spaaa.reeen! Juppidei! Über uns fliegt wieder ein Eagle, zieht seine Kreise und denkt auch nicht an seine Rente.

Jedenfalls hatte Stefan bei der Reiseplanung absolute Handlungsfreiheit. Seine Wahl fiel auf Kanada - und zwar nicht TROTZ, sondern WEGEN der Bären. Bei mir war es von Anfang an umgekehrt. Ich bin eben nicht so für eine Lebensbedrohung durch Wildtiere, noch nicht einmal durch Hunde - ob groß oder klein, ob die nun „nix tun" oder „nur spielen wollen"; ich bin da mehr so Menschenfreund. Das ist aber noch lange kein Grund, ständig auf meiner „Tierliebe" rumhacken. Es ist nun einmal mein Auftrag als Mutter, die Kinder durchzubringen. Beschützerinstinkt. Um die Verpflegung kümmert sich mein Mann und ich passe auf, dass wir nicht zu nah an den Feind kommen. So hat es die Natur vorgesehen und man soll nicht in den natürlichen Kreislauf der Dinge eingreifen.

So belehrten uns auch die Poster und Hinweisschilder im Provinzialpark „Algonquin" und präzisierten: „Don´t feed wildlife!"

34

Ich habe diese Message natürlich auch gleich meinen Kindern eingebläut. Das mit dem Streifenhörnchen-Füttern am Anfang der Reise war ein Fehler! (War Quatsch, hab´s selbst gemerkt.) Und es ist auch kein Argument, „dass das da alle gemacht haben." (Sind wir alle?) Und jetzt aber auf zum Campingplatz, denn es sind nur noch zwei Plätze frei! (Nein, aus Erfahrungen wird man nicht klug. Vorbuchen macht unfrei.)

An der letzten freien Parzelle angekommen, drückt der nette Mann von Gegenüber den Mädels erst einmal eine Tüte Erdnüsse in die Hand: zum Streifenhörnchen-Füttern. Das sei ein großer Spaß für die Kinder. - Ja, aber... - Nix aber! Machen hier alle! Da sind die Tiere dran gewöhnt. - Ja dann... dann will ich nichts gesagt haben. Die possierlichen Nager springen dir tatsächlich bei jeder Gelegenheit auf den Schoß, aber ich darf den Kindern die angeborene Liebe zum Tier ja nicht nehmen. Diese wird hier voll ausgelebt. Jedes Streifenhörnchen hat im Handumdrehen seinen eigenen Namen: Timo, Berta, Racker... Martha klettert sogar auf den Baum, um dem scheuen Getier die Erdnuss vor das zuckende Schnäuzchen zu halten. „Komm, Timo! Komm!" – Stefan: „Das kommt nicht, das ist eher von der scheuen Sorte." – Martha: „Dann kann es nicht Timo gewesen sein." (Man kennt ja seine Pappenheimer.)

Da ich hier gerade eh nicht gebraucht werde, wandere ich quer durch den Wald zur Rezeption zurück und bekomme - kaum bin ich dort angekommen - erst einmal eine Belehrung der allereindringlichsten Art. Wegen der popeligen Streifenhörnchen-Fütterei? Machen doch alle! Hatte uns einer beobachtet? Ach was! Es handelte sich hier vielmehr um den von mir so gefürchteten BÄREN. (Uaaaaah!!!) Wie? Gibt´s die hier? - Aber ja! - Oh je. Aber gibt es hier viele davon? - Aber ja! - Ach was! Aber, aber... aber auch tagsüber? - Aber ja! - WAAAAS?! Meine Kinder! Wo sind die? Schutzlos beim Ehemann gelassen! Ich kooooooommmmeeeee!!! Ist mir auch egal, dass „die nicht alle aggressiv" sind (O-Ton: „Not every bear is aggressive!" Na, dann bin ich beruhigt...) Sag mal, spinnen die?! Die können doch hier keine Bären loslassen, mitten auf dem Campingplatz! Ach so, die Bären waren zuerst da? Mir doch egal! Die sind GEFÄHRLICH! Fast alle! Das hatte die Frau doch soeben gesagt! Und außerdem, seit wann interessiert es hier in diesem Land irgendwen, wer eher da war?

Irgendwie hatte ich es geschafft, unbeschadet zurück zur Parzelle zu kommen. Dort schränke ich postwendend den Bewegungsradius der Kinder ein: „Ihr bleibt in der Karre! Tür zu reicht bei Bären nicht. Knopf runter!" Ja Stefan, das hat die Frau extra noch dazu gesagt. Nix Panik. Nix Übertreibung. Die Bären kriegen jede Autotür auf! Ich weiß auch nicht, warum die anderen Eltern hier ihre Kinder mit Fahrrädern über den Platz fahren lassen. Ich finde das verantwortungslos! (Argumente, die seit Jahrhunderten von Eltern vorgebracht und von Generation zu Generation weitergetragen werden.) Und keine Nahrungsmittel auf der Parzelle lassen! Nicht EIN Krümel Keks darf da rumliegen. Nicht einmal ein dreckiges Handtuch. Sind alles „attractors", um den Bären anzulocken, gebe ich das soeben Gelernte an meine Familie weiter. Dem Anfall nahe verschanze ich mich im karosseriegeschützten Innenraum. Notebook aufklappen. Runterkommen.

Auf meine mahnenden Worte zeigte Stefan eine erwartungsgemäße Reaktion: breit grinsen, Campingstuhl gen Wildnis ausrichten, Buch zur Tarnung aufschlagen (damit das Wildtier denkt, man sei abgelenkt) und auf die Ankunft des Bären warten. Der Kerl war sogar noch enttäuscht: Was, nur Schwarzbären? Kein Grizzly, kein Kodiak? Schade, denn der wäre, auf die Hinterbeine gestellt, so groß wie unsere Feuerwehr. Nee, Spitze! Ganz toll! Stefan hat O-Ton gesagt: „JETZT bin ich angekommen. Ich bin genau da, wo ich hin wollte." Da saß er also erstmal zwei Stunden erwartungsfroh und hat über den Buchrand gelinst, während die Kinder auf der Parzelle Schule spielten (mit Racker, Timo und Berta).

Aber jeder Reiseberichterstatter muss auch mal eine Pause machen und jeder Naturbeobachter muss auch mal was essen. Also tauschen Stefan und ich für zwei Minuten unsere Posten. Er rein, ich raus. GENAU in dem Moment macht mich Edda auf was aufmerksam: „Guck mal Mama, da ist aber jetzt wirklich ein Bär." Und da WAR er auch! Ein Riesending, schwarz bis zum Schwanz. Das ist das, was ich noch erkannt habe, bevor er hinter den 15 Meter entfernten Zelten davon gewackelt war. Ich habe natürlich sofort Alarmstufe Rot gegeben. „Ein Bär, ein Bär! Alle in die Karre!" Ich renne wieder rein, Stefan raus: „Wooo? Wooo?" Aus dem Türloch heraus warne ich auch unsere Nachbarschaft (die direkte UND entfernte): „A bear! Here is a bear!" Die Wirkung ist verblüffend: KEINER der Nachbarn versteckt sich im Fahrzeug, sondern jetzt kommen sie von weit her, um zu gucken, was da los ist. Postwendend ist ein Ranger am Start, um die genaueste Tierbeschreibung aufzunehmen: Wie groß? - Riesig! - Weiße Buschel an den Ohren? - Watt weiß ich! Der hat sich mir nicht vorgestellt. Ich sag mal so: Der putzige Timo war es nicht! Mann, ich bin doch geflohen! Watt denn sonst! (Hatte ich da etwa ein belustigtes Lächeln auf seinem Gesicht gesehen?)

Stefan war natürlich ebenfalls auf 180, aber mehr so anders, denn selbstredend hatte ER den Bären NICHT mehr zu Gesicht gekriegt. Mann, war der am Fluchen!

Mittlerweile hat mein Mann seine gute Laune wiedergefunden und bei uns herrscht traute Einigkeit. Warum sollen wir uns auf eine Wanderung begeben? Warum Gitarre weglegen, Rucksack packen, die Kinder in unbequeme Schuhe stopfen, die wollen doch eh nur Schule spielen und Streifenhörnchen beobachten. Hier sind wir ja schon mitten in der Wildnis. Sogar der BÄR kommt zu uns!

The best thing is to enjoy
SEGUIN, ONTARIO

Dumm Tüch labern, nix tun, in den Himmel gucken wie Hanns Guck-in-die-Luft, lesen, ewig am Grill sitzen, bis in die Nacht hinein Gespräche über nix und wieder nix führen, über Gott und die Welt nachdenken, so ganz sinnfrei, das führt zu nix, das bringt nix und das bringt auch nix ein. Unsereins muss schließlich immer watt umme Hand haben. Und wenn ich dann zwischen kochen, abwaschen, Wäsche waschen, durchsaugen und feucht durchwischen noch ein Minütchen Zeit übrig hab, dann wird das direkt wieder in sinnvolle Produktivität umgesetzt. Wenn man mich lässt...

STÄNDIG welche, die einen anlabern: Cooles Fahrzeug! Wieso die Nummer? Ach! Alter firetruck? Awesome! Woher kommt ihr denn? Germany? Echt? Seid ihr etwa den ganzen Weg von Deutschland hierher gefahren? (Nee, nur den halben.) Ständig muss man sich mit wildfremden Kanadiern oder anderen Ausländern über unser oder deren Leben unterhalten. Oder Erlebnisse teilen. Wattenochalles?

Der heutige Tag war wieder das beste Beispiel: Eigentlich wollten wir uns ja ganz früh mit der Feuerwehr vom Campingplatz schleichen, um ENDLICH mal Elche am Straßenrand zu sehen. Leider sind wir aber wieder einmal erst nach 9:00 Uhr los gekommen. Was war? Ja klar, wieder mit den Nachbarn gequasselt. Da kommst du hier natürlich nicht drum rum. Sogar meine Telefonnummer wollte der eine haben, damit er mir das Foto schicken kann, das er kurz vorher mit seinem Handy geschossen hatte. Und schon sabbelt der Kerl drauflos: Auf dem Schnappschuss seien die beiden kleinen Schwarzbären am Heck unserer Feuerwehr zu sehen, wie sie gerade auf unser Dach klettern wollten. Er habe das Foto geschossen, kurz bevor jemand von innen das Dachfenster zugemacht habe. (Das war ich. Und das war knapp.)

Jetzt mal ehrlich, das ist doch der helle Wahnsinn hier! Sogar die Bären werden aufdringlich! Erst krabbeln sie uns aufs Dach und dann quasi einen Meter vor unserer Nase herum (zum Glück durch die Frontscheibe der Dicken geschützt), während der Ranger hinterher läuft und versucht, die Frechdachse vom Platz zu treiben. Kommt man so etwa pünktlich los? Die Elche waren dann natürlich weg, ist ja klar.

Und außerdem: MUSS man unseren Kindern ständig irgendwas in die Hand drücken? Fütternüsse, Kanadafähnchen, Lutscher, Knicklichter, watt denn noch alles? Echt! Das ging den ganzen Tag so weiter, da machste dir kein Bild von! Und EWIG kriegst du irgendwelche heißen Tipps, wo man unbedingt hinfahren soll. „Please visit us, we show you around!" Hätätätätä. MUSS das sein, dass die winkend am Straßenrand stehen, wenn wir weiterfahren? Haben die keine Freunde? So wird das doch NIE was mit der Einsamkeit in der Wildnis der großen weiten Welt. So lernen wir ja nie mal Kanada von seiner schönsten

Seite kennen, wie die das im Reiseführer so toll angekündigt haben.

Wir also erstmal plan- und ziellos weiter gen Westen gezockelt, um dann in einem kleinen Ort Brot zu kaufen. Der Motor ist noch nicht ganz aus, SCHON steht wieder einer am Wagen: „Wollt ihr hier heute übernachten?" (Wieso? War hier Parkverbot? Standen wir auf dem sein Grundstück? Hatte der watt gegen Germans?) Da vorne gäb's 'ne gute Bäckerei und total leckere Pizza. (War wohl sein Bruder. Laden lief wohl nicht.) Und falls wir doch noch hier übernachten wollten (Das fehlte wohl noch!), dann sollten wir doch runter zum See fahren, denn da stehe man viel schöner. Und - Zack! - am nächsten Morgen steht er mit 'ner Flasche selbst gemachtem „Marple-Sirup" in der Hand an unserer Karre. (Schmeckt ja ganz gut, aber nicht wie zu Hause.)

Und was das Schlimmste ist: Das färbt allmählich ab! WIE oft habe ich meinen Töchtern eingebläut: „Was reimt sich auf „stranger"? Danger!" Und was machen die? Die verlieren schon allmählich die Scheu vor dem Fremden. Antworten sogar schon auf Ausländisch. MUSS doch nicht sein! Ich sag's ja: Spielt nicht mit den Schmuddelkindern! (Nun ja, das mit den Schmuddelkindern trifft mittlerweile eher auf unsere Kinder zu, aber das ist ja auch mehr so übertragen gemeint.)

Vor lauter Gesabbel komme ich gar nicht mehr zum Schreiben. STÄNDIG werde ich aus meinen Gedanken gerissen. Gerade wieder: Ich hab kaum mein Laptop aufgebaut (Blick auf den See, Schwimmen war schon, Kinder auf dem Spielplatz, Stefan 'ne Dose Pilsbier mit Klebeband am Umkleben, wegen Tarnung, weißte Bescheid?) – Schwupp! – da steht wieder einer am Picknicktisch. (Auch so ein Thema: überall diese Picknicktische! Wer soll da ständig dran sitzen? Ich mein jetzt mal so: außer uns? Ham die kein Zuhause?) Ich gucke also hoch. Wer ist es diesmal? Melissa aus Montreal? Mink aus Toronto?

Nee, diesmal ist es Paul aus Quebec. Ende 60 / Anfang 70, graue Schläfen, dunkle Haut, helle Augen, aber war dem nicht zu warm in seiner Daunenjacke?! Egal. War wohl gerade mit seinem Fahrrad am See angekommen, was ich gar nicht bemerkt hatte. Jetzt seh ich's. Vollgepackt vom Lenker bis zum

Sattel. (Ah! Jacke passte wohl nicht mehr rein. Und das bei diesen Temperaturen! Nun ja. Muss ja jeder selber wissen.) Jedenfalls war er schon 'ne Weile unterwegs, so zwei Wochen. Ganz allein? – „You´re never alone, you always meet people!" - WEM sagst du das, Paul! Mensch, Junge, ich hab doch noch was auf dem Zettel! Ich muss doch noch das Lied „I wish I was a punk rocker with flowers in my hair" auf Youtube hören, das hatte mir doch extra letztens noch einer empfohlen. Und hier ist WLAN, direkt am See! Da will ich doch die Bilder hochladen, von heute Morgen, die mit den Bären. Ich komme zu nix! Jetzt will der mir auch noch seine Reisephilosophie unterbreiten: „I know where I start, but I don´t know where I stop." (Oder war das etwa sogar seine LEBENSphilosophie?)

Am Ende des Gesprächs gibt er mir noch eine Message mit auf den Weg, so einen auf: Ich hab schon 'ne Menge durchgemacht, ich bin schon alt, ihr habt ja alles noch vor euch. Aber vorher streckt er mir zum Abschied seine geschlossene Faust hin, lächelt verschmitzt. (Ich bin nicht ganz sicher, soll ich jetzt auch das Fäustchen strecken? Okay, so war´s wohl gemeint.) Check! (Voll die Buddys. Grins!) Und dann sagt der doch tatsächlich: „Always remember: The best thing is to enjoy!"

Nach Hause telefonieren
ONTARIO

Nicht nur „E.T." möchte ab und zu „nach Hause telefonieren";
mir geht es hier auch nicht anders. Allerdings gestaltet sich das
Telefonieren in Kanada ein wenig schwierig - wegen WIFI, was
dann doch mehr so Glückssache ist. Diesmal musste ich mich
sukzessive direkt bis an die Rezeption des Campingplatzes
ranschleichen, um ein halbwegs vernünftiges Gespräch hinzu-
kriegen. Ich sag mal so: An Mama lag es nicht, die hat nach
alter Manier ordentlich in den Hörer gebrüllt. (So wie früher auf
Klassenfahrt oder Zeltlager, nachdem die letzte Mark rappelnd
in den Münzeinwurfschlitz gefallen war. (Plastikhörer ans Öhr-
chen gepresst. Sperriges Kabel mit Metallummantelung zwischen den Fingern. Zerfleddertes Telefonbuch.) „Illlnaaa! Wie
geeeeeht es dir? Kannst du mich höööööören?" (Ganz aufgeregt. FERNgespräch! Das Kind ist über 40 km weit weg!) – „Ja,
ich höre dich gut! Ich muss kurz machen, nur noch 80 Pfennig,
nein, jetzt nur noch 70..." Und der Rest des Gesprächs war
dann eigentlich nur mehr so ein Live-Countdown des (nennen
wir es mal) „Displays" des Fernsprechautomaten.)
Zurück nach Kanada. Ganz am Ende des Gesprächs („Och
nee, jetzt ist es wieder weg." – „Sag nochmal das von eben, da
war grade nur so ein Rauschen." – „Ah, jetzt höre ich dich wieder.") hab ich gemerkt, dass ich noch im Pölter und mit Strub-
belkopp vor der Anmeldung stand. Egal. Hier kennt mich ja keiner und ich wurde trotzdem von allen freundlich gegrüßt. Außerdem: Es gibt Wichtigeres im Leben, besonders seit diesem
Telefonat.
Hauptthema am Telefon sind bei uns eigentlich entweder die
ganz Jungen, also die Enkelkinder, oder die ganz Alten, also
meine Oma. Gerade habe ich nochmal das Lied „Forever y-
oung" gehört. Einer meiner Lieblingssongs. „Do you really want
to live forever?" Auf keinen Fall! Will man älter als 92 werden?
Es kommt wohl darauf an.
Obwohl ich mich und meine Kinder schon innerlich darauf vorbereitet hatte, trifft uns die Nachricht mit voller Breitseite. „Es
könnte sein, dass wir Oma Liesel heute zum letzten Mal sehen."

Das hatte ich bei unserem letzten Deutschlandbesuch vor drei Monaten vorsichtshalber noch zu Edda und Martha gesagt und gehofft, dass es nicht wahr würde. Jetzt wird es wahr. So schlecht wie die Verbindung ist auch die Nachricht: „Baut rapide ab"… „kriegt nicht mehr viel mit"… „wird jetzt wohl schnell gehen"… „So nimm denn meine Hände". Ein wirklich schönes Kirchenlied. Das hat Mama wohl auch schon an die 90 mal gesungen. Ich denke an den letzten Tag mit Oma. Ein sonniger Frühlingstag im April. Oma hatte einen erstaunlich guten Moment. Sie hat sogar Späße gemacht. Wir haben noch einmal zusammen gelacht. Die Mädels werden ihre Uroma in guter Erinnerung behalten. Und das ist ja schließlich auch gut so.

Doch die Emotionen sprechen eine andere Sprache. Bei uns Mädels fließen bittere Tränen. Wenn ich HEUTE einen Flieger buchen würde… („Es ist immer zu spät, ungläubig siehst du zu. Es ist immer zu spät, die Dinge sind schneller als du.", singt Reinhard Mey.) Schluchzend schreibe ich Abschieds- und Dankesbriefe in E-Mail-Form, die meine Schwester ihr auf der Bettkante vorliest. („Schreib deinen Brief noch heut' und lauf. Gib ihn heute noch ab, es wartet jemand darauf.") Oma habe gelächelt und „Ja" gesagt, berichtet Silke. „Hat sie nach mir gefragt?" Die Frage wird verneint. Und trotzdem: Brauchen wir, braucht Oma Liesel ihn nicht vielleicht doch, den „richtigen" Abschied? Sollten wir hier nicht alles stehen und liegen lassen und nochmal nach Deutschland fliegen? Die Familie in Deutschland rät entschieden ab. Es werde jetzt bestimmt sehr schnell gehen. Wir würden nicht gebraucht. Was hart klingt, ist in Wahrheit lieb gemeint und so auch rübergekommen. Und trotzdem…

Die besten Momente, um über Jung und Alt, Leben und Tod, Pommes und Disco und andere philosophische Fragen nachzudenken, sind - wie es sich für ein echtes Road-Movie gehört - die Abende am Lagerfeuer. Plötzlich kriegt jedes Lied einen lebensweisenden Sinn; sogar ein kitschiger Gassenhauer von Tom Astor treibt dir die Tränen in die Augen, zumal meine Großeltern durchaus etwas für Schlagermusik übrig hatten: „Flieg, junger Adler, hinaus in die Freiheit. Schau nur nach vorn, nie zurück!" Ich weiß, es ist unerträglich, aber bei uns war es zuerst genau so wie in dem Lied: „Wie den jungen starken Wolf, der dem Ruf der Wildnis folgt, zieht es dich hinaus." - nur, dass der „junge starke Wolf" schon über 40 ist und seine Frau und seine beiden Kinder mitgenommen hat.

Doch dem weisen Rat des alten Schlageradlers zum Trotz schaue ich quasi ständig zurück. Es gibt keinen optimalen Zeitpunkt, um monatelang herumzureisen. Niemals habe ich unser eigenes schlaues Statement stärker zu spüren gekriegt als in diesen Tagen. Grundsätzlich ist es ja gut, dass das Leben endlich ist, und dass man sich das auch immer wieder klarmacht. Dann lebt man anders, dann wartet man nicht mit dem Leben. Nicht so wie Oma Liesel und ihr geliebter Hermann, mit dem sie immer so gerne eine flotte Sohle aufs Parkett gelegt hat - aus Mangel an Zeit und Gelegenheit leider nur selten; manchmal jedoch (und das ist eine meiner schönsten Kindheitserinnerungen an dieses Paar) ganz spontan, quasi während der Arbeit in der Werkstatt, die außer von Kreissägen auch von Radiomusik beschallt wurde. („Hier WDR 4!") Später wollte sich das Tischler-Ehepaar einen schönen Lebensabend machen. Das ist dann anders gekommen, weil Opa Hermann viel zu früh gestorben ist. Rückblickend bestand sein Leben also hauptsächlich aus zwei Konstanten: „Arbeit" und „Später".

So gesehen ist es ja richtig, nicht auf einen besseren Moment zu warten, sondern die Beine in die Hand bzw. seine Kinder in den Arm zu nehmen und die Welt zu erkunden. („Es ist immer zu spät, es gibt kein nächstes Mal." Auch an dieser Stelle passen Reinhard Meys Weisheiten.) Und doch... Abenteuer hin oder her - es ist absolut kein gutes Gefühl, in Zeiten des Abschiednehmens nicht dort zu sein, wo man hingehört. Nach HAUSE!

Zu allem Überfluss singt Stefan nun „Far far away" von Slade. „I´ve seen the yellow lights go down the Mississippi…" Kennt jeder, also das Lied. Den Mississippi kennen wir zwar noch nicht; dafür haben wir aber schon bei untergehender Sonne am Ufer des Sankt-Lorenz-Stroms gestanden. Esther aus dem Camper nebenan hat die - zugegeben - machtvolle Kulisse noch mit einer Gesangseinlage à la Celine Dion und „Titanic" abgerundet und dann ging es los: Der Sankt Lorenz, der schönste Fluss der Welt! Québec, das Land ihrer Vorfahren!

Hier, an diesem Ufer, fühle sie sich ihrer DNA besonders nah. (…) Nun mal halblang, meine Liebe. Der „Lorenz" mag ja recht breit sein und es schwimmen tolle Tiere drin (Wale, Delfine, Seehunde…), aber wenn ich unten beim Sportplatz in Gesmold auf den braunen Bach namens „Else" gucke, dann pulsiert das Blut in MEINEN Adern. Denn die Else fließt durch das Meller Land, das Land meiner Vorfahren! Und unser Ludwig, mein Heimatsee, führt zwar nicht so viel Wasser wie der Lorenz, dafür kann aber auch kein noch so kleines Kind in dem ihm seiner Entengrütze untergehen. Außerdem gibt es am „Seeufer" ´ne schöne Brat mit Pommes Schranke. Lecker!

„And I´m far far away, with my head up in the clouds…", erinnert mich Stefan daran, dass ich gerade nicht mit Oma am See, sondern mit meinem Kopf in den Wolken bin. Jetzt tingel ich schon seit drei Wochen durch die Weltgeschichte, bin mit den Gedanken aber mehr zu Hause als jemals zuvor. Verständlicherweise. „Hanging loose around the world, but the call of home is loud, still as…" In diesem Moment kriege ich einen anderen „call of home": Die Kinder müssen dringend ins Bett. Mittlerweile hat es zu regnen begonnen und Stefan zieht mit seiner Lagerfeuerromantik unters Sonnendach. Bei „Summer Dreaming" prasselt es bereits ordentlich auf die Markise. Bruce, the Boss, hätte gerne das letzte Wort, „because the night belongs to lovers." Aber…

Ich hätte DOCH einen Flug nach Deutschland buchen sollen! Doch sowas weiß man ja immer erst später oder besser gesagt zu spät, aber was weiß man schon, wenn man sich gerade mit seinen Liebsten in der Sommer-Sonne-Sonnenschein-Komm-wir-baden-lustig-im-See-Parallelwelt befindet? Oder sonstwie im Wald steht. Dort, im Algonquin Provinzialpark, empfing ich die Nachricht (Die Begegnung mit unserem ersten Bären war gerade gewesen. Das Abenteuer mit den beiden Babybären würde noch kommen. Erlebnisdichte, die einem das Herz sprengt.): Oma Liesel hatte es geschafft.

Von meiner Oma habe ich meine Angst vor Tieren jedenfalls nicht geerbt. Sie hatte als Kind nämlich einen ganz treuen Hund, der Männe hieß und von dem sie immer gerne erzählt

hat. Und wenn die kleine Liesel mal zu weit von zu Hause weggelaufen war, dann musste man nur fragen: „Männe, wo ist Liesel?"
Männe, wo ist Liesel?

Ein infinitives Erlebnis
PROVINZIALPARK MISSISSAGI, ONTARIO

Wenn man wochenlang in der Weltgeschichte herumreist, dann
macht man sich so manche Gedanken - Gedanken über die Art
des Lebens und den Sinn des Reisens - oder auch um den Sinn
des Lebens und die Art des Reisens. In Bezug auf Letzteres
sind wir schon mal fündig geworden, denn mit Blick auf die großen Seen auf unserer Landkarte hatte Stefan mich vor einigen
Tagen gefragt: „Wo, wenn nicht in Kanada, kauft man sich eigentlich einen Kanadier?!"
Bis heute war Eddas typischster Wecksatz „Mama, ist schon
Morgend?" „Morgend" ist Eddas Gegenstück zu Abend. Wenn
„Morgend" ist, dann darf man schon aufstehen. Oder es wird
noch ein bisschen gekuschelt. Vielleicht schläft man auch nochmal ein. Heute Morgen hat Edda jedoch mit einem neuen Satz
den Tag begonnen: „Fahren wir heute endlich mal wieder mit
der Liesel"?
Denn vorgestern haben wir kurzerhand einen Bootsverleih an
der Georgian Bay ausfindig gemacht, bei Tim und Cathy vom
„White Squall" ein gebrauchtes Kanu getestet, für gut befunden
und es bei unserer Jungferntour auf den Namen „Liesel" ge-
tauft. „Und was bringt das ein?", hätte die echte, äußerst sparsame Liesel wahrscheinlich gefragt. Unsere Antwort, die meine
Oma wohl leider nicht hätte nachvollziehen können: Das bringt
´ne Menge ein: viel Nähe und neue Perspektiven - nämlich jetzt
von der Wasserseite aus!
Unsere erste Tour mit dem neuen Kanu sollte auf dem Elliot
Lake stattfinden, einem See „in the middle of nowhere", denn
es handelte sich um einen echten Geheimtip. In dem Moment
nämlich, als wir mit unserer frisch aufs Dach geschnallten Liesel

beim „White Squall" vom Hof rollen wollten, beugte sich der rauschebärtige Mitarbeiter noch zu mir runter, schaute bedeu-
tungsvoll in meine Augen - ein Funkeln in seinem Blick, ein Zu-
cken im linken Augenlid, ein kurzer Fingerzeig auf den weißen
Fleck auf unserer schon reichlich bekritzelten Landkarte - und
ich vernahm mehr ein Raunen denn ein gesprochenes Wort:
„Mississagi"... schon war der Mann im Nebel verschwunden.
Als wir diesen mysteriösen Ort dann tatsächlich gefunden und
festgestellt hatten, dass der Provinzialpark Mississagi bisher
noch durch keinerlei Touri-Gedöns in Form von Dusche oder
Wasserklosett verunstaltet worden war, gingen wir erstmal die
paar Schritte zum See und dachten: „Alter Schwede! Hat man
schon mal so ´ne hammergeile Wasserspiegelung gesehen?!"
Das war wie Himmel oben, unten, überall! Einfach Wahnsinn!
Stefan und ich fanden beide, dass wir einen ganz und gar magischen Ort gefunden hatten.
Unsere Kinder fanden wohl, dass dieser Ort in erster Linie eine
perfekte Kulisse für lautstarke Albernheiten aller Art darstellte.
Der Specht, der gerade so eifrig einen Meter neben mir seinen
Stamm beklopft hatte, nahm sofort Reißaus, als die Kinder lachend und kreischend aus der Feuerwehr getobt kamen. „Hilfe,
die Hellmanns kommen!", werden auch die paar Ruhesuchen-
den auf diesem Platz gedacht haben, allerspätestens nachdem
Edda abends in der Feuerwehr aus Versehen die runde Tup-
perdose mit der leckeren Bolognesesoße auf den Boden ge-
kickt hatte, die sich dann „auf ALLES, aber wirklich auf ALLES,
ich könnte heulen!" (O-Ton Stefan) verteilt hat, was in näherer
und entfernterer Reichweite war. Sagen wir mal so, die Bombe
schlug zweimal ein – erst in Form der Dose, dann in Form von
Stefan. (Wir finden übrigens noch immer hier und da rotbraune
Spritzer in den entferntesten Ecken. Wohlgemerkt auch in Tür-
griffen, Schraubenlöchern und Schuhen.)
Tags drauf hatte ich aber - womöglich noch verstärkt durch das
wirre Gefühlschaos zwischen Trauer, innerer Zerrissenheit
bzw. undefinierbarer Emotionalität - einen der berühmten „spe-
cial moments", an den ich mich ewig erinnern werde und von
dem ich dir erzählen möchte.

Nach einer kurzen morgendlichen Tour mit dem Kanu ging der Nachmittag so dahin, weil sich Edda endlich einmal bereiterklärt hatte, von Martha unterrichtet zu werden. Unterm Strich kann man festhalten, dass Marthas LEHRmotivation derzeit in einem ungünstigen Verhältnis zu Eddas LERNmotivation steht, so dass dieser Moment der Leistungsbereitschaft von der großen Schwester aufs Ausgiebigste genutzt wurde: Lük-Kasten, Anlauttabelle, selbst gemachte Agenda, per Stundenplan festgelegter Lernrhythmus – die junge Pädagogin hatte alles in der Reihe und brachte ihrer kleinen Schwester liebevoll, mit einer niemals endenden Geduld, neue Buchstaben bei. Wir hatten derweil Ruhe, Kaffee, Natur und nette Gesellschaft mit Blick auf den See.

Als wir dann gegen Abend endlich in unserem Bötchen saßen, rührte ich nicht mehr „mit den Rudern ein bisschen in der Teetasse", wie Stefan meine anfänglichen Erfolge am Paddel noch so missbilligend beschrieben hatte; vielmehr klappte es erstmals richtig gut und wir gaben die Ruder schließlich an unsere Kinder weiter. Irgendwann schaute Edda sich um, um zu sehen, wie weit sie schon gepaddelt waren, und bemerkte voller Stolz: „Hinten ist schon ganz weit weg." Eine andere Kulisse, ein anderer Ort, ein anderer Zeitpunkt, und dieser wunderbare Satz wäre womöglich unbeachtet im Rauschen des Tages untergegangen.

Mitten auf dem See trafen wir plötzlich auf Mike, den netten kanadischen Profikanuten, mit dem wir „zur Unterrichtszeit" am Nachmittag bereits einen Kaffee auf unserer Parzelle getrunken hatten. Im Licht der langsam untergehenden Sonne brachte er uns dann exklusiv die wichtigsten Paddeltechniken bei und lobte unser Kanu, das auf dem Wasser durchaus eine gute Figur zu machen schien. Dann – die Sonne warf schon goldenes Licht auf die spiegelglatte Wasseroberfläche – klopfte es plötzlich an unser Boot. Kein Witz! Da war eine riesige Schnappschildkröte mit bizarr gezackter Panzerung, die mal „Hallo" sagen wollte. Ein Urtier, geradewegs aus dem Dino-Zeitalter an die Wasseroberfläche getaucht, fast so groß wie ein Petziball. Wir waren so gebannt von diesem Anblick, dass wir nur noch atemlos stumm mit dem Finger auf sie zeigten. Ja, zum Glück,

wir alle hatten sie gesehen - spätestens als sie auf ihrem Rückweg nochmal kurz den Kopf aus dem Wasser steckte und zu
uns herüber schaute (Macht´s gut, ihr Abenteurer, passt auf
euch auf!), bevor sie in Richtung untergehende Sonne davon
schwamm. Gänsehaut-Sekunden.

Und dann bot uns der Himmel ein Schauspiel, das man so
schnell nicht wieder vergisst. Das war – um es mit Eddas Worten zu sagen – „infinitiv der beste Sonnenuntergang", den wir je
gesehen hatten. Nicht nur Martha fühlte sich „wie im Bilderbuch". Eddas Quengelei ignorierend (sie hatte nun Angst vor
der Schildkröte bekommen und wollte in diesem Wasser NIE-
mals wieder schwimmen und außerdem SOfort zurück zur Feuerwehr), haben wir beobachtet, wie sich der Himmel und das
Wasser um uns herum von Rosa-Lila in Orange-Türkis
verfärbte. Irgendwann waren wir derart von diesem Farbspiel
eingehüllt, dass man es tatsächlich als ein total „infinitives" Erlebnis beschreiben kann.

Mike, der inmitten der Schönheit dieser Natur aufgewachsen
ist, hat - mit staunendem Blick auf den Himmel - von seinem
knallroten Kanu aus einen Satz gesagt, der so schön ist, dass
er sich bis in alle Ewigkeit in mein Gedächtnis einbrennen wird:
„Sometimes the world is smiling on you."

3. *Rückenwind* - eine Zeitreise durch Kanadas Mitte

„Wir betreten neue Wege, die wir noch nicht hatten, und ich nehm´ euch mit ´n Stück in meinem Windschatten. Yeah."
(Thomas D.)

Time Warp
SAULT STE: MARIE; ONTARIO

Kann mal einer die Welt anhalten? Da sind aus Versehen welche ausgestiegen. So denken wir, als wir plötzlich an einer Pferdekutsche vorbeifahren - und das mitten auf dem Highway in Richtung Superiour Lake. Da saß eine dunkel gekleidete Frau mit schwarzer Haube am Zügel. Wenige Augenblicke später sehen wir zwei kleine Jungs auf einem Pferdeanhänger stehend mit Strohhüten auf dem Kopf – ebenfalls ein Bild aus vergangenen Zeiten. Noch bevor wir „Was ist hier denn los?" sagen können, kommt auch schon der nächste Pferdewagen in Sicht. Diesmal wird ein schwarzer geschlossener Kasten von dunkelbraunen Rössern gezogen.

„Hier scheint irgendwo ein Nest zu sein", meint der Biologe. Da ich einfach zu gerne ein Foto vom Innenraum des schwarzen Kutschenkastens hätte, zwinge ich Stefan zum Anhalten und wir lassen das Gespann passieren, damit ich aus der Hüfte ein Foto schießen kann. Keine Chance. Die „Black Box" lässt keine Blicke rein. Dafür sehen wir am Straßenrand mittlerweile viele gelbe Schilder mit Pferd und Wagen drauf, die zur Vorsicht mahnen. Wirklich skurril, diese Mischung aus 4x4-Pick-Ups und den Pferdekutschen von anno dazumal.

Dann folgen wir der Beschilderung „Farmers Market", denn wir brauchen dringend mal wieder was Frisches an Bord. Fettige Haare, angeranzte Shorts, schmuddeliges Top, ausgelatschte Flip-Flops - so schlurfen wir Mädels in den Hofladen; schließlich gab es am Elliot Lake außer Plumpsklos und toller Natur nichts, was der Körperpflege hätte zuträglich sein können. Hoppla!, denke ich, denn drinnen sitzt schon wieder eine Frau mit Trachtenkleid. „Das ist wie im Michel-Film, irgendwie so altmodisch", meint Edda und verweist ihrerseits auf einen ernst dreinblickenden Mann mit langem Bart und Holzschuhen. Der stellt seinen selbstgeklöppelten Korb ab und ist - schwupp - wieder weg.

Wir wählen Obst und Brot aus den hölzernen Auslagen und legen sie der nicht weniger hölzern wirkenden Frau auf die Theke ihres Kaufmannsladens. „Guck mal, die hat so eine komische Haube auf!", raunt Edda mir zu. Der muss doch warm sein.

Meine Gedanken über ihren Oberlippenbart habe ich glücklicherweise für mich behalten, denn als ich der Frau erzähle, dass wir Touristen auf der Durchreise sind, beginnt sie ein zaghaftes Gespräch: Woher wir denn kämen? Germany. Ja, das habe sie sich gedacht, sie spräche nämlich auch einen deutschen Dialekt. Häh? (Ach du Schreck! Was hatten wir eben alles gesagt?) Äh, welchen denn? Zögern bei ihr: „Mer schwetze Dütsch." (oder so ähnlich). „Ah, dann ist das ein schwäbischer Dialekt, aus Nürnberg, äh Quatsch, aus Stuttgart", fachsimple ich redselig. (Pfälzisch wäre richtig gewesen.) Ja, und dann? Eigentlich hätte ich jetzt richtig Lust, mich mit der Frau zu unterhalten, aber - warum denn bloß? - leider kommt kein Gespräch in Gang. Somit bleibt es - schade eigentlich! - bei der einminütigen Begegnung.

Vielleicht sieht man ja noch mehr von denen bei der Weiterfahrt, denke ich ganz im Sinne des Gaffens auf die rare Spezies. Wenigstens schäme ich mich auch ein bisschen dafür. Zwar werden wir auch oft fotografiert, aber immerhin nicht beglotzt, als wären wir irgendwelche Freaks vom vorletzten Jahrhundert, tadele ich mich. Allerdings hinkt dieser Vergleich schon deshalb, weil unsere Pferdefreunde ja gar nicht vom vorletzten Jahrhundert sind, noch nicht einmal vom vorvorletzten - nein, stattdessen leben sie noch im 16. Jahrhundert. Freiwillig! Abgefahrener geht es doch nicht mehr, oder?

Meinen Recherchen zufolge handelt es sich nicht um „Amish People", wie wir zunächst vermutet hatten, sondern um eine extrem traditionalistische Form der Mennoniten, Mitglieder der „Orthodox Mennonite Church", die sich in der Umgebung um Sault Ste Marie niedergelassen haben, um ihre Religion möglichst ungestört ausleben zu können. Der Name dieser Glaubensgemeinschaft geht auf den „radikalen Freidenker" Menno Simons zurück. Tatsächlich dachte nämlich vor 500 Jahren mal einer frei und radikal kirchenkritisch und fand es beispielsweise eine gute Idee, dass man SELBST entscheiden darf, ob und wann man sich taufen lassen sollte. Finde ich gut. Selbst entscheiden finde ich immer gut. Die Kirche fand das damals nur eins: gefährlich, weil gegen die Tradition.

Heutzutage scheint dann aber wieder Schluss mit dem Freiden-
ken zu sein, jedenfalls bei den Hard-Chore-Gläubigen. Ganz
nach alter Tradition sagen hier nämlich die Männer, wo es lang
geht. Und wo geht es lang? So weit der Horizont über den Feldern hier auch sein mag; den Bewegungsradius stelle ich mir
dann doch ein bisschen klein vor: Vom Haus in den Stall oder
direkt mit Pferd und Pflug übers Feld, vom Feld zum Hofladen,
von dort nach Hause. Oder zur Kirche? Ich gebe es zu: Ich habe
keine Ahnung. Vielleicht ist es ja so wie bei dem Slogan, den
ich letztens auf dem T-Shirt eines Jungen gelesen habe: „Sleep.
Eat. Beach. Repeat." Nur halt ohne „Beach".
Nee nee. Ich sage: Gleichberechtigung und Erziehung zu kriti-
schem Denken, das ist hier das A und O! Und da diskutier ich
auch nicht drüber! „Mama, aber…" – Ruhe im Karton! Intoleranz
tolerier ich nicht und damit basta! Denn wenn das womöglich
auf Kosten der Jugendlichen geht, die vielleicht auch mal selbst
entscheiden wollen, mit wem sie ausgehen und wann sie heira-
ten wollen, dann hört bei mir der Spaß auf. Und komm mir jetzt
nicht mit: Halbwissen! Vorurteile! Von nix ´ne Ahnung und zu
allem ´ne Meinung, pi pa po. Ich hab die schließlich kennen gelernt! PERSÖNLICH!
Und wie sieht meine Familie das? Edda findet das mit den Pferden toll, wie es sich für ein fünfjähriges Mädchen gehört. Unsere
Neunjährige sieht den Vorteil in Bezug auf die Umwelt, glaubt
aber, dass das mit der Kirche „eher nichts für uns" ist, und zeigt
sich insgesamt erwartungsgemäß tolerant. „Ich finde das gut,
weil doch jeder selbst entscheiden darf, wie er leben möchte.",
meint Martha. Man könne doch das Gute von früher beibehal-
ten: kein Plastik, an die Umwelt denken und so. Aber trotzdem
solle man alle Meinungen akzeptieren und niemanden zu nix
zwingen. Na gut. Darauf kann ich mich einlassen.
Mit Stefan kannste darüber nicht diskutieren. Vaddern ist das
nämlich schnuppe. Solange SEINE Kinder nicht zwangsverhei-
ratet werden, ist doch alles gut. Er findet nur, „die können nix
an der Möhre", denn die Hofladen-Karotten haben schon tags
drauf müde die Köpfe hängen lassen. Hierzu hat mein Mann
wiederum keinen Grund, denn soeben hat er ein Hinweisschild
für einen LCBO-Shop gesehen und singt beschwingt:

„L.C.B.O!" - und zwar zur Melodie der Schwulenhymne „Y.M.C.A." Da zeigt mein Mann sich nämlich tolerant. Finde ich gut.

King of the Jungle
RED ROCK; ONTARIO

„Werd glücklich!" Ein besserer Imperativ fiele mir auch nicht ein, weder fürs Leben noch für den Titel eines Albums. „Get lucky" ist demnach auch häufig die erste Wahl, wenn es um den Soundtrack zu unserem Road-Movie geht, begleitet von soundsovielen Zylindern bei ihrem täglichen Auf und Ab, also heißt es, die Mucke NOCH lauter zu drehen als den Motor. Auch bei unserer Fahrt entlang des Superiour Lakes ist Mark Knopfler mit an Bord. Nichts passt besser hierher als das Lied „Border Reiver" - zum einen, weil der riesige See ja auch so eine Art „Grenzfluss" zu Amerika ist und zum anderen, weil du so schön glasige Augen kriegst, wenn die untergehende Sonne sich auf dem riesigen See spiegelt, während der Mann deiner Wahl dich und deine Liebsten die Uferstraße entlang chauffiert.
Vor dieser Kulisse spielt auch die ganz und gar unglaubliche Geschichte des Nationalhelden Terry Fox. Im Jahr 1980 fasste er den Entschluss, ganz Kanada von Ost nach West zu durchqueren - ähnlich wie wir, könnte man meinen; allerdings ohne Fahrzeug. Zudem war der Leichtathlet unheilbar krebskrank, hatte bereits ein Bein verloren, trug eine Oberschenkelprothese und schaffte es trotzdem, jeden Tag einen Marathon zu laufen - also 42 km, das muss man sich mal vorstellen! Sein Vorhaben, mit dem er den Menschen Mut machen und Spendengelder sammeln wollte, nannte er „Marathon der Hoffnung". Eine Stadt ganz in unserer Nähe wurde zu seinem Gedenken „Marathon" genannt. Vielzählige Terry-Fox-Statuen und auch der Terry-Fox-Courage-Highway erinnern noch heute an seine Willenskraft, unter anderem in der Stadt Thunder Bay, wo er seinen Lauf nach 143 Tagen und 5373 gelaufenen Kilometern, ungefähr auf der Hälfte der geplanten Strecke, vorzeitig beenden musste. Ich sage: Dieser Mann wird zu Recht verehrt!

Durch Zufall landen wir im kleinen Hafenort „Red Rock" und manövrieren die Kinder auf einen Berg. Oben angekommen werden wir - Wow! Wow! Wow! - von einem atemberaubenden Blick über den Superiour Lake belohnt und treffen zwei junge Wanderer. Sie: eigentlich Montessori-Lehrerin in Toronto, aber derzeit Yoga-Begeisterte in Red Rock. Er: „runs his own business." Irgendwas mit Yoga, Esoterik und Reisen. (Erleuchtetes Strahlen bei ihr.) Beide erzählen von ihren Reiseerfahrungen und geben uns tolle Tipps für besondere Stopps auf der Weiterfahrt, die wir fleißig in unsere Karte eintragen. Jeder Ort habe ja bekanntlich seine eigene Energie, aber manche Orte hätten regelrechte „energy vibes", die man besonders stark spüre, referiert der Esoterik-Business-Typ. Was den Superiour Lake angeht, müssen wir ihm Recht geben. Ganz und gar unverkennbar sind allerdings auch seine eigenen Vibes, die glasklar in Richtung der jungen Frau ausgesandt werden, welche sich auch durchaus empfänglich zeigt für seine Signalwellen.

Wie er mit der Gefahr der Bären umgehe, wenn er allein unterwegs sei, will ich wissen. Alles nur eine Frage der Ausstrahlung! Wenn man wie „King of the Jungle" durch die Wildnis streift, Rücken gerade, Brust raus und – was das Wichtigste ist – die gesamte Körpersprache von INNEN nach außen Selbstsicherheit verkörpert, quasi direkt aus dem Powerhouse, anstatt ängstlich um sich zu blicken, so merkt das auch der Bär und kommt gar nicht erst näher. Ich habe das natürlich sofort ausprobiert und fühle mich seitdem ganz „King of the Jungle". (Mein Bärenproblem ist gelöst. Super!) Was hat denn der junge Mann da in seiner Hand? Ah, da steht´s: „Bear-Stick". Ach so, gerade gekauft, Souvenir vom Festival. Da kann man oben den Griff abmachen und es kommt eine Eisenstange zum Vorschein. Sehr praktisch, um Bären zu verjagen. Hmhm. Soso. Ich brauche sowas ja nicht. Wegen der eigenen bärenabschreckenden Energie.

Freiheit

Kanufahren, Basteln, Staudamm bauen, Waldspaziergänge, Bärenkacke analysieren, Marshmallows am Lagerfeuer - so kann man es aushalten, das Reiseleben in Ontario. Zwischendurch noch nette Menschen treffen und natürlich unbedingt die Sonnenuntergänge am Seestrand bewundern. Wir sahen sie am „Golden Lake", am „Lake of Two Rivers" und am „Elliot Lake", haben um den „Old Wife Lake" vorsichtshalber einen großen Bogen gemacht und stattdessen lieber am „White Lake" unser Nachtlager aufgeschlagen. „Es spiegelten sich 1000 Sterne im See", erinnerte sich Martha an unseren langen Abend am Seestrand und zählte fünf Sternschnuppen. Sie schrieb in ihr Tagebuch: „Davon war eine richtig schön, sie hatte einen langen nachschimmernden Schleier."

Als wir am „Blue Lake" die weitere Route planen wollten, fiel uns auf, dass in unserer Landkartensammlung die beiden mittleren Provinzen fehlten, sich unser „Kanada-Komplett-Paket" also ohne Manitoba und Saskatchewan bereits als „komplett" erachtete. (Häh?) Der Blick in unser Reiseführer-Regal führte zu noch mehr Ratlosigkeit: Entweder war dort alles über den Osten bis Ontario oder alles über den Westen bis Calgary nachzulesen. Dazwischen: tote Hose.

Genau so sei es auch, meinte ein kanadischer Camper aus Winnipeg (in Manitoba). Dahin verirre sich kaum ein Tourist. Seine Heimat sei zwar durchaus gut zum Wohnen (weil nicht so schweinekalt im Winter), aber eher weniger interessant zum Anschauen. Das wollten wir natürlich sofort mit eigenen Augen sehen! Auf dem Highway wurde die Vegetation immer dünner, die Bäume kleiner, und dann – schwupp! Einmal kurz nicht nach draußen geguckt, schon waren die Bäume ganz weg. Nur riesige Felder mit vertrockneten Sonnenblumen waren noch übrig geblieben.

Auf einem Campingplatz im Nirgendwo hingen wir als EINZIGE Camper gemütlich unsere Hängematte zwischen zwei Bäume, als wir plötzlich von weitem eine alte Elektro-Golfkarre auf die

Wiese rollen sahen. Auch der Insasse hatte eine eher „gemütliche" Art der Bewegung, also gar keine Bewegung, es sei denn mit der Elektrokarre. Ähnlich war auch seine Art der Kommunikation, also mehr so ein absitzendes Warten auf Input, auf das wir etwas unschlüssig mit dem Angebot eines Bieres reagierten, das dankbar angenommen wurde.

Es stellte sich heraus, dass der Besucher quasi unser Nachbar und Mitglied der „Colony" war, was wiederum eine Gemeinschaft von ca. 80 Hutterern ist, die in den Weiten der Prärie ihre Glaubensfreiheit besonders ungestört ausleben können. Dabei handelt es sich um eine güterteilende Religionsgemeinschaft, ähnlich der Mennoniten von letztens. Okay, das hätte ich lieber nicht sagen sollen, denn von diesen (ebenfalls in der Nähe lebenden) Gläubigen grenzte sich unser Gesprächspartner ausdrücklich ab, da diese - unfassbar! - alle ihren EIGENEN „Bankaccount" hätten. (Missbilligendes Kopfschütteln.) Im Übrigen seien die Kutschfahrer, die wir letztens gesehen hätten, vermutlich Amish People, in jedem Falle aber weltfremde Idioten, weil die sich komplett gegen die Technik bekennen. Nun denn, Fernsehen sei bei den Hutterern auch verboten, genauso wie Alkohol. (Moment, noch ´n Schlückchen aus der Dose, aaah)... und Rauchen eigentlich auch... (Kurz mal Dose abstellen, Feuerzeug rauskramen.) Glaube hin, Glaube her - der heutige Abend schien jedenfalls noch ein brauchbarer für ihn zu werden.

Für uns übrigens auch, denn dann kam das Beste. Plötzlich zauberte der Kerl eine Packung Wohlriechendes hervor: mit Hack gefüllte Teigtaschen. „Das haben die Frauen heute gekocht.", meinte er lapidar. „Kommt alles von unsrem Hof." Was von außen unscheinbar aussah, entpuppte sich als ein echtes kulinarisches Highlight. (Dass wir das noch erleben durften!) Glücklich mampfend erfuhren wir, dass unser Nachbar nicht immer schon in der Golfkarre bzw. den Weiten Manitobas zu Hause war, sondern auch mal für 15 Jahre der „Colony" den Rücken gekehrt hatte: New York, Chicago, alles schon gesehen. Darüber wollte er sich zwar nicht so recht auslassen, dafür jedoch umso mehr über andere Mitbürger. Die „Natives": alle kriminell. Die Koreaner: nur „drugs and prostitution". Beide Minderheiten bezeichnete er pauschal als „bad business". Soso. (Hatte ich etwa ein differenziertes Urteil erwartet?)

Das Thema Bildung haben wir leider nur kurz beleuchtet: Es gebe eigene Schulen für die Kinder, mehr so die Basis. Ab und an komme ein Lehrer bei ihnen vorbei. Schon allein wegen der Mobbingprobleme sei es besser, die Kids von den öffentlichen Schulen fernzuhalten. Hmhm. Und was, wenn die jungen Leute irgendwann einen Job außerhalb der „Colony" finden möchten? So viel zum Thema „Freiheit"... Die Sonne rutschte immer tiefer, die Landschaft wurde in rotes Licht getaucht, bald würde es dunkel sein. Hatte diese Golfkarre eigentlich Licht? (Gähn.)

Doch dies sollte nicht unser Letzteindruck von Manitoba bleiben, denn EINE (vermutlich mindestens eine) Sehenswürdigkeit gebe es durchaus in seiner Heimatstadt, hatte uns der nette Camper von damals (also vom Blue Lake) versichert. So machten wir uns alsdann auf den Weg Richtung Winnipeg. Dort angekommen, konnten wir auf einem komplett leeren Parkplatz DIREKT vor dem 2014 eröffneten Museum für Menschenrechte parken. Das „Museum of Human Rights" sei ein „must see", schon allein wegen der Architektur. Für mich wirkte es ein wenig wie eine Zwiebel, aus dessen Knolle der sogenannte „Turm der Hoffnung" wie ein erleuchteter frischer Trieb in den Himmel wächst. Die Innenraumgestaltung ist ebenfalls sehr aussagekräftig. So düster die Atmosphäre in den unteren Etagen ist und damit an die Verletzung der Menschenrechte erinnert, so hell ist sie ganz oben, denn Licht = Hoffnung. Die Message kommt rüber, spätestens durch den Mann im Fahrstuhl, der jeden Besucher persönlich begrüßt: „Welcome to the tower of hope." (Ob ihm der Satz wohl schon hoffnungslos zum Halse raushängt?)

Doch nicht nur Martha war am Ende unseres Museumsbesuchs beeindruckt, vor allem von der Sonderausstellung zu Nelson Mandela, „weil er sich so toll für die Menschen eingesetzt hat"; auch ich bin TOTAL begeistert - nicht nur von der Architektur, sondern von der gesamten Ausstellung, insbesondere aber auch von Mandela. „Niemand ist mit Hass auf einen Menschen wegen dessen Hautfarbe, Hintergrund oder Religion geboren worden.", ist einer der berühmten Sätze des Freiheitskämpfers.

„Freiheit" ist ja eh das Stichwort unserer Reise. Und auch wir haben das Ziel, durch die Bekanntschaft mit den unterschiedlichsten Menschen unsere Vorurteile abzubauen und anderen Lebenseinstellungen gegenüber NOCH offener und toleranter zu werden. Nach dem Besuch dieser Ausstellung möchte man am liebsten ständig und immer mit Menschen aller Couleur zusammen am Lagerfeuer sitzen und bis in die Nacht hinein Lieder singen und über Menschenrechte diskutieren…

…war meine ehrliche Meinung am Nachmittag, direkt nach dem Besuch des Museums. Ich war sogar drauf und dran meinen Artikel über die religiösen „Zeitreisenden" zu löschen - schon allein wegen meines begrifflichen Ausrutschers „Freak". (Was hatte mich da bloß geritten?!) Bis ich dann NOCH mehr Glaubens-Freaks begegnet war bzw. erkennen musste, dass ich in den letzten zwei Tagen zumindest phasenweise mit den Oberfreaks ganz offen und vorurteilsfrei redend am Strand von „Blue Lake" und auf unserer Camping-Parzelle verbracht hatte. AAAAAAAHHH! Rückblickend war ich dort nicht offen und tolerant, sondern haarsträubend naiv gewesen. Dafür habe ich jetzt einen neuen Leitsatz: Bildung, Bildung, Bildung! Und zwar NICHT durch die Eltern, dafür aber umso mehr für das kritische Denken und die Selbstbestimmtheit. Das ist jetzt aber echt mal das A und O! (Und im Übrigen auch im Sinne Nelson Mandelas, der gesagt hat: „Bildung ist die mächtigste Waffe, um die Welt zu verändern.") Pulskontrolle. Ich pflücke Gänseblümchen auf einer Sommerwiese. Jetzt mal der Reihe nach.

Was mir heute wie Schuppen von den Augen fällt, wirkte vor wenigen Tagen noch ganz harmlos. Okay, hat der Kerl halt einen Bart und lange Haare. Na und? Gut, geht sie halt gerne mit langen Klamotten im See baden. Muss ja jeder selber wissen. Und ihre siebenjährige Tochter auch? Hm, da bin ich - zugegeben - schon etwas stutzig geworden, aber ich bin ja tolerant. Außerdem war das ja ein total netter Typ, der uns vor den Toren des Campingplatzes am „Blue Lake" angesprochen hatte. Man unterhält sich am Strand, man trifft sich zufällig wieder, man isst zusammen Pfannkuchen vor unserer Feuerwehr, man tauscht Telefonnummern aus, vielleicht trifft man sich nochmal wieder. Dann die Konversation über das Homeschooling-Verbot in

Deutschland. Da kannte er sich mal echt gut aus. „Without any reason" hätte das Jugendamt dort einer befreundeten Gruppe von Familien ihre Kinder weggenommen, weil diese sie „for good reason" selbst beschulen wollten. Ich war empört.

Kurz vor unserer Abreise hatte der Bärtige uns dann noch eine kleine Visitenkarte vom „Yellow Deli" zugesteckt, wo er arbeitete. Mit dieser Karte würden wir dort zwei Tassen Tee umsonst kriegen. Ach wie nett? Ach wie perfide! „Yellow Delis" gibt es in diversen Städten in Kanada, lese ich auf der Visitenkarte. Klingt alles prima: „Hot Sandwiches, Fresh Salads, Desserts and more", so der Werbetext. Nun ja, das „more" war dann wohl als Angebot zu verstehen, in deren krasse Glaubensgemeinschaft aufgenommen zu werden. Interessehalber habe ich das nämlich soeben gegoogelt - und siehe da: das „Yellow Deli" ist nur vordergründig eine Art gemütliche Teestube; tatsächlich handelt es sich um die Sekte „The Twelve Tribes", auf Deutsch „Die zwölf Stämme". Laut Internet hat man es gezielt auf naive Studenten oder sozial schwache junge Familien ohne rechte Orientierung im Leben abgesehen. Hallo? Wirkten wir so abgerissen?! Blick von außen auf unsere lustige Combo: Stefan mittlerweile schon recht bärtig (so wie er...), ich in lange Aladinhosen gewandet (ähnlich wie sie...), dann unsere alte Karre, die so ganz nach Hinwendung zu alter Tradition und alternativem Lebensstil aussieht. (Die Dicke könnte mal ´ne Lackpflege gebrauchen...) Mag sein, dass wir von der Optik her schon ein bisschen wie deren „Brüder" daherkamen.

Jedenfalls ist diese Truppe den Berichten zufolge, die haarsträubend zahlreich im Internet vertreten sind, ganz übel drauf. Spätestens als ich gelesen hatte, dass sich diese Sektenanhänger öffentlich zur regelmäßigen körperlichen Züchtigung von Kindern bekennen – in the name of God! Ich kotze! - haben sich meine Nackenhaare hochgestellt und dort stehen sie noch immer. Vorurteilsfreies „Get-together" hin oder her, ich hab jetzt allmählich echt mal Bock auf Landschaft und Weite, aber sowas von!

Blaues Gras, wilde Kühe und schnelle Cowboys
HISTORIC REESOR RANCH; CYPRESS HILLS; SASKATCHEWAN

Seit heute ist unsere Kleine nicht mehr klein, sondern genau sechs Jahre alt. ENDLICH! Denn spätestens seitdem die Pferdefreundin ahnte, dass sie diese roten Cowboystiefel - sogar mit kleinem Absatz (Stielaugen, takel-takel, Kreisgrinsen, „Bitte-bitte Mama!") - zum Geburtstag bekommen würde, wurde morgens direkt nach dem Aufwachen runtergezählt: „Nur noch sieben Tage!! Juchuh, juchuh!" Aber was sie nicht wusste ist, dass auch noch echte Pferde und Kühe zur Geburtstagsüberraschung dazu kommen würden. Ganz im Geheimen hatten wir uns auf den Weg gemacht zu einer echten und echt historischen Ranch inmitten der landschaftlichen Weite des Landstrichs „Cypress Hills", ganz im Süden von Saskatchewan. 40 km Schotterpiste haben unsere Feuerwehr auf unserer Anfahrt in eine immense Staubwolke gehüllt. Begrüßt wurden wir von waschechten Cowboys, indem sie mit ihrem rechten Zeigefinger an ihre Hutkrempe tippten. (Kein Witz!)

Doch während wir uns Tag für Tag, Stück für Stück diesem schönen Fleckchen Erde näherten, hatten wir ganz viel Zeit uns Gedanken darüber zu machen, warum die Provinz Saskatchewan in unseren Reiseführern so sträflich vernachlässigt wird. Ich finde, dass man zumindest auf einer halben Seite hätte zusammenfassen können, wie schön es ist, tagelang gelbe Felder, blauen Himmel und weiße Wolken zu betrachten, während der Trucker den Blick versonnen auf die schnurgerade Landstraße heftet und „The Dead South" mit Banjo, Mandoline und Cello zusätzlichen Schwung ins Ganze bringen. Bluegrass-Musik. Unsere Neuentdeckung. Und woher kommen die Jungs? Tadaaa! Aus Saskatchewan. Da sage noch einer, dass diese Gegend nichts zu bieten hat!

„Cypress Hills" liegt übrigens fast schon in Alberta und hat seinen Namen von dem Wort „Zypressen", die die ersten französischen Siedler hier gefunden zu haben glaubten. In Wahrheit gibt es hier aber gar keine Zypressen (tse tse tse), sondern irgendein anderes oben spitz zulaufendes Gesträuch. Dank der Franzosen muss der Landstrich jetzt also mit einem falschen

Namen leben. Was einem aber herzlich egal sein kann, wenn man oben auf einem dieser sanft geschwungenen Hügel an der schroffen Abbruchkante steht und merkt, dass man von hier aus sogar NOCH weiter über die malerische Vegetation blicken kann - wie auch immer das heißt, was da wächst. Auf jeden Fall bildet es eine herrliche Kulisse für das Ranch-House mit Veranda und Holzzäunen drum herum - jetzt nicht genauso wie bei „Unsere kleine Farm", auch nicht ganz so wie die „Ponderosa" in „Bonanza", weil unser Farmhaus rot-weiß ist, aber doch schon irgendwie wie im Film. Mir fällt bloß grad nicht ein, welcher Streifen hier möglicherweise doch nicht gedreht worden ist.

Unbestritten ist: Auf der „Historic Reesor Ranch" hat Scott Reesor als Erbe der 5. Generation das Sagen - nicht nur am Grill, sondern auf dem gesamten Anwesen, in erster Linie aber in der Ranch-Hall, wo er allabendlich für die Gäste, seine Cowboys, die Pferdemädchen und seine Familie (und wohl auch ein bisschen für sich selbst) eigens geschriebene Gedichte rezitiert. Ein cooler Typ! Und ein echtes Event!

Unter anderem hat Scott eine Ballade mit dem Titel „Another day out with Pa" vorgetragen, in der es darum ging, dass er eines Tages mit seinem 79jährigen Vater auf die Koppel ging, um die Kühe künstlich zu besamen: Handschuh an, Augen zu, Arm rein ins Loch, da muss ein Cowboy wohl durch. Bei 99 Kühen war alles easy, doch die letzte alte Dame hatte entweder keinen Bock mehr auf Nachwuchs oder war einfach 'ne „blöde Kuh", jedenfalls muss die (im Stile des männlichen Vorbilds beim „Bull-Riding") nach allen Regeln der Kunst durchgedreht sein, wohlgemerkt, als der Arm des Daddys noch hinten drin steckte. Und welcher dort auch nach mehreren Versuchen der Kuh, den loszuwerden, nicht rauszukriegen war. (Wie gesagt, das Tier war wohl ein wenig verspannt, offensichtlich auch im Anus.) Als die Dame sich dann nach all dem anstrengenden Gezappel auch noch auf den Allerwertesten setzte, hatte dies zwar diverse Blessuren und auch den einen oder anderen Rippenbruch beim armen Daddy zur Folge; angeblich aber war der alte Herr nach drei Tagen Bettruhe wieder fit und bereit, erneut in den Ring zu steigen.

Auch wir haben Glück: Auf der Reesor Ranch ist zufällig wieder Besamungstag. Hierfür wurden heute Morgen alle Kühe nach alter Manier mit Cowboys und Pferden auf die Wiese hinter unserem Parkplatz zusammengetrieben. Ein Wahnsinnsspektakel, das wir vom Fenster der Dicken aus wunderbar verfolgen konnten. Nachdem man uns erklärt hatte, dass die künstliche Besamung eine sowohl schnellere als auch Erfolg versprechendere Methode der Viehvermehrung darstellt, meinte Martha: „Ah, das macht man also, ohne dass sich die Kuh und der Bulle wirklich verlieben müssen, denn das kann ja dauern." Ich würde mal sagen, sie hat das Prinzip verstanden.

Ganz in der Nähe dieser Ranch gibt es übrigens einen sagenumwobenen, geheimnisvollen, wenn nicht gar spirituellen Ort. Dort befinden sich nämlich indianische Steinkreise, hierzulande „First Nation Teepee Rings" genannt. Man musste einfach nur über die Kuhweide laufen und schon war man da. Ich korrigiere: WÄRE man da gewesen. Mal ganz ehrlich - angesichts dessen, wozu diese (rein äußerlich betrachtet friedlich anmutenden) vierbeinigen Zeitgenossen laut Scotts Berichterstattung so imstande sind, habe ich dann auf halber Strecke zum Rückzug geblasen. Die Kühe hatten uns irgendwie so provozierend angeglotzt, als wir ungefragt deren Terrain betreten hatten. Manche haben sogar bedrohlich gemuht. Bei aller Liebe zur Spiritualität, aber man muss sein Schicksal ja nun auch nicht gerade herausfordern - von der Verantwortung für unsere Kinder mal ganz zu schweigen!

Schon Heraclit hat gesagt
DRUMHELLER, ALBERTA

Was Heraclit nun wirklich gesagt und wie er es in Wahrheit gemeint hat, wird ja allgemein kontrovers diskutiert. (Schlauer Gesichtsausdruck. Galanter Griff an die Sonnenbrille.) Auch mit
meinem Mann führe ich von Zeit zu Zeit einen philosophischen
Diskurs, beispielsweise hinsichtlich der Frage, ob wir uns auf
dieser Reise wohl verändern werden. „Na klar.", meint Stefan
und gibt sich wieder dem Gitarrenspiel hin.
Schön wäre zunächst einmal eine Veränderung in Bezug auf
den Konsum, denn im Moment kommen wir mehr als gut mit
dem Wenigen aus, was wir in unserer Feuerwehr mit uns rumfahren. Das viel diskutierte „Zuviel" merkt man im Feuerwehrle-
ben an jedem zusätzlichen Pullover, der ungetragen von A nach
B und von dort in die Dachbox getragen wird. (Weg damit!) Darüber hinaus habe ich das bescheidene Ziel, am Ende des Trips
ein komplett anderer Mensch zu sein, nämlich wilden Tieren gegenüber genauso aufgeschlossen wie anderen Menschen mit
anderen Ansichten. Und wenn das schon nicht klappt, dann
möchte ich zumindest so weit sein, dass ich angstfrei über ´ne
Kuhwiese laufen kann. (Das wäre ja schon mal was!)
Nun, was soll ich sagen? Ich bin schon FAST ganz „King of the
Jungle"! Als wir letztens an dem Ort mit dem lustigen Namen
„Red Rock Coulee" waren, habe ich mich nur ein KLITZEkleines
bisschen vor den Klapperschlangen gefürchtet, vor denen mich
die Frau von der Wasserfahrzeug-Inspektion an der Grenze zu
Alberta so eindringlich gewarnt hatte: „The Alberta rattle snake,
oh yeah!" – Gibt´s die hier? – „Ooh yeah!" – Und ist die gefährlich, mitunter sogar tödlich? – „Oooh yeah!" – Und wenn man
gebissen wird? – „Ooooh oh!"
Ooookay? Martha nahm´s gelassen, Edda waren die „Schlap-
perschlangen" ebenfalls egal und Stefan war natürlich gleich
mit der Abenteuerlust eines kleinen Jungen unterwegs. Der ist
quasi immer noch neun Jahre alt – zumindest was seinen Um-
gang mit den Risiken des Lebens angeht. (Zusammen mit den
Kindern ist das eine gefährliche Mischung.) Zwar hatte er immerhin seinen Wanderstock dabei, jedoch nicht, um damit

seine Familie zu beschützen – wo denkst du hin! – sondern eigentlich mehr, um hier und da mal einen Stein umzudrehen, damit man diese tödliche Schlange auch mal zu Gesicht bekommt. Eh klar, wer da wieder die Rolle des Spielverderbers abgekriegt hat. Ich glaube, der macht das extra. Aber weder Scheidung noch ein tödlicher Schlangenbiss stellen für mich eine echte Option dar. Mann, ich kann ohne den Kerl halt nicht leben! Erstens kann ich dieses Fahrzeug nicht alleine fahren und zweitens brauchen die Kinder auch ab und zu mal ′ne warme Mahlzeit. Der Versuch, die Mädels mit der Aussicht auf eine solche in die Feuerwehr zu locken, war leider vergeblich. Martha hat mich natürlich sofort durchschaut.

Im Vergleich zu den Klapperschlangen hatte ich mit den Büffeln von letztens erstaunlich wenig Probleme. Vor einigen Tagen befanden wir uns nämlich oben auf der Klippe eines sogenannten „Büffelsprungs" im Provinzialpark „Dry Island Buffalo Jump" und dort sah ich sie in Gedanken auf mich zu rennen, die Büffelherden. Da bebte die Erde nur so vom dröhnenden Getrampel der mächtigen Tiere, die nichtsahnend von johlenden und kreischenden Cree-Indianern zum Abgrund getrieben wurden. Kaum war ich behände zur Seite gesprungen, da stürzten sie auch schon im vollen Lauf von der Klippe, brachen sich beim Aufprall die Beine und waren dadurch leichte Beute für die unten Wartenden. Eine nicht ganz ungefährliche Jagdmethode, vor allem - aber nicht nur - für denjenigen, der im Büffelkostüm an der Klippe warten musste. Leider soll der Überlieferung nach nämlich etwas weiter südlich von hier einmal ein Bison einem schaulustigen Indianerjungen auf den Kopf gefallen sein, so dass der mittlerweile von der Unesco geschützte Ort den Namen „Head Smashed in Buffalo Jump" erhielt. (So vielsagend ich westfälische Ortsnamen wie „Kotzfeld", „Geilenkirchen" oder - mein Favorit - „Schröttinghausen-Deppendorf" auch finde, irgendwie kommen sie nicht gegen den Ort „Zerschmetterter Kopf bei Büffelsprung" an.)

Unten im Tal fand man übrigens außer haufenweise Büffelknochen auch - friedlich in Vulkanasche gebettet - die Millionen Jahre alten Gebeine des „Albertosaurus". Eine echte Sensation! Doch das war lange noch nicht der einzige Dinosaurier, den man in den Midlands von Alberta zu Tage beförderte. Fein säuberlich wurden sie Jahr für Jahr von Ölbohrern angebohrt oder von Bauern aus dem Acker geeggt und gepflügt. Dann mussten nur noch die Paläontologen kommen und das Puzzle wieder zusammensetzen: Schwupp, fertig der Dino! Die kann man jedenfalls jetzt in dem riesengroßen und weltberühmten Royal Tyrell Museum in Drumheller bestaunen.

Dort stellte ich befriedigt fest: Je ausgestorbener das Tier, desto kleiner meine Angst. Was ich sonst noch gelernt habe? Dass der Mensch zwar eine echte Pestilenz für die Erde, aber glücklicherweise ein vergleichsweise unbedeutendes Wesen ist, mit dem unser Planet hoffentlich auch noch irgendwie fertig wird. Ganz am Ende des Rundgangs durch die Entstehungs- und Entwicklungsgeschichte der Welt, u.a. vorbei am Knochengerüst von „Black Beauty", einem 67 Millionen Jahre alten Tyrannosaurus Rex, wurden die Besucher mit folgendem Sinnspruch entlassen: „Species come and species go. The only constant in life on earth is change." Die einzige Konstante im Leben ist Veränderung. Über diesen Satz kann man mal länger nachdenken, finde ich - zumal er schon vor ca. 2500 Jahren von niemand Geringerem als Heraclit geäußert worden sein soll. Schluck Kaffee. Rausgucken. Zurück auf Anfang.

NATÜRLICH verändern wir uns auf dieser Reise, weil wir uns auf die Socken gemacht haben und sich fast täglich unser Blick auf die Welt verändert. „Siehst du den Horizont? Direkt überm Boden fängt der Himmel an." So beginnt das Lied „Rückenwind" von Thomas D. und scheinbar singt er von uns. Wenn du mich fragst, dann könnte das Unterwegssein liebend gerne zu einer neuen Konstante in unserem Leben werden. Stefan nickt mir zu und die Mädels kennen den Refrain auch schon fast auswendig. „Wir betreten neue Wege, dir wir noch nicht hatten, und ich nehm´ euch mit ´n Stück in meinem Windschatten. (Yeah!)"

Und wie klingt es, wenn Vaddern die zu laut gestellte Anlage abdreht? „Familie H. ist auf der Reise und hat Rück..hä..oumm." Hey, was soll das? Wer hat uns den Rückenwind ausgemacht? Bad News für die Kids sind in unsere Fahrbahn geflattert. Ging eben noch „voll der Sound ab", so hat uns jetzt einer den Stecker gezogen. Oma und Opa wollen umziehen. Wie? Was?

Schon so bald? (Mein Elternhaus! Wer nimmt mich mal kurz in seinen Windschatten?) Für die Kinder geht mit dieser Nachricht die Welt unter. Feierten wir bis jetzt noch jeden Abend die stabile Psyche unserer Mädels, die den Ortswechsel und den Abschied von Freunden und Schule in Alicante so gut gemeistert haben, so ist jetzt nix mehr mit „the world is smiling on us". Während die Kinder drinnen mit einer DVD getröstet werden („Michel bringt die Welt (wieder) in Ordnung"), lachen die Kanadagänse, die über meiner Hängematte her fliegen, mich schamlos aus. Im Vorbeiflug fragen sie mich: Träumtest du nicht heimlich wieder von anderen Auslandsschulen in der weiten Welt? Und warum? Um die Wünsche deiner KINDER zu erfüllen? Weil sie sich nichts sehnlicher wünschen als Bewegung im Leben? Ha!

Veränderung mag ja das sein, was WIR in unserem Leben anstreben, aber ist es auch das, was die Kinder wollen? Oder suchen sie nicht vielmehr nach den Konstanten? Und meinen mit diesen Konstanten NICHT die Veränderung, sondern ein Haus mit Schornstein, großem Garten und Waldstück in der Nähe.

Zum Glück fällt Martha irgendwann ein, was Sid im letzten Ice-Age-Film gesagt hatte: „Nach jeder dunklen Wolke kommt ein Regenbogen. Und danach gibt es wieder ruhiges Fahrwasser." Sid, du Held! Dann rufen wir uns in Erinnerung, dass Bewegung das einzig Richtige ist, um Probleme zu lösen, also raus aus der Karre! Außerdem gibt es ja auch eine zweite Strophe in dem Song von Thomas D.: *„Und fällt dem Regen ein, er wollt´ den Wagen ja noch waschen, hab ich euch in meinem Herzen und Musik in den Taschen. Und mit so´ner Einstellung werd ich alles überleben. Sagte ich nicht irgendwann mal, es wird Regen geben? Es gibt nicht nur Sonnenschein, doch ich lass die Sonne rein. (Yeah!)"*

4. *Wo der Hirsch noch Mann sein darf* - Kanadas Westen

„Herzlich willkommen, willkommen im Jetzt." (Julia Engel-mann)

Momente sammeln

Gestern Abend am Lagerfeuer haben wir den Sinn des Lebens gefunden: Momente sammeln. Um nichts anderes geht es. Am besten: schöne Momente. Oder lustige Momente. Oder meinetwegen auch lebensweisende Momente, also Momente der Erkenntnis. Oder wenn es gerade nicht gut läuft, tun es auch Lichtblicke. Wahrscheinlich habe ich mal wieder irgendwas nicht mitgekriegt und Konfuzius hat das längst vor mir schon gesagt, aber gestern Abend fühlte es sich so an, als hätten wir das ganz alleine rausgekriegt. Und das war ein schöner Moment.

Irgendwie hat alles gepasst. Körpertemperatur gerade noch im Toleranzbereich, das auf dem selbst gemachten Feuer gekochte Chili con Carne noch auf der Zunge, die Kinder harmonisch im Bett, Neffe Patrick schon seit einer Woche an unserer Seite, der Sternenhimmel schon seit Abermillionen Jahren über uns, Rückblick auf den Tag, die Berglandschaft, die guten Aussichten, die lustigen Deutschen auf der Parzelle neben uns…

Nette Leute eigentlich. Wir waren ins Gespräch gekommen, weil Vatti sich unsere Axt ausgeliehen hatte. Stefan hatte schon Verletzungsgefahr gewittert, beim besorgten Seitenblick auf die Aktivität des Familienoberhaupts: Schreibtischtäter (irgendwas mit Messtechnik). Wieso muss Sohnemann nicht ran? Wird bei denen etwa erst das alte Brot gegessen? Nee, der Sohn hat ´ne Ausrede. Sehnenanriss. (Handball. Ärgerlich aber auch.) Außerdem hat er sein Abi in der Tasche und ´ne Freundin an seiner Seite. Mit der und seinen Eltern war er in einem dieser vielen Mietmobile unterwegs (Abi-Geschenk. Laptop wäre die andere Alternative gewesen. Klassische Fehlentscheidung? Das muss jeder für sich entscheiden.)

„Die sind ohne Ende am Hacken!", stört Stefan meine Gedanken. Glaubst du wirklich? Wir hatten kurz Freude an folgendem Gedankenspiel: „Mutti, wolltet ihr nicht unbedingt den Lake Louise sehen? Dann mal hin da! Möglichst früh los, sonst wird das nix mehr mit der schönen Aussicht. Ihr könnt am besten den Shuttle-Bus nehmen. Macht euch ´nen schönen Tag! Und bitte anklopfen, wenn ihr wieder da seid! Aber: No knocking, when it´s shocking. Weißte Bescheid?!"

Apropos Privatsphäre. Ein weiterer schöner Moment für die Ewigkeit war dieser: Patrick fast nackig auf der Sitzbank in der Feuerwehr. Fast nackig, weil wartend. Darauf, dass die Holzhacker endlich von der Nachbarparzelle rollen, damit man die Außendusche ganz privat nutzen kann. „Darf ich zugucken?" (Edda) - „Nein." (Patrick) 12 Grad drinnen, 10 Grad draußen. Aussicht auf warmes Duschwasser. Wieso fahren die denn nicht weg? Ach so, Herr Nachbar hat noch Gesprächsbedarf: Ah, Außendusche habt ihr auch? Ist ja praktisch. Wohin soll´s jetzt gehen? Ach, zum Columbia Ice Field? Wir auch. Dumdidum. Laberlaberlaber. Na, dann sieht man sich ja vielleicht später nochmal. Stefan hatte wohl vergessen, dass sein Neffe schon das Shampoo in der Hand hält. Also, ich fand´s lustig, Patrick.

Jetzt ist es auch gerade schön. Soeben von einer tollen Bergtour zurück: ehemaliger und mittlerweile überwucherter Wanderweg über Moos auf Stock, Stamm und Stein, durch Gestrüpp und Getann. Oben angekommen: Sonne und Blick auf die enormen Eisplatten auf den Gletschern rundherum. Wahnsinn! Sowas habe ich ja überhaupt noch nie gesehen! Stefan wohl auch nicht. „Scheiß auf die Alpen!", haut der raus, nachdem er seine Schnappatmung wieder unter Kontrolle gebracht hat. Auf dem Rückwegs gab´s zu Eddas Begeisterung Graupelschauer. („Jippie! Es schneit!"). Jetzt Lagerfeuer auf unserer Parzelle im Wald: der höchstgelegene Campingplatz im Jasper Nationalpark. Wir befinden uns auf über 2000 Metern Höhe. (Dem Neffen seine Schuld. 6 Grad. Zieh dir das mal rein: Ich! Draußen! Freiwillig! Sogar gut gelaunt! Es geschehen noch Zeichen und Wunder...)

Heute Mittag habe ich dann diesen schönen Moment gesammelt: Durch Rauchschwaden aufmerksam geworden nähere ich mich einer Hütte und blicke neugierig in den Innenraum. Bärtiges, verschmitztes Gesicht mit Dampf vor der roten Nase. Kaffeetasse. Campingstuhl in Richtung Natur ausgerichtet. Dahinter: verbeulter Boller-Ofen. Gemütlich warm. Im Hintergrund: langer, reich gedeckter Tisch, viele Teller, keiner außer

ihm anwesend. Waren wahrscheinlich ohne ihn wandern gegangen. Man sah sofort: Bei ihm passte gerade alles. Er hatte
die richtige Entscheidung getroffen. Statt Gruß ein offenes Grinsen: „Life is easy, or?!" Jau. Da sagst du was!

Weißköpfe und Businesskasper
COLUMBIA ICEFIELD; NATIONALPARK JASPER; ALBERTA

Heute haben wir den größten „Weißkopf" des Urlaubs gesehen:
den Columbia-Icefield-Gletscher. Untenrum kahl, nix als Geröll
und krass rote Blumenfelder. Oben: 400 Jahre alte Eishaube.
Kurz mal Bildung: Den Gletscher gibt es zwar schon seit drei
Millionen Jahren, aber unten schmilzt immer was weg und oben
schneit ab und an was Neues drauf. So wird das Eis nie älter
als 400 Jahre. Der weiße Gletscherkopf wird sowieso immer
kleiner, denn jedes Jahr verliert er fünf Meter Eis: „Eine unbequeme Wahrheit", so lautet übrigens auch der Filmtip von Patrick, den ich bei dieser Gelegenheit problembewusst anbringen
möchte.
Leider kommt man als nicht zahlungsbereiter Tourist aber nicht
direkt an die Eisplatte, so dass wir den Schnee zwar sehen,
aber nicht anfassen konnten. Tränen der Enttäuschung bei
Edda. Wir versprachen ihr, dass wir auf unserer Reise ganz bestimmt noch einmal mehr Glück haben würden. „Irgendwann,
wenn wir nicht damit rechnen, dann sehen wir Schnee zum Anfassen", versicherte ich ihr. Dass dies dann SO bald so weit
sein würde, hätte ich jedoch nicht erwartet.
Schon bei der Weiterfahrt Richtung Jasper gab es ihn, den echten Schnee von oben. Weißköpfige Tannen am Wegesrand.
Weiße Schneehaube auf der Liesel. Vereiste Scheibenwischer.
Schnee im September. Das war selbst für einen Ort wie Jasper
eine Seltenheit. Im selben Maße wie ich mich beim Anblick der
weißen Winterlandschaft immer dicker in meine Wolldecke ver-
kroch, stieg die Begeisterung der Kinder. Die Jungs waren
ebenfalls bestens gelaunt, summten Weihnachtslieder, setzten
ihre Mützen aufs Häuptchen und wischten die weißen Häuptchen von den Holzscheiten, um sich sodann - voller Vorfreude

auf schneegekühltes Bier - ganz den männlichen Instinkten hinzugeben: Holz hacken! Feuer machen! Muffins backen!

Vor diesem unverhofften Schneeeinbruch jedoch wollte ich mit Patrick und Martha noch schnell das WLAN-Netz des Besucherzentrums am Gletscher ausscouten. Auf dem Fußweg dorthin fiel Patrick dann ein besonders stolzer Vogel ins Auge, der über den Baumwipfeln seine weiten Kreise zog. „Könnte ein Adler sein", mutmaßte ich. „Weißkopf", wandte sich ein schlauer Deutscher mit seiner Frau lapidar im Vorbeigehen zu uns um, um dann schnurstracks weiter seiner Wege zu gehen. Vermutlich Rentner. Auf jeden Fall einer, der Bescheid wusste. „Selber Weißkopf!", warf ich ihm hinterher - in freundlichem Ton und mit herzlichem Lächeln selbstredend, um nach dem verbalen Grenzgang zumindest mimisch unmissverständlich deutlich zu machen, dass dies keinesfalls despektierlich zu verstehen war, sondern vielmehr als lustiger Spaß unter Landesgenossen mit Humor. Kommt immer gut an. Na gut, meistens. Auf jeden Fall manchmal.

Leider nicht heute. Ich hatte wohl ein besonders spaßbefreites Exemplar von „Weißkopf" erwischt. Vor allem seine Frau ist voll abgegangen: „Adler! ADLER!", rief sie mir als empörte Erklärung hinterher. War Spahaaß!, ließ ich mich nicht dazu hinreißen, ihnen hinterherzurufen. „Ham se nicht verstanden, oder Patrick?" - „Nope." Na gut. Selbst Schuld. Da muss man jetzt nicht gleich wieder damit anfangen, dass man mit mir nirgendwo hingehen kann. Der Junge spart schließlich auch nicht mit Nettigkeiten: „Na Ina, wieder unangenehm aufgefallen? Check, Tagesziel erreicht." Schon gut, schon gut. Das hat man davon, wenn man einen Businesskasper aus Deutschland mit „free strongbow für die Dauer der Reise" anlockt.

Vielleicht weißt du es noch nicht, aber wir sind hier schon seit geraumer Zeit mit einem ehemaligen „Kackvogel" unterwegs. So nennt Stefans Neffe sich nämlich selbst, wenn auch mittlerweile nur noch aus der Retrospektive. Vor einigen Tagen, nach dem Aufstehen, bei meinem Exklusivinterview auf Patricks Bettkante in unserer Feuerwehr, erläuterte er mir die Hierarchie der Business-Kasper in einem Beratungshaus, auch „Company" genannt. Sein ehemaliges Arbeitsumfeld: Beratung im Wirtschaftsprüfungsunternehmen. Nach eigener Aussage hat er „den Ausstieg aus dem Milieu" gerade noch geschafft und bezeichnet sich und seine ehemaligen Kollegen als „Prostituierte der Wirtschaft", die sich täglich mit dem Ziel der Umsatzmaximierung zur Arbeit quälen mussten. „Ich hatte es satt, jeden Tag die Beine breit zu machen", so P.S. aus Fr. in NRW (Namen geändert), während er sich die Augen reibt.

Selbst wenn man Zynismus und Übertreibungen raus retuschiert, zeichnet sich deutlich ab, dass es sich bei diesem Job um ein komplett sinn- und wertfreies Tun gehandelt haben muss. Doch im Gegensatz zu vielen anderen hat P.S. aus Fr. seine Seele nicht an das Business verkauft und schwimmt nun nicht unglücklich im Geldsee, sondern hat den Absprung vom Startblock geschafft - in die richtige Richtung wohlgemerkt. (Also im Rückwärtsgang, der einzig sinnvollen Schlussfolgerung aus dem erlebten Einstieg ins Berufsleben.) Dankbar für diese Erkenntnis sitzt er nun mit lecker Kaffee in der Hand in unserer Feuerwehr und lässt Edda beim Sagaland gewinnen. Herzlich willkommen, willkommen im Jetzt!

Animiert durch Patricks Erläuterung der spezifischen Rangordnung einer Business-Kasper-Truppe denke ich über das Camping-Business nach. In unserer Reisegruppe gibt es vergleichsweise flache Hierarchien. Wir leben und reisen OHNE Dekadenz, aber dafür mit wertorientierter Reisephilsophie. Statt Powerpoints gibt´s hier nur Equipmentpoints, die nun endlich mal zum Einsatz kommen, denn schon zum zweiten Mal hat Patrick - zur Begeisterung unserer Kinder und bedingt durch die Kälte - unsere zusätzliche Gäste-Liegefläche im Essbereich genutzt. Und die Seniors freuen sich auch darüber, denn „my home is your castle"! So lautet nämlich das Credo UNSERER Company, lieber Neffe!

Unser Projekt-Plan ist im Übrigen, dass es keinen Plan gibt, denn „alles kann, nix muss!" So war es auch nicht weiter tragisch, dass wir den brandheißen Tipp, den Moraine-Lake, links liegen lassen mussten, denn da hätten die anderen schon später aufstehen müssen. Parkplatz voll. Zugangsstraße abgesperrt. Macht nix. Den berühmten Lake Louise (wohl das meist-fotografierte Motiv Nordamerikas und dementsprechender Besuchermagnet) muss man ebenfalls vor 6:00 Uhr morgens anfahren, um noch einen Parkplatz zu kriegen, und das entspricht nicht so ganz unserem Biorhythmus. Doch wir hatten Glück: Auf dem Weg zum Emerald Lake haben wir die kilometerlange Autoschlange der Seitenstreifenparker passiert, um dann DIREKT vor dem See den Platz von einem gerade vor uns wegfahrenden WoMo zu übernehmen. Bingo! Die obligatorische Kanutour auf türkisfarbenem See war im Sack. Danach haben wir den zweiten Anlauf zum Lake Louise genommen und - zweimal Bingo! - wieder war ein Parkplatz frei. Rund um den malerischen See war es dann erwartungsgemäß tummelig. Genauso wie Banff stellt dieser Ort nämlich eine Art Pendant zu St. Moritz oder Kitzbühel dar: wahrscheinlich sogar NOCH schöner, aber mindestens genauso überlaufen. Wer einsame Naturerlebnisse sucht, sollte also lieber woanders hin gehen. Wer mit einem Leihkanu fahren möchte, auch. Denn hier knöpft man den Touris mitunter über 100 Dollar pro Stunde ab. Verrückt!

Zugegeben, der See ist extrem fotogen, was im Übrigen auf den gesamten Bereich hier zutrifft. Die Gletscher: enorm. Der Icefields Parkway: gigantisch. Der Takakkaw Wasserfall: ein Traum in Regenbogenfarben. In dem Sprühnebel, der um den Wasserfall herum entsteht, bricht sich das Sonnenlicht in tausend Nuancen. Das ist wunderschön - fast schon dekadent, aber nur fast.

Wir sind eine richtige Herde
NATIONALPARK JASPER; ALBERTA

„Das Leben ist Daumen hoch", meinte Edda am Morgen und reckte statt des Daumens ihren dicken Zeh über den Frühstückstisch. Und beim Anblick der Natur - ob mit oder ohne Schneehaube - empfinde ich wie sie. Zwar hätte ich den Winter noch nicht so früh im Jahr gebraucht, aber schön ist er allemal. Heute kommen zum glitzernden Schnee noch eine tolle Stimme und poetische Texte hinzu. Texte, die zum Aufbruch aufrufen. Die dich animieren, dein Dopamin nicht für später aufzuheben, sondern JETZT Geschichten zu schreiben. „Warte nicht auf den Startschuss, warte nicht auf das Glück!", singt die Poetry-Slammerin Julia Engelmann und gibt uns damit das wohlige Gefühl, gerade alles richtig zu machen. Denn „one day, Baby, werden wir alt sein, oh Baby, werden wir werden alt sein und an all die Geschichten denken, die wir hätten erzählen können." Sogar Stefan wird ganz tiefsinnig und meint: „Die Dame hat mich überzeugt. Jetzt fahre ich einmal um den ganzen Ball."
Voller Tatendrang machen sich die beiden Männer schon mal fahrbereit, platzieren sich auf die vorderen Sitze und philosophieren über die Vorzüge des komplett alleinigen Offroad-Fahrens durch die Winterlandschaft (der Mann und sein Fahrzeug, mit 220 durch´n Schnee ballern, das ist seine Freiheit!), während sie in ihrer realen Welt von dem Rhythmus von zwei kleinen Mädchen regiert werden, die - Mensch, wo bleiben die denn? - leider noch immer nicht von der Keramikabteilung zurückgekehrt sind. Durch die Windschutzscheibe beobachten der Stuntman und sein Co-Pilot, wie die beiden Traumtänzerinnen - dumdidum, lustiger Schnee auf der Tanne, schnipp!, wie schön das glitzert, tideldei - knapp an unserer Parzelle vorbei in Richtung Zauberwelt laufen. („Walking in the (winter)wonderland") Augenrollen bei den beiden Männern, die allmählich mit den Hufen scharren.
„Alles ist so schön wie nie, ich bin in diese Welt verliebt", brüllt es aus den Lautsprechern, während der Rennfahrer ENDLICH endlich mit gut und gerne 35 km/h durch den Schnee ballern darf. Stefan am Steuer, der lustige Neffe daneben, Marthas und

74

Eddas Kopf auf je einer meiner Schultern, dazu Musik, die den Motorenlärm übertönt. So ist es gut. „Wir sind eine richtige Herde!", zitiert Edda versonnen aus Ice Age und niemand hätte es besser auf den Punkt bringen können.

Und da liegt sie auch schon, die richtige Herde: der stolze Hirsch und sein geschätztes Dutzend ergebener Kühe. Was auf zahlreichen Hinweisschildern bereits vorangekündigt worden war, wird uns nun mehr als deutlich vor Augen geführt: Es ist Brunftzeit der Wapitis. „Alter, watt für'n Tier!", zollt der Neffe dem Bullen Beifall. „WAS für ein Mann!", sekundiert der maul-offene Mann am Lenkrad. „Also, wenn ich so'n Gemächt - äh, Geweih - hätte, dann hätte ich auch mehr als eine Dame", fängt der auch gleich protzig das Philosophieren an, immer fröhlich im Einklang mit dem Spaßvogel von Short Gun. (Stefan korrigiert: „Ina, das heißt ‚Shot Gun'! ‚Short gun'" trifft nur im kalten Gebirgssee zu.")

Wenn man schon nicht zügellos offroad durch den Schnee ballern kann, dann darf man wenigstens ungehemmt einen Gag nach dem anderen raushauen. Hier soll jeder er selbst sein. „Zeig dein Gesicht!", fordert auch die junge Slammerin uns auf, die Masken fallen zu lassen, und voller Eifer ziehen wir komplett blank. Naja, fast. Nur Badebuchse lassen wir an, um dann bei 0-5 Grad Außentemperatur ins 38-40 Grad heiße Wasser zu springen. Hot Springs. Muss man mal gemacht haben. Mindestens einmal.

Bis zur Ankunft bei den heißen Quellen des Jasper Nationalparks hatten wir das Album geschätzte viermal gehört, denn es waren ja 60 Kilometer zu fahren und am Ende ging es ziemlich berghoch. Auf unserem Rückweg zum Schnee-Camping hatten wir immer noch nicht genug von den Engelmann'schen Lebensweisheiten: „Es geht nicht ums Gewinnen, sondern darum, dass du kämpfst!" Das dachte sich auch der brünftige Wapiti-Hirsch, als er sein Geweih kampflustig in den Kleinwagen vor uns rammte. ER war hier der Chef! Und der Highway war des Wapitis „Offroad"-Gelände. Bei den Geweihträgern darf der Mann noch Mann sein. Stefan wird gleich ganz wehmütig: „So ein Geweih hätte ich eigentlich ganz gerne." Darauf Patrick: „Weißt du, wie unpraktisch das ist?" Dabei wollte Stefan es eigentlich nicht

auf dem Kopf, sondern vor der Feuerwehr tragen. Trophy-Prot-
zerei quasi. (Ich trag 'nen 7-Ender vor mir her! Rööööööhr! Aus
dem Weg! Rööööööhr!)
Doch nach so viel Wapiti-Testosteron auf der einen und so viel
Mädelsmusik auf der anderen Seiten braucht Stefan „jetzt mal
wieder was mit Bums". Ham wer, no worries! Ist drin im
Rundum-Sorglos-Paket.

The last Germans
PROVINZIALPARK WELLS GREY; BRITISCH-KOLUMBIEN

Seitdem wir auf die international beliebte Nationalparkroute abgebogen sind, werden wir bei Ankunft auf Deutsch begrüßt: „Ah,
die Feuerwehr ist auch schon da!" Tatsächlich ist uns aufgefallen, dass die Verkehrswege in Britisch-Kolumbien von den immer gleichen Fahrzeugen dominiert werden. Doch ob Adven-
turer, Cruise Canada, Canadream, Best-Time-RV (upper
class), Wicked oder Juicy (low class) – in 90% der Fälle sind
Deutsche an Bord.
Erklärt sich etwa damit die bisher ungekannte Unfreundlichkeit
des Kellners im Café, wo wir kurz vor seinem verdienten Feier-
abend noch schnell Kaffee und Internet abgreifen wollten? „Hör
mal, du muffeliger Kanadier! Du bist freundlich und zwar IM-
MER, außerdem noch aufgeschlossen und humorvoll", wollte
ich ihn schon an seine Rolle in meiner sauber geplotteten Roadstory erinnern, als er mich statt dessen an die Tatsache erinnerte, dass er in fünf Minuten das Café schließen wolle. Das
war mir bekannt; trotzdem hätte ich ganz gerne vorher noch
kurz diese Serviettenbox mit nach draußen genommen, wenn
es denn keine Umstände macht. (Es gab ein kleines Malheur
mit Eddas Kakao. Kann ja mal vorkommen.) Doch auf mein
freundliches Nachfragen kriegte ich nur 'ne schnippische Antwort und die kopfschüttelnde Missbilligung seines Kollegen inklusive. Man war sich einig: Ich war ein Idiot. Junge Junge. Mit
dieser Einstellung kommste in Deutschland aber nicht sehr
weit. Da weht aber ein anderer Wind, das kann ich dir sagen!

Da ist der Kunde noch König und die Welt noch in bester Ordnung. Da wird Arbeit nämlich noch groß geschrieben! Dass von nix nix kommt, das war dem hier aber anscheinend piepegal. Kundschaft nach draußen verfrachtet. Mucke laut gestellt. In ALLER Ruhe sauber gemacht. Sach ma, ham die hier watt gegen Germans oder watt?

Ziehen wir zwecks Analyse dieser Frage doch mal das Gespräch mit der netten Dame vom Camping-Office heran: „Hier in B.C. gibt´s ganz viele Holländer und Deutsche. Die lieben unser Land." Pause. Vielsagender Nachsatz: „Ich mag die Holländer." Zur Spezifizierung fügte die Frau von der Rezeption noch hinzu, dass sie die europäischen Touristen wirklich gern habe, weil die fast alle „happy" seien. Aber pro Saison gebe es immer EINEN, der „nasty" und „totally mad" sei. – Böse und komplett verrückt? Warum das? – Na, weil der an ALLEM herumnörgele und mit NIX zufrieden sei. Und dieser Eine sei immer ein anderer, aber immer komme er aus demselben Land wie der Muffelkopp des Vorjahres. Und jetzt die Quizfrage…

Ach ja, jetzt fällt es mir wieder ein: das genervte Kopfschütteln des Pärchens auf der Nachbarparzelle, die mich kurz nach unserer lautstarken Anreise beim abenteuerlichen, weil rutschigen und einarmigen (wegen Kaffee in der anderen Hand) Abstieg zum See beobachteten? („Ey GEIL! Kommt mal heeeeheeer! Der See ist SUPERklar!!") Mein erster Gedanke beim Blick in das muffelige Gesicht der Frau: Bestimmt Deutsche. Ich habe sie freundlich angesprochen – und siehe da: Sie haben freundlich zurückgesprochen. Es waren Kanadier. „You are Germans", stellte sie ihrerseits treffsicher fest und fügte hinzu, dass die Deutschen sich hier nach ihrer drei- bis vierwöchigen Rundtour besser auskennen würden als jeder in Vancouver Geborene. Auch auf diesem Campingplatz habe es in den letzten Wochen sehr viele Deutsche gegeben, aber jetzt nicht mehr: „You are the last Germans", setzte man uns abschließend verschmitzt in Kenntnis.

Die letzten Deutschen? Echt? Glaube ich nicht. Meine reisenden Landsleute erkenne ich auf 200 Meter Entfernung. In Spanien war das Modell „Uns gehört die Welt" ansässig. Und wenn schon nicht die Welt, dann zumindest der Campingplatz. Und wenn schon nicht ganzjährig, dann aber zumindest in der Überwinterersaison. Und wehe dann kreuzt ein Kleinkind die gewohnte Bahn im geheizten Pool! Wehe es kommen unerwartet welche mit Familie im unpolierten Wohnmobil hereingeschneit und stören die Ruhe ihres sauer verdienten Lebensabends!

In Kanada ist aber eine ganz andere Spezies als die mediterranen Bademantelträger unterwegs. Um im Nationalpark eine gute Figur zu machen, hat man sich vom dicken Zeh bis an die Zähne in Multi-Funktionskleidung mit abzippbaren Hosenbeinen verkleidet, die sagt: „Wir können auch Outdoor!" Pärchen sind gerne im verkappten Partnerlook unterwegs. North Face. (Er Windstopper. Sie Daune. Aber immer die gleiche Farbe. Irgendwas Unempfindliches.)

Unverwechselbar ist auch die dynamisch-unternehmungslustige Gangart des deutschen Touristen. Jede Faser des straffen Körpers in der teuren Ausrüstung verrät: Wir sind vorbereitet! Wir wissen, wo es langgeht. Wir kennen den Weg zum Wasserfall. Nicht ohne Grund hat man ja schon vor ´nem halben Jahr den Reiseführer nach den besten „Geheimtipps" durchgeackert. („Nationalparkroute Kanada". 137. Auflage.) Die wichtigsten Highlights wurden dann säuberlich mit Textmarker hervorgehoben und mit Post-its markiert. Jetzt zeigt Vatti, dass er auch anders kann. Aber ihm kann hier ja eh nix passieren. Denn man hat ja außer $H2O$- und UV- auch noch Auslandsrechts-Schutz. Und der Kratzer am Chassis, der war sowieso vorher schon da. Notfalls zerrt er die ganze WoMo-Mietfirma vor den Kadi. Da kennt der nix! Denn man hat ja vorsichtshalber außerdem noch Auslandskrankenversicherung, Auslands-ADAC, Auslands-VPN, -LAN, -ÖVP, -MFG und -HDGDL abgeschlossen. Und zwar ASAP! Aber noch weit vor EOD.

An der Bailey´s Chute, einem unserer letzten Spots mit Neffe Patrick, wollten wir Lachse eine Stromschnelle hochspringen sehen (denn sie leben gegen den Strom). Wenn man ganz viel Glück hat, kriegt man die Grizzlies gleich dazu: Two in one, ganz praktisch vom Geländer der Holzterrasse aus. Sogar mit Info-Schild. Alles vom Feinsten. GENAU so, wie Stefan es gern hat. (Knick-knack.) In der Touristen-Information hatte man uns diesen „Geheimtipp" gegeben. Leider hatten wir und all die anderen geheim informierten Deutschen heute kein Glück. (Die Lachse reisten wohl gerade mit dem Strom.) Stattdessen konnte ich wunderbar Stereotypenpflege betreiben. Schon auf dem Weg dorthin haben wir bei jedem Entgegenkommenden das lustige „Germans-oder-nicht-Spiel" gespielt. Da! Das erste Pärchen! Sie: Hellblauer Naketano-Hoodie, Baby im von Hebammen empfohlenen Ergo-Baby-Carrier vor den Bauch geschnallt. Das sind Germans. Elternzeit-Urlaub. Jepp! Der Punkt ging an mich.

Der nächste Proband war ein junger Vater mit Deuter-Rucksack sowie teurer Spiegelreflexkamera um den Hals. Begleitet vom Rhythmus des Kameraklickens hörte man seine Quiksilver-Kappe von ehemaliger Coolness erzählen. (Irgendwas mit Riesenwelle gesurft, Mastbruch, Snowboard-Meisterschaften, 7-Meter-Sprung im Canyon, 7-Meter-Fisch gefangen. Wow, Alter! Echt?! Rock on!)

„Bin ich froh, dass wir hier Individualtourismus betreiben", denke ich beim Einpacken des Reiseführers und der praktischen Tupperware in unseren neuen Deuter-Rucksack und kuschel mich in meine gemütliche Naketano-Jacke (im unverwüstlichen Dunkelblau, denn Hellblau ist zwar schöner, aber ruckzuck dreckig). Und ich freu mich schon auf die Tasse Kaffee in der Feuerwehr (Lavazza! So, wie wir es gewohnt sind!). Dazu ein Stück des hiesigen Black-forest-cherry-cake! Living like a Canadian! Oder wenigstens gegen den Strom.

EOM.

Die jungen Wilden sind alt und rostig
KASLO; BRITISCH-KOLUMBIEN

Stefan war in den letzten Tagen nervös. Warum? Wieso? Was ist los? Was hat er denn? Statt Antwort das schmallippige „Nix!" Typisch Mann! Heute Morgen hat es sich aufgeklärt: Er hatte lange nicht... wie sagt man...? „ABSCHMIEREN ist die Fachterminologie", unterbricht mich mein Mann, mittlerweile wieder froh gestimmt, während er - auf dem Rücken liegend - die Schmiernippel abtastet. Je älter das Fahrgestell, desto besser muss geschmiert werden. „Und die gute Alte ist ja nun auch schon an die 40", sagt Stefan und robbt er etwas weiter unter die Dicke. Zum Glück sind ihre Nippel intakt, was bei Stefan ein zufriedenes Grinsen ins Gesicht zaubert. Nach erfolgreichem Tun kann dann der Tag mit einer „Tasse Kaffee danach" angegangen werden. „Die nächsten Kilometer schnurrt die Dicke wieder wie ein zahmes Kätzchen.", konstatiert der Mann zufrieden.

Vor ziemlich genau sechs Jahren, knapp nach Edda, ist unsere Feuerwehr Teil der Familie geworden. Seitdem hat sie ohne Mucken an sich rumschrauben, -bohren, -polieren und -schmieren lassen. Seit mittlerweile 70.000 Kilometern ist die Dicke unser verlässliches Dach über dem Kopf, unser Schutz vor Sonne, Regen, Wind und Kälte - kurz: vor Ungemütlichkeit. Zwar mag sie in der Zeit etwas an äußerem Glanz eingebüßt haben, doch ist - wie bei jeder Ollen - exponentiell zum äußeren Verfall der innere Glanz und die Tiefe der Beziehung zu ihr gewachsen.

Und während der Zeitgeist in Form von Sprit saufenden, sündhaft teuren Kraftboliden mit Metallic-Lackierung an ihr vorbei raste, so stellt sie sich am Ende dennoch als Gewinner heraus, nämlich in der Kategorie „Sieger der Herzen" - und das längst nicht nur bei uns. Denn einer der schönsten Nebeneffekte unserer Reise im Feuerwehrauto sind eindeutig die freundlich grüßenden Vorbeifahrer, die lachend winkenden Straßenrandsteher und die daumenreckenden Entgegenkommer.

Der Blick auf Stefans zufriedenes Gesicht und die ölverschmierten Hände ist einmal mehr Bestätigung für unseren Wahlspruch: Das Glück liegt in unseren Händen!

Zur Zeit des Goldrausches, also vor rund 140 Jahren versuchten es viele Glücksritter mit dem Graben in der Erde - so auch in Kaslo, wo es uns nach unserer letzten Etappe mit Patrick nach Vancouver und nach ein paar ruhigen Tagen im wunderschönen Nationalpark Manning schließlich hinverschlagen hatte. Wie viele dieser Menschen sind wohl jung und wild in ihr Abenteuer gestartet und extrem gealtert und desillusioniert zurückgekehrt?, fragte ich mich beim Betrachten der Fotos im Visitor Center: notdürftige Holzhütten auf steilen Berghängen mitten im Schnee. Tatsächlich aber hatten in Kaslo wohl verhältnismäßig viele Goldgräber das Glück, auf reiche Silbervorkommen zu stoßen. So wurde aus dem ursprünglichen Siedlungsgebiet der First Nations in Nullkommanix eine reiche Stadt. Doch kaum hatte der Ort uneigennützig seinen an den Goldrittern gewonnenen Reichtum in Form von rauschenden Festen in verrauchten Saloons gefeiert, kam ein Rückschlag nach dem anderen. Erst brannte ein verheerendes Feuer die halbe Stadt ab und nur mit Hilfe der Sprengung eines riesigen Warenlagers konnte verhindert werden, dass die Flammen auch auf den Rest der Stadt übergriffen. Doch als wäre dies nicht genug, gab es noch im selben Jahr eine riesige Sturmflut und fast alles, was von dem Ort noch übrig war, wurde von den Wassermassen des eigenen Sees verschluckt.

Einer Zeitzeugin, also einer der wenigen Überlebenden dieser Flutkatastrophe, haben wir einen Besuch abgestattet und uns dafür ans Ufer des Kootenay Lakes begeben. Es handelte sich um ein weiteres Prachtwerk ehrlicher Mechanik: das Passagierschiff mit dem Namen „SS Moyie", einen Schaufelraddampfer, der von 1890 - 1956 seine treuen Dienste auf ebendiesem See verrichtete. Damals war der Schiffsweg noch die einzige mögliche Verbindung nach Nelson und somit offizieller Teil der Zugstrecke des „Canadian Pacific Railway". Mein persönliches Highlight waren der „Ladies Saloon" und die Kabinen für die besonders edlen Passagiere, die sich auf der Tagestour gerne mal aufs Ohr oder in die Badewanne legen wollten. Stefans Blick dagegen blieb auf dem massiven Werkzeug und der puren Funktionalität des Schiffsantriebs im Unterdeck hängen. Das Auto, das ebenfalls an Bord des Schiffes Platz fand, war ihm lediglich einen Seitenblick wert. Es passte wohl nicht in sein Beuteschema.

Normalerweise blickt Stefan nämlich durchaus auch mal heimlich anderen alten Autos nach, vor allem den amerikanischen „Muscle Cars", die auch Edda schon mit dem Prädikat „geile Karre" auszeichnet, wenn sie in ihr Blickfeld geraten. Bei Stefan mischt sich gerne etwas Wehmut in den leuchtenden Rückblick ins Früher. „Da gab es noch viel Power für wenig Geld", denn die Zielgruppe war ebenso jung wie freiheitsliebend und ihr Fahrzeug wie sie: immense Spritsäufer ohne jedes Sicherheitsdenken. Die Antwort von heute ist mit Metallic-Lackierung und Warntönen für alle erdenklichen Aspekte ausgestattet: Rückfahr-Pieper, Spurassistent-Bingbing, Gurtwarnungs-Tröte, ASP- und ESP-Geblinke und so weiter. Wenn das die Lösung sein soll, dann will mein Mann sein Problem zurück.

„Heute gibt es keine Wilden mehr", resümiert Stefan resigniert. Und mit Blick auf den alten Mann mit Cowboystiefeln und Lederjacke, der gerade seinen 86er GMC Sierra abschließt, bringt er es auf den Punkt: „Die jungen Wilden sind alt und rostig."

5. *Das Leben ist kein Abreißkalender* - Vancouver, Vancouver Island und noch mehr Islands

„All aboard and we're hitting the road. Here we go, rockin' all over the world." (Status Quo)

Der Helikopterflug und andere Manöver
QUALICUM BAY; VANCOUVER ISLAND

Zunächst einmal ist bekanntzugeben, dass wir nun einen rostigen Wilden mehr in der Feuerwehr haben, der in Wahrheit aber - trotz der langen Flugreise - einen erstaunlich frischen Eindruck macht. „Opas wurden geschaffen, weil Enkelkinder wahre Helden brauchen." Das war der Spruch auf Papas T-Shirt, das er anlässlich seiner Flugreise nach Kanada zu der obligatorischen kurzen Hose kombiniert hatte. Aufregung? Nervosität wegen der großen Reise? Keine Spur! Papa hat zu Hause noch schnell alles in die Reihe gebracht, das noch verbliebene Deckhaar zu einem dynamischen Zöpfchen gebunden, seinen Handgepäckskoffer gegriffen und es konnte losgehen. No worries bei wahren Helden.
Die Euphorie der Kinder beim Wiedersehen am Flughafen in Vancouver wurde tags drauf auf Vancouver Island noch gesteigert, als sie Opas „Cabin" gesehen hatten. Die Holzhütte auf dem Campingplatz war nämlich mit zwei zusätzlichen Betten ausgestattet. Ganz weit oben! Mit Leiter! Bei den leuchtenden Augen KONNTE man nicht nein sagen, also waren die Kinder mir nix dir nix aus der Feuerwehr aus- und bei Opa eingezogen. Den Rest des Tages wurde gefegt, bezogen, umgeräumt, dekoriert, gefaltet, abgewaschen. „Was SIND das für zufriedene Kinder!", schwärmten wir am Lagerfeuer, den Blick versonnen auf unser leckeres Bohnen-Reis-Gemüse im Dutch-Oven und die lustigen Flämmchen gerichtet, die aus den schlecht zerhackbaren Holzscheiten schlugen. (Douglasie. Das hatte der vormalige Tischler fachmännisch an der Färbung erkannt.)
RUMS! Ein harter Aufschlag. Schnell ins Haus gerannt: Edda liegt auf dem Boden, weint, Marthas Augen schreckgeweitet. Was um Himmels willen war passiert? Schluchz, schluck, beicht. Die beiden wollten sehen, ob man - wenn man sich ganz oben an die Balustrade des Hochbettes hängt - wohl sein Gesicht im Spiegel sehen kann (der war unterhalb des Bettes angebracht). Martha hatte sich nicht getraut. „Okay, ich mach's!", meinte Edda. Geklappt hat es aber nicht. Ihr Gesicht konnte sie nicht sehen, denn sie hing - viel höher als erwartet - mit der

Nase vor dem Holzbrett. Wie sollte Martha sie da bloß wieder runterkriegen? Wenn die kleine Schwester sich vielleicht auf ihren Nacken plumpsen ließe...? Hätte ja klappen können.

Nach der ersten Heul-Attacke klagte Edda über Kopfschmerzen, es gab Arnika-Kügelchen, es ging ihr schon etwas besser, also ab ins Bett! Soweit so gut. Doch bedauerlicherweise leide ich - will mal so sagen - unter einer leicht gestörten Impulskontrolle bei plötzlich eintreffenden Zuneigungs- oder Besorgniserscheinungen. Um 1:15 Uhr schreckte ich aus dem ungewohnt zweisamen Schlaf in der Feuerwehr auf, da ich das altbekannte Geräusch gehört hatte: flap, flap, flap, flap, flap. Die Rotorblätter des Helikopters. Mein Kind lag ja schließlich - möglicherweise noch angeschlagen vom Sturz - unbeaufsichtigt bei Opa in der Hütte. Was, wenn sie jetzt eine Gehirnerschütterung davongetragen hätte? Was, wenn sie jetzt bereits in ihrem Erbrochenen läge und niemand es mitkriegte? (Martha und Opa haben beide einen tiefen Schlaf...) Geistesgegenwärtig weckte ich meinen Mann, um ihn zu fragen, ob ich nicht lieber mal rüber gehen sollte. Er reagierte erwartungsgemäß.

Trotz meiner felsenfest negativen Grundeinstellung zu Helikoptermüttern fand Edda mich schließlich mitten in der Nacht neben sich liegend (denn sonst hätte ich nicht wieder einschlafen können) und war darüber eher mäßig begeistert. („Wieso bist DU denn hier?" - „Soll ich lieber wieder gehen?" - „Ja!") Daher meine Message an alle Helikopter-Mütter: Haut ab! Macht, dass ihr weg kommt! Lasst eure Kinder in Ruhe! Außerdem verstopft ihr den Himmel und verdeckt dadurch die freie Sicht auf meine Kinder.

Das nächste Manöver mit Papa war ein Ausflug mit dem Kanu zu den Seehunden in Funny Bay. Den Tipp hatten wir vor zwei Monaten in Red Rock beim Ausblick auf den Lake Superiour von dem spirituellen „King of the Jungle" mit energetisch aufgeladenem „Powerhouse" bekommen und in die Karte eingetragen. Gefunden haben wir einen kleinen Hafen mit Fischerbooten, Austernfischern, schwimmenden Holzinseln mit Seehunden und einen langen Steg mit bunt bemaltem Imbisswagen drauf. Darin: eine rotwangige, lang- und grauhaarige Lady, die hier von Freitag bis Sonntag fangfrisches Essen verkauft. (Watt sachste? Die besten pazifischen Austern kommen von hier? Glaub ich sofort.) Und sonst so? Tja, von Montag bis Freitag unterstütze sie Kinder mit schwierigem Elternhaus bei ihrer Entwicklung und Ausbildung, und das seit nunmehr 25 Jahren. - Busy busy! - Ja, aber an Ruhestand sei noch nicht zu denken. „We are not in Germany", meinte sie mit einem Augenzwinkern. Jetzt schnell bei den Kugel-Baumhäusern vorbeifahren!, dachten wir auf dem Weg zurück zum Campingplatz. Die total verrückten Holzkugeln, die „Free Spirit Spheres" genannt werden, hängen zwar quasi in unserer direkten Nachbarschaft in den Bäumen, waren aber doch nicht so einfach zu finden, wie gedacht. Der Erfinder dieser „Glamping"-Kugeln hatte nämlich jegliche Hinweisschilder entfernt, da er sich vor Besuchern nicht retten kann, seitdem die abgespaceten Wohnbälle mal auf der Titelseite einer deutschen Architektur-Zeitschrift gelandet waren. Daher konnte ich es kaum glauben, als der Erbauer höchstpersönlich uns kurzerhand eine exklusive Führung übers Gelände und durch seine Werkstatt anbot. Vier Jahre braucht der Ingenieur und Bootsbauer für die Fertigstellung einer dieser Kugeln, die er vom Grundgerüst bis zum Scharnier komplett selbst designed, baut und in die Bäume hängt. (Nette Detailinformation: Vor 12 Jahren gehörte die Werkstatt des Kugel-Manns einem Motorrad-Typen, der wohl zu viel wusste, weshalb ihn seine „Kumpels" von den Hell´s Angels eiskalt abgeknallt haben.) Wie er zu der Idee mit den „Spirit Spheres" gekommen sei, wollte ich wissen. „This idea just didn´t want to go out of my head", war seine schulterzuckende Antwort. Stefan und ich hatten das vollste Verständnis, denn auch wir sind hier gelandet, weil uns eine verrückte Idee einfach nicht mehr aus dem Kopf gehen wollte.

Auch unser neuer Reisebegleiter hat ein Faible für Individualisten. „Aufräumen muss ich erst, wenn das WLAN-Signal nicht mehr durch kommt.", steht auf dem roten Spruch-des-Tages-T-Shirt meines Vaters. Was nicht selbstbewusst auf der Brust getragen wird, haut der Mann verbal raus: „Jet leg? Kenn ich nicht. Ich kann ja gar kein Englisch!", „Zeitumstellung? Ich hab meine Uhr verstellt, damit wäre die Zeitumstellung erledigt!" Bei schlechterem Wetter hätte Vaddern das Design seiner diversen

Weisheiten mit einer Strickjacke im 90er-Jahre-Look abgerundet. (Ich spreche vom Original! Ist mittlerweile schlecht dranzukommen.) „Die wird erst aufgetragen, bevor ich mir ´ne Fleece-Jacke kaufe", wehrt der sich empört gegen die dringende Einkaufsempfehlung von Mama. „Dabei ist das Neue da ja noch nicht von runter", pflichte ich ihm grinsend bei.

So beständig die Wahl der Strickjacke, so abwechslungsreich ist die Kleidung darunter. Täglich wird ein neues Bekenntnis in Form eines knallbunten T-Shirts über den „Astralkörper" gespannt, z.B. „Ich wäre auch lieber reich als sexy, aber was willste machen?" Ich korrigiere: FAST täglich. Einer unserer treuesten Freunde hat diesbezüglich ja bereits in Form eines unverschämten Kommentars zu meinen bebilderten Blogs Kritik an meinem Vater geäußert. Ihm sei aufgefallen, dass dieser seine Oberbekleidung „unhygienisch mehrere Tage hintereinander" tragen würde, dabei habe er gehofft, „täglich einen neuen T-Shirt-Spruch, wie bei einem Abreißkalender" zu lesen. Umgehend wurde die Kritik an die Zentrale des Irrenhauses weitergeleitet (Mama) und Papa versicherte, sich ab sofort nichts mehr zuschulden kommen zu lassen. (Allerdings muss man wohl bei der Grundeinstellung ansetzen: Ist das Leben etwa ein Abreißkalender? DARÜBER sollte bei Gelegenheit mal in aller Ruhe nachgedacht werden!)

Meine Mutter fiel als Reisebegleiterin für meinen Vater aus, weil sie aus gesundheitlichen Gründen keine Flugreisen machen darf. Begeistert von unserer verrückten Reiseidee hat Papa ohne zu Zögern einen Flug nach Kanada gebucht, um Teil unseres Abenteuers zu werden - und das trotz fortgeschrittenen Alters und obwohl die englische Sprache am „Bildungsinstitut" seines Heimatdorfes in den 50er Jahren eher vernachlässigt wurde. Schule? Da kannste mal hingehen, wenn grad keine Ernte ist. Statt erstklassiger Bildung gab es die 8-klassige Volksschule (also alle acht Jahrgänge in einem Raum). Und - du wirst es nicht glauben - in DIESEM Milieu ist mein Vater bilingual großgezogen worden. Noch heute spricht er zwei Sprachen fließend: Deutsch und Plattdeutsch.

Mit der Tatsache, dass mein Papa fremdsprachentechnisch auf der sicheren Seite lebt, erklärt sich wohl auch sein selbstsicheres Auftreten in Kanada. Denn hier wird er sehr gerne von allen möglichen Leuten angesprochen und er reagiert immer mit souveränem, offenem Lächeln und dem immer gleichen Wort. „What a great day today, or?" - „Yeah!" (Grins) - „I really like your truck!" - „Yeah?" (fragendes Grinsen) - „Did you bring it over here from Germany?" - „Yeah." (schulterzuckendes Grinsen) - „Oh wow! That´s aweseome!" - „Yeah..." (verlegenes Grinsen) - „See you guys, have a nice day!" - „Yeah!" (erleichtertes Grinsen)
Heutzutage nennt man sowas „interkulturelle Kompetenz".

Mit allem Drum und Dran
UCLUELET; VANCOUVER ISLAND

„Wie heißt du eigentlich - so mit allem Drum und Dran?", fragte Edda meinen Papa letztens. So allmählich könnte sich der Kerl, den man sonst nur als „Opa" kennt und mit dem man jetzt schon seit mehreren Nächten die Unterkunft teilt, ja mal vorstellen!
Dieser hatte bisher mehr Glück als Verstand: Da packt sich Vaddern statt eines warmen Anoraks ´ne alte Strickjacke in den Koffer und bekommt statt der berühmten „Quittung" nur eins: Sonne. Beim Frühstück: Sonne und warmes Herbstlicht. Bei der Weiterfahrt durchs Insel-Innere: Sonne, Kaffee und die Papa-Playlist: Stones, Status Quo, Creedence Clearwater Re... watt? Das konnte ich als Dreijährige schon nicht aussprechen. Ach egal, denn: „Here we go, rockin' all over the world."
Doch - hab ich´s nicht gesagt?! - schon dreißig Kilometer später verdüsterte sich plötzlich die Umgebung. Riesige Bäume warfen lange Schatten auf den Waldboden - und das schon seit Langem, mitunter schon seit 900 Jahren! Da hatte sich also einiges an Schatten angesammelt. Mein lieber Scholli, dieser Wald war ein regelrechter Kühlschrank! Also erstmal dicke Jacke an (bzw. Käppchen auf die Glatze) und dann rein in den Urwald! Hier und dort verschönerten schüchterne Sonnenflecken den sowieso schon spektakulären Anblick der riesigen

Prachtexemplare, aber unterm Strich ist „Cathedral Grove" kein Ort für frostscheue Elfen. (Stefan fand, das war ein Elfenwald, während ich fand, dass das für Elfen zu kalt war, woraufhin Stefan behauptete, dass Elfen kein Problem mit Kälte hätten. Müsste man mal googeln.)

Kaum waren wir wieder auf Achse, schien auch schon die Sonne wieder in unsere grinsenden Visagen. Und Minuten nachdem die Feuerwehr vorm Motel in Ucluelet abgestellt war, waren die Mädels schon wieder bei Opa eingezogen.

An der nahe gelegenen Fischzuchtanlage, so hieß es am nächsten Morgen im Motel, könnten wir - mit etwas Glück - einen Blick auf die Bären beim Lachsfang werfen. Nachdem wir bei der holprigen Hinfahrt bereits eine Menge frischer Kratzspuren in den Bäumen und beim Spaziergang zur Besucherbrücke einige beachtliche Haufen frisch verdauten Lachs-Beeren-Mix gesehen hatten, war ich dann doch ziemlich erleichtert über die Tatsache, dass wir in eine Art Käfig gesperrt wurden. So musste man nur noch sein Riesenmonsterteleobjektiv mit Thermoüberzug auf den Zaun legen und warten, bis der Bär aus der Wildnis kommt. Jedenfalls machten es die anderen Schaulustigen so.

Der, der dann völlig unbeeindruckt von den Paparazzi über den Laufsteg lief, war ein Zweijähriger, der möglicherweise gerade erst von seiner Mutter vom Hof gejagt worden war, berichtete die braun bestrickjackte Frau zu meiner Linken. Ja genau, mischte sich der grau behaarte Mann zur Rechten ein, die Mutter kickt sie, schubst sie und jagt ihre Ältesten so lange, bis sie endlich verstanden haben, dass sie zu Hause allmählich unerwünscht sind. „Like the humans", resümierte dieser professionelle Nikon-Fotograf, der in der Vergangenheit auch für National Geographic Kanada schon diverse Fotos geschossen hatte, wenn man seinen brustgeschwellten Schilderungen Glauben schenkt. Der Foto- und Bärenprofi war nämlich kein verschwiegener Einer. Sein Top-Shot vom berühmten Bärengreis namens Weißichnichtmehr wurde bis ins Detail beschrieben: Lichtverhältnisse nicht einfach, aber GENAU im richtigen Moment den Auslöser gedrückt. Tiefenschärfe vom Feinsten. Respekt, Alter! Derart gut unterhalten, lungerten wir dann auch ziemlich lange am Steg der Fischzuchtanlage herum.

Aber noch kurz bevor man uns vom Hof hätte jagen müssen, ging unsere Abenteuer-Tour weiter: zum „Wild Pacific Trail". Auf diesem 2,5 km langen Loop hatten die Mädels das Glück, „Snilly" auf der Wasseroberfläche zu entdecken, an Land zu ziehen und fortan hinter sich her zu ziehen. (Hierbei handelte sich um ein riesiges Exemplar von Wasserpflanze.) Während die Mädels sich mit ihrer stummen neuen Freundin amüsierten, genossen ihre Erziehungsberechtigten samt Großväterchen die sensationelle Aussicht, und zwar auf bizarr geformte, windgepeitschte Bäume zur einen Seite und auf den Pazifik und die schroffen, vorgelagerten Inseln zur anderen Seite des Wanderweges.

Einer Informationstafel entnahm ich, dass das Vulkangestein dieser Inseln schon 40 Millionen Jahre alt ist. Allerdings hatte der Gletscher, der hier vor 9000 Jahren entlang gerollt war, die Gesteinsmassen unter sich zermalmt und zerkrümelt, wodurch diese Schären entstanden. Schön für uns, dumm für die Seefahrer, die hier reihenweise an den Felsen zerschellt waren - nicht allein aufgrund der tückischen Gesteinsformationen, die unter der Wasseroberfläche liegen, sondern auch wegen der berüchtigten Winde und Tsunamis. Deshalb heißt diese Westküste von Vancouver Island auch „Graveyard of the Pacific", denn auf diesem „Pazifischen Friedhof" wurde bereits an Hunderten von Schiffen die Unterwasser-Bestattung vorgenommen.

Ob hier immer noch so viele Schiffsunglücke passieren, wollte ich tags drauf von meinem Sitznachbarn zur Rechten auf dem 12-Personen-Boot namens „Black Fish" wissen. (Zum Glück war es nicht die „Unsinkbar II". Haha.) - Oh ja! Der Unfälle gibt es viele, aber immer geschehen sie aufgrund menschlichen Versagens. Und schon wandte er seinen konzentrierten Blick wieder dem GPS-System zu, das dankbarerweise auch die unsichtbaren Unterwasserfelsen mit oranger Farbe markierte. Der Mann am Steuer hatte alles im Griff, nicht nur die Felsen, sondern auch die beachtlichen Wellen. Er war hier der Kapitän - und wir waren auf dem Weg zum Wal!

Durch die winzigen Wasserfontänen, die wir gestern beim Küstenspaziergang in der Weite des Meeres ausfindig gemacht hatten, waren wir nämlich derart angefixt worden, dass ich kurzerhand eine „Whale-Watching-Tour" für uns gebucht hatte. Voller Vorfreude auf dieses Event legte Edda sich schon am Abend die Wanderschuhe zurecht: „Die sind besser, falls ich ins Wasser falle." (Ja nee, is klar...) Zum Glück ist aber niemand ins Wasser gefallen. Stattdessen hatten wir eine traumhafte Sicht, blauen Himmel UND Glück mit dem Getier.

Und was war das Schönste? Vielleicht der Buckelwal, der ziemlich verlässlich immer sechsmal eine Wasserfontäne raus pustete und in elegantem Schwung sein Hinterteil hoch reckte, um uns unter großem „Aaaaah!" und „Oooooh!" seine Fluke zu präsentieren, bevor er wieder für sechs Minuten abtauchte? Oder war es die rasante Bootsfahrt inklusive nettem Plausch mit dem Kapitän auf dem Weg zu den spektakulären, gischtumspülten Felsen mit den Stellerschen Seelöwen, die viel seltener, viel heller und NOCH größer sind als die „normalen" Kalifornischen Seelöwen, die wir schon von ihrem allmorgendlichen und - abendlichen Öi-öi kannten. Oder war es der kurze Gang mit Papa auf die Stege im Hafen bei Dunkelheit? Windstille, frische Kühle, Sternenhimmel, spiegelnde Lichter, Dieselgeruch mit leichter Seetang-Note, Seelöwen-„Gesänge", Kopf und Herz voller Eindrücke, schon drei Monate auf Reisen und noch kein Ende in Sicht, so viel schon erlebt, so viel noch zu sehen, könnte das Leben schöner sein?!

(Den grummeligen Alten, der auf unseren freundlichen Gruß nur wilde Schimpftiraden übrig hatte, lasse ich hier unerwähnt. Der passt irgendwie nicht ins Bild, obwohl - eigentlich doch. Bei wirklich guter Kunst ist das doch auch so: Jedes Bild braucht den „Bruch".)

Nur ein bisschen hippie
OSBORNE BAY; VANCOUVER ISLAND

Eddas Meinung nach besteht das Leben aus lauter Glückstagen - und sie hat Recht! Es begann vor drei Tagen damit, dass wir - Schacka! - die 10:00-Uhr-Fähre nach Salt Spring Island gerade noch erwischten und schon kam das Tollste: Zwecks obligatorischer Erkundungstour hampelten wir drei Mädels natürlich bis ganz nach oben, wo uns der nette Kapitän abfing, und - richtig geraten - die Tür zur Kommandobrücke aufhielt. Ein schönes Bild für meine Momente-Sammlung: rotwangiges Töchterchen am Joystick mit grinsendem Fährmann im Hintergrund. Bei der jungen Steuerfrau war nach diesem Erlebnis die Idee geboren, ein eigenes Tagebuch über derart glückliche Momente zu schreiben, so dass sie nun eine eigene Seite auf unserem Blog hat, die sich „Eddas Glückstage" nennt. Erster Eintrag: „20.10.2018: Heute habe ich eine fere gesteuert. Das wa tol."

Toll war auch die zufällige Wahl des Wochentags für unsere Überfahrt, denn samstags ist auf Salt Spring Island Markt: lecker Essen, Kunsthandwerk, Sonne, strahlende Menschen. Es gab nur zwei Personen auf der Insel, die weniger zu lachen hatten: zwei graue Männchen mit Plakaten, auf denen in großen Lettern nach dem Ende des Leidens gefragt wurde („Will suffering end?"). Sie trugen die gleiche „Arbeitskleidung" wie schon deren Zeugen-Jehowahs-Kollegen in Tofino (die ebenso grau wie unmodern gewordene taillierte Lederjacke wurde zu grauen Stoffhosen mit Bügelfalte kombiniert) und standen mehr so am Rande des Geschehens, wartend auf „Kundschaft", die bereit ist, sich ihrer Seelsorge anzunehmen. Wollte grad keiner. War wohl grade keiner mies drauf.

Eigentlich war mehr so eine Stimmung, die einen den Ohrwurm „Hippie hippie shake" einbrachte. Ein bunt Gewandeter versuchte sich tanzend an einem Flötenstück, während sein riesiger Hund lieber selber mit der Flöte spielen wollte. Auch die anderen Grüppchen, die da auf dem Rasen rumlümmelten, ließen erahnen, wie es damals in Woodstock abgegangen sein muss. Einmal zu tief durchgeatmet und man hatte versehentlich an dem Spaßprogramm der entspannten Mitmenschen teilgenommen. Auf der Wiese lungerten mehr so die Prä-Künstler rum, die noch nach Inspiration suchten, während die echten Künstler die Auslage ihrer liebevoll arrangierten Marktstände kommentierten. Sodann fiel mein Blick auf die Schnittmenge zwischen beiden Gruppen: ein winziger Stand, an dem „therapeutische Pilze" feilgeboten wurden. (Nee, lass mal. Hab grad keine Beschwerden.)

Mit Blick auf den barfüßigen Klangschalenmann von vorher, der nun in seinem provisorisch von Plakafarbe zusammengehaltenen Bulli saß, erklärte ich Edda, was „Hippies" sind (gegen Krieg, lockere Kleidung, gerne gut drauf, leben häufig in ihrem Fahrzeug), woraufhin sie meinte: „Wir sind doch auch immer hippie!" Ja gut, sicher, ein paar Übereinstimmungen gibt es schon, denn auch wir leben nach der Devise: „Friede, Freude, Eierkuchen" (Marmelade, Zuckerzimt und lecker Kaffee inklusive). Voll peace ey!

Auch in der Inselhauptstadt Victoria waren wir spannenden Menschen mit originellen Life-Styles begegnet. Von einem Leben im Hausboot träumte ich während unseres Spaziergangs mit Blick auf die „Fisherman´s Wharf", wo die vielen bunten Häuschen sich schaukelnd aneinander schmiegten. Angefangen hatte es im Jahr 1942, als ein Pärchen für läppische 50 Dollar das erste Hausboot erwarb. Bei den heutigen Immobilienpreisen und DER Lage, dürfte man das Objekt heutzutage sicherlich mit einer Gewinnrate von 500 Millionen Prozent wieder loswerden. Es sei denn, man möchte gerne auf dem Hausboot wohnen bleiben (was ich verstehen könnte), dann hätte man natürlich nichts gewonnen.

Außerdem war da noch die rauschebärtige „One-Man-Band", die schon seit meinem Geburtsjahr auf den Straßen dieser Welt auftritt. Direkt nebenan saß ein anderer Künstler bei der Arbeit: Vor sechs Jahren begann er, auf der Suche nach einer neuen Richtung im Leben, seinen indianischen Wurzeln nachzuspüren. Nun macht er Grafiken, die zwar von der typischen Bildsprache seines Haida-Stamms inspiriert sind, jedoch seine eigene Handschrift tragen. Der Kolibri - so las ich - symbolisiert

„Freundschaft", „Verspieltheit" und „Glück im Leben". (Ey, der Vogel gehört in unser Familienwappen!)

Mittlerweile befinden wir uns auf der letzten Etappe mit meinem Vater nach French Beach, denn da soll es so schönes Schwemmholz geben. Derweil wirft die Sonne lustige Flecken durch die hohen Bäume auf die Straße vor uns und mir wird klar, dass Vancouver Island in meiner Erinnerung immer untrennbar mit meinem Papa verbunden sein wird: farbenfroh und originell gewachsen; verwegen anders und mit sonnigem Gemüt; gesellig und ein kleines bisschen hippie.

Geruchsproben
VANCOUVER; BRITISCH- KOLUMBIEN

Irgendwie riecht es hier nach Kleber. Wir sitzen in der Feuerwehr, schauen dem Regen beim Regnen zu und basteln Spinnen. Noch dreimal schlafen bis Halloween. Doch Gelegenheit
zum Gruseln hatten wir jetzt schon - wenn auch absolut unfreiwillig.
Wir (okay: ich) wollten dem ältesten Viertel Vancouvers einen
Besuch abstatten: Gastown, das seinen Namen dem Einwan-
derer-Abenteurer „Gassy" verdankt, was auf Deutsch sowas
wie „Laberfürst" bedeutet. Kaum da, hatten wir auch schon die
berühmte Dampf spuckende „Steamclock" gesehen. Jetzt noch
schnell Cowboystiefel kaufen (die wünscht Martha sich nämlich
zum Geburtstag). Als wir nach zehnminütigem Fußmarsch in
ungewisse Richtung weise entschieden hatten, dass die Suche
nach dem „Rockin´ Cowboy" dann wohl eine verlorene Mission
ist, hatte sich der Geruch des lebhaften Viertels nach Pizza,
Bier und fabrikneuen Lederschuhen längst verloren. Und als wir
dann (aus Versehen) in Chinatown gelandet waren, dominierte
eindeutig der Duft von orientalischen Gewürzen. Die rätselhaften Reklametafeln und Lampen beleuchteten uns hier zwar
noch recht hübsch die regennasse Straße, aber einmal um die
nächste Straßenecke gebogen - und schon kam die Düster-
nis… und der ganz und gar unhalloweenische „Thrill".
Stefan verkrampfte sich in gleichem Maße wie der Geruch nach
Kotze, Pisse und Marihuana zunahm. Diese Freakshow hatte
nun nichts mehr mit den verkleideten Halloween-Begeisterten
zu tun, die im Partyviertel aus dem Bus gestiegen waren. Hier
stand kein Robin Hood mit Lady Marian oder sonst einer dieser
Cosplayer in der Hausecke; eher lagen sie am Boden, schlurf-
ten hustend über den Asphalt, lungerten ebenso perspektiv- wie
obdachlos auf dem Treppenabsatz herum oder torkelten
schleppend an uns vorbei. Die rempelnde Kahlrasierte gab
murmelnd-verächtlich, fast unverständlich ihre Verständnislo-
sigkeit zum Ausdruck, irgendwas mit „bringing their kids here"
und „must be nuts". Recht hatte sie! Die verrückten Freaks waren wir, die wir uns in dieses Viertel verlaufen hatten, jeder eine

zarte verängstigte Kinderhand fest in der seinen, das Lebensglück im Anblick dieser Welt der Glücklosen so fest an sich gedrückt wie es nur geht, die Nase möglichst nah am frisch gewaschenen Kinderhaar (nichts riecht besser als das eigene Kind), schnurstracks Richtung Höllenausgang! Dabei wurden wir angeglotzt wie Aliens, die geradewegs vom Planeten „heile Familie" in den stinkigen Moloch der ach so glitzernden Großstadt abgetaucht waren.

Gleich neben den bunten Reklametafeln beginnt der Slum Vancouvers - das hatten wir nicht gewusst, nun aber mit eigenen Augen gesehen. Ein Blick nach rechts: Drei Polizisten versuchten einen Betrunkenen (Kranken? / schon Halbtoten?) in einen Krankenwagen zu hieven, während direkt daneben mit Crack gedealt wurde. Ein Blick nach links: der rettende leuchtende Aussichtsturm im In-Viertel Gastown. Nochmal um die Straßenecke gebogen - und alles war wieder normal.

Also so normal wie wir. Äh, ich meine, so „normal" wie die anderen Aliens, die Touristen, die mit Familie, die mit Arbeit oder die - was weiß ich?! Was weiß man schon von den Menschen? Was zieht sie hierher? Was hatte UNS hierhergezogen? Oh Schreck, meine Begeisterung für Vancouver bröckelt. Sollte Stefan am Ende doch Recht behalten mit seiner Abneigung gegen Städte? Als es dann auch noch anfing, wie aus Eimern zu regnen, ging auch der allerletzte Punkt des gestrigen Spiels an meinen Mann. Game over. Ab nach Hause! Meine Mädels sind jetzt auch voll die Anti-Stadt-Kinder. Ich sag mal: Läuft bei mir! Während Chinatown in Reiseführern in den schillerndsten Farben umworben wird, wimmelt es im Internet nur so von abschreckenden Erfahrungsberichten über Downtown Eastside. Die Zeitungen sprechen von „Kanadas schäbigster Postleitzahl", obwohl derzeit täglich mehr als eine Million Dollar in Sozialprojekte und Obdachlosenwohnheime investiert wird. Mit dem unerwünschten Effekt, dass die vielen Drogenabhängigen hier zwar ein Zuhause finden, jedoch noch lange nicht von ihrer Abhängigkeit loskommen, wodurch lediglich die Kundenzahl der Drogendealer täglich steigt. Jedenfalls war das beim Beitrag der „National Post" die kurz gefasste Antwort auf die Frage: „Warum hat eine der reichsten und schönsten Städte Kanadas sein historisches Zentrum dem erbärmlichen Elend überlassen?" Die Polizei habe diese Straßen bereits in den frühen 90ern aufgegeben, hieß es an anderer Stelle. Entstanden sei „der größte Open-Air-Drogen-Basar Nordamerikas". Downtown Eastside wird als „Festung" bezeichnet: leicht hineinzukommen, aber außergewöhnlich schwer herauszukommen. Und die schlimmste Straßenecke scheint Main Street / Ecke Hastings Street zu sein, also GENAU da, wo wir gestern unseren familiären Abendspaziergang gemacht haben. Nackenhaare. Gänsehaut. Rückenschauer.

Und sonst so? Ansonsten riecht es hier gerade nach Kaffee, Kürbissuppe und Diesel (wegen Standheizung). Geht doch! Aber irgendwie mischt sich noch ein anderes Odeur ins kuschelige Ambiente der Feuerwehr. Mehr so süßlich, was mag das sein? Schnüffel-schnüffel: Das eigene Shirt ist es nicht, denn das riecht noch so ganz leicht nach Wick Waporup und heißer Zitrone. Wie es das Drehbuch vorgesehen hat, war pünktlich zu Papas Abreise der Regen angekommen und wird sich wohl in den nächsten Tagen hier in Vancouver und Umgebung festsetzen. Und bei mir hat sich prompt eine Erkältung festgesetzt. Auch wir sitzen hier irgendwie fest. Zwangspause quasi. Denn sobald wir die Grenze in die USA übertreten, zählt die Uhr sechs Monate runter - an eine Rückreise mag aber jetzt noch keiner denken, dem miesen trüben Regenwetter zum Trotz. Obwohl…

Und jetzt fällt mir ein, wonach es hier so unangenehm riecht: nach Selbstmitleid! Durch Zufall habe ich sie nämlich eben gehört: Marian Golds schöne Sing-meinen-Song-Variante von Judith Holofernes: „Ich brauch einen Freund mit weiten Schwingen, der mich heil nach Hause bringen kann. Durch die Dunkelheit in Wind und in Regen, um mich dann vor meine Tür zu legen." Nur mal kurz Heimatluft schnuppern. „Komm und trag mich, frag nicht wieder, wohin ich will: nach Hause!"

Aber das darf ich ja a) nicht laut hören, weil das dann alle anderen nervt (Stefan spielt vorne Gitarre und die Kinder hören hinten „Fünf Freunde"), und b) nicht laut sagen, weil das dann die Stimmung trübt, und c) nicht einmal laut denken, weil ich es dann am Ende noch selber glaube. Also denke ich lieber nochmal daran, was für ein Glück das ist, hier mit meiner heilen Alien-Familie durch die verregnete Landschaft zu tingeln, beim Spaziergang am Fluss den Geruch von nassem Laub und frisch abgeschlagenen Lachsköpfen einzuatmen und dabei die biberschlauen Fangmethoden der Eingeborenen zu bewundern, beim Besuch der Seeotter im großen Aquarium mal kurz die Luft anzuhalten, um dann vor dem tschechischen Food-Truck wieder tief durchzuatmen. (Aaaah! Zimt-Baumstämme! Das schmeckt so geil, da würde man auch extra für nach Prag fahren!) Schon ist die Nase wieder so frei wie meine Gedanken, an Freiheit, Familie, Feuerwehr! Mehr F braucht es nicht (jedenfalls nicht täglich).

Jetzt bin ich wieder im Tritt, denn nun singt Revolverheld mit Rea Garvey das passende Lied zum passenden Freiheits-Familien-Feuerwehr-Feeling: „OhohohoHO-hohoho, das kann uns keiner nehmen!" Und es ist mir egal, wie abgedroschen das ist, aber JETZT mach ich die Mucke laut und koch Milchreis für meine Mädels!

Island time

„Wie weit ist Amerika eigentlich entfernt?", frage ich den hutzeligen Mann (rotwangig, dicke Nase, trübe kleine Augen, blinzelnd, lachend, von Falten zerfurchte wettergegerbte Haut, dunkelgrüne Seemannsmütze). Der war gerade mit kläffendem Hund in ´nem kleinen Bötchen von seinem Schiff bis zu unserem Strand gesegelt, um nach Farben zu suchen. „I´m searching for colours." (Also nicht nur Seemann, sondern auch Poet.) Er dreht sich um, zeigt mit seinem krummen wurstigen Zeigefinger in die Richtung, aus der ich soeben gekommen war, und antwortet: „Five miles in that direction." Nur fünf Meilen?! Also liegt Amerika quasi direkt hinter unserer Feuerwehr!

Die Wetterprognose hatte Besserung gelobt und der Geheimtipp einer Zufallsbekanntschaft wunderschöne unberührte Natur versprochen, und zwar verteilt auf ca. 20 Kilometer Länge und einen Kilometer Breite. Dazu Pazifik, Schäreninseln und Himmel, so weit das Auge reicht. Und das reichte in den letzten beiden Tagen weit - sehr weit! Denn die Sonne war wieder da. So viel Sonne nach so viel Regen, dass man davon so ein kribbeliges Aufbruchsgefühl kriegte - genau das passende Gefühl, um endlich mal wieder mit der Feuerwehr in die unentdeckte Welt hinauszufahren: Galiano Island. Eine der „Southern Gulf Islands", von denen nichts in unserem Reiseführer steht. Ein Traum! Die Insel strahlte uns schon an, als wir sie von Weitem sahen. Und kaum waren wir von der Fähre gerollt, wurde ich auch schon von netten Leuten angesprochen.

Klaus, so heißt der poetische Seemann, war in seinem Leben übrigens schon viel rumgekommen, anfangs auch in rollenden Fahrzeugen, musste aber die Erfahrung machen, dass man fast überall für einen Stellplatz bezahlen muss. Und ist das mit einem Segelboot denn nicht so? - Nein nein, solange man nicht an einem Steg andockt, sondern nur so in Hafennähe vor Anker liegt, kostet das nix. Und wenn er mal was einkaufen muss, dann segelt er zu einem der Häfen. Mal hierhin, mal dorthin, mal nach Salt Spring, selten auch nach False Creek in Vancouver. Aber da ist es laut, ständig hört man Autos, Stimmen, Motorengeräusche, komische Leute. (Vielleicht sollte ich ihn mit Stefan bekannt machen.)

Aber jetzt sei „island time!" Ob ich den Ausdruck schon einmal gehört hätte? Nein, hatte ich nicht. Er erklärt es mir: Ab und an muss man sich mal wieder irgendwo sehen lassen. Also schlägt man mal bei diesem und jenem auf, zeigt sich als Teil der „Community" und verhält sich angemessen, um mit jedem klarzukommen. („You have to come along with everybody.") Klingt nach Erfahrung.

Bei unserem Gespräch drängt sich mir einmal mehr der Eindruck auf, dass die Kanadier nichts so sehr lieben wie ein ungezwungenes Pläuschchen über Dieses und Jenes. Und nichts so sehr verabscheuen wie das, was sich jenseits der kanadisch-amerikanischen Grenze (vermutlich) abspielt. Keiner weiß es so genau, denn ein Grenzübertritt ist in den Augen der Kanadier um jeden Preis zu vermeiden, sagt Klaus. Bevor seine Landsleute einen Fuß über die Grenze setzten, kämen schon eher die befreundeten Amis rüber - auf der Flucht vor dem, dessen Name nicht genannt werden darf.

Meiner Meinung nach könnte man es ja genauso gut offen aussprechen, dass dieser Trump ´ne Vollmeise hat (da das doch jeder normal denkende Mensch so sehen MUSS) und dass einem (seitdem das Unfassbare geschehen und „Trumpistan" entstanden ist) dieses Land hinter der Grenze irgendwie verdächtig vorkommt - so verdächtig, dass auch wir noch sehr zögerlich auf unseren bevorstehenden Länderwechsel blicken (auch wenn „der Amerikaner an sich" eigentlich ein total nettes Wesen sein soll (aber wer bitte schön hat diesen Typen dann gewählt? Und warum? (Und überhaupt darf ich das Ganze hier nur flüsternd und in Klammern schreiben, da mein Mann mich immer wieder warnt, meinen Sabbel nicht so weit aufzureißen und nicht mit Gott und der Welt über Gott und die Welt (oder etwa diesen bescheuerten Tr… (Pssst!!!)) zu reden (und das schon GAR nicht hinter der berühmten Grenze (aber da sind wir ja nun noch nicht (und außerdem musste das jetzt trotzdem auch mal gesagt werden (und das fand im Übrigen auch diese nette Dame am Strand - so in die Muschel geraunt (aber sch-schsch…! Ich weiß, Stefan! Ich halte mich zurück! Klammer auf: Wobei - war es nicht mein „Gesabbel", das uns überhaupt erst hierher geführt hat?! Klammer auf: Egal! Klammer zu, Klammer zu, Klammer zu, Klammerzu klammerzu klammazu klammazuklamma zu klamm. Einfach zu klamm, noch immer, der Korkboden liegt schon in Wellen, alle Handtücher nass. Wird schon wieder, Hauptsache kein Regen mehr. Davon wird man ja ganz mürbe im Kürbis.

Wo war ich? Mürber Kürbis? Halloween? (Unser Kürbiskopp fing letztens voll an von innen zu schimmeln. Da denkste nichtsahnend, der Fratzenkopp ist komplett hohl, da kommt dir die Gammelpampe in Form von Schimmelfäden entgegen und spricht zu dir. (Uuuaah! Weg damit!) Ach ja, jetzt hab ich den Faden wieder: Trump.

Wie auch immer es „da drüben" aussehen mag - hier ist es einfach magisch! Ich war diesbezüglich der gleichen Meinung wie meine nächste Gesprächspartnerin. Sie setzte noch eins oben drauf, outete sich als ausgesprochen zivilisationsfeindliche Kapitalismushasserin und fühlte sich auf dieser bezaubernden Insel ihrer eigenen Spiritualität näher als an jedem anderen Ort. Ich freute mich für sie und meinerseits an dem Anblick der Natur, den übrigens tatsächlich schon vor Tausenden von Jahren die Ureinwohner genossen haben sollen. (Könnte also durchaus was dran sein an der Spiritualität dieses Ortes.)

„Wunderschöne Welt!", meinte auch Edda verträumt, als wir uns nicht recht vom Hafen losreißen konnten: die Seehunde, die Seesterne, die Seeanemonen, die See-gelschiffe, see-lig schaukelnd auf spiegelglatter See - alles war so wunderschön anzuseen!

(Ja, auch in mir steckt ein Poet!)

U-Turn in Port Hardy

Ganz Romantiker, die wir auf unserer neuen Lieblingsinsel noch waren, flanierten wir an unserem letzten Tag auf den „Hochzeitssteg", der sonst ein gern genutztes Motiv für etwas frischere Brautpaare ist. Doch kaum hatten wir die Insel verlassen, um auf das nächste Eiland zu „hoppen", übernahm die pessimistische Seite von Stefan die Oberhand. Er wurde nicht müde, seine Zweifel dahingehend zu äußern, ob wir auf „Pender Island" wohl auch WIRKLICH auf einem echten Campingplatz unterkommen würden. (Was du immer hast! Ist doch fein säuberlich in der Karte vermerkt!)

Ein echter Campingplatz war Stefan wichtiger denn je, denn so exponiert und einsam unser Stellplatz auf Galiano Island war, so wenig hatte er auch hinsichtlich Duschhaus und Wasseranschluss zu bieten (nämlich gar nichts). Nach einer vollen Woche sparsamen Campens und verzauberten Spazierengehens und Erkundens war dann unser Wassertank quasi leer. Auf der nächsten Insel wollte Stefan also nichts sehnlicher als eine Dusche, doch leider - Was soll das denn? Wieso ist denn jetzt das Gate closed? - sollte mein zweifelnder Mann Recht behalten.

Dabei gefiel uns Pender Island eigentlich sehr gut. Zwar gibt es hier viel mehr Menschen als auf Galiano (was für Stefan schon mal ein schlechtes Zeichen war), dafür hat man aber eine spektakuläre Sicht auf schneebedeckte Berge und - wenn man Glück hat - auf Orkas. Aber leider hatten wir ja a) ́nen Pessimisten dabei und b) kaum Zeit, weil wir c) noch am selben Tag die Fähre nach Victoria nehmen mussten.

Während der Überfahrt genossen wir noch nichtsahnend den romantischem Blick auf den Sichelmond, mussten aber - auf dem Festland angekommen - relativ unromantisch drei Campingplätze ungeduscht hinter uns lassen, weil sie entweder ausgebucht oder geschlossen waren. Völlig romantikfrei und heillos entnervt rollten wir des Nachts einfach heimlich auf die nächstbeste freie Parzelle, um am nächsten Morgen ernüchtert feststellen zu müssen, wo wir gelandet waren. Eine Camperin

nannte mir zwar freundlicherweise den Code für das Waschhaus, warnte mich jedoch hinsichtlich des zu erwartenden Hy-
gienestandards vor, dass dieser Ort des Nachts auch von Jun-
kies hochfrequentiert würde. Ihre nicht minder zahnlos wie höf-
lich hervorgebrachte Warnung („expect the worst") war nicht gerade das, was Stefan sich von einem zwecks Körperpflege auf-
gesuchten Campingplatz erhofft hatte, so dass wir diesen hoffnungslosen Ort schon vor dem Frühstück fluchtartig wieder ver-
ließen.

Freundlicher- und ausnahmsweise haben wir schließlich in
Crofton noch einen eigentlich zwecks Winterpause geschlossenen Platz bekommen, so dass wir schließlich und endlich geduscht, gewaschen und geschoren auf schneebedeckte Berge
und erwartungsfroh auf die kommenden Tage blicken konnten.
Allerdings zweifelte ich noch ein bisschen, ob wir - allen pessi-
mistischen Wetterprognosen zum Trotz - WIRKLICH noch bis
ganz in den Norden von Vancouver Islands düsen sollten? Der
frisch Körpergepflegte und wieder positiv Gestimmte war aber
Feuer und Flamme, sich nochmals ganz der Wildnis hinzugeben.

Dass das keine gute Idee war, stellt sich zwei Tage später heraus. Im Halbschlaf merke ich, wie Stefan halb über mich drüber
klettert, um mit der kleinen Taschenlampe den Kühlschrank an-
zuleuchten. Fluchend wuchtet er sich aus dem Bett, um die
Gasflamme erneut in Gang zu bringen. Same procedure as
every hour. Dazu das Prasseln des Regens auf unser Camping-
dach, das Heulen des Windes, der an unserer Karre rüttelt, und
das leichte Schnorcheln unserer Kinder, die sich scheinbar von
nichts den Schlaf rauben lassen. Wir stehen auf einem
Walmartparkplatz, direkt neben einer der beschilderten Laternen mit Aufschrift „No overnight parking". Es steht auf jedem
dieser Schilder, an jeder der Laternen, gut sicht- und lesbar in
großen Lettern. Ebenso die Drohung, zuwiderhandelnde Fahrzeuge umgehend abzuschleppen. Irgendwie hatten wir es trotzdem geschafft, diese Schilder zu übersehen. Für Stefan war
das der krönende Abschluss eines rundum beschissenen Tages.

Was doof war? Alles. Angefangen mit dem Regen am Morgen, demzutrotz wir trotzig unsere Mission, den rauen Norden der Insel Vancouver Islands zu erkunden, fortgesetzt hatten. Während die Kinder hinten mit Sternenschweif und anderen Einhörnern ein unerträglich langweiliges Abenteuer nach dem anderen erlebten, ließen wir uns vom steten Takt der Scheinwerfer in eine Art Trance versetzen. Nach zwei Tagesetappen waren wir endlich in Port Hardy angekommen und taperten fröstelnd in die Touristen-Information, um dort herauszufinden, wo man am besten Grizzlys, Cougars oder Elchen begegnen kann. Vielleicht in der „Fish Hatchery"? (Stefan hatte nämlich auf dem letzten Campingplatz den heißen Tipp gekriegt: Von Port Hardy nach Winter Harbour. Regenwald. Menschenleere Wildnis, in der es von den oben genannten Wildtieren nur so wimmelt. Hin da! - Okaaaaay... na dann... daaaann mal los...)

In dem strengen Blick der Dame, die im ebenso wenig einladenden wie geheizten Informationsbüro hinter dem Tresen auftauchte, erkannte ich sofort Fräulein Rottenmeyer wieder, wie sie pikiert ihre Missbilligung zum Ausdruck bringt: „Hier ermutigen wir niemanden, dem Wildlife zu nahe zu kommen." Ja gut, nee, ist ja eigentlich auch klar. Hehe. Und Winter Harbour? Da gibt´s doch noch unberührten Regenwald, oder? Fräulein Rottenmeyer war beleidigt. Regenwald gibt´s in Port Hardy nämlich auch. Und wenn wir unbedingt nach Winter Harbour wollen, dann sollen wir uns schon mal auf die einspurige Schotterpiste begeben, die normalerweise den Forstfahrzeugen vorbehalten ist. In ca. drei Stunden seien wir dann da - sofern nicht zu viele LKWs entgegen kämen, denn dann müssten wir natürlich immer mal wieder den Rückwärtsgang einlegen, um denen Platz zu machen. Ach soooo, wenn´s weiter nix ist... dann... dann ist das wohl nix.

Stefans Blick könnte man wohl am ehesten mit dem Wort „desillusioniert" beschreiben, zumal schon der lange Hinweg in den Norden nicht dem erwarteten Bild entsprach, dafür jedoch Zeugnis von der fleißigen Abholzungsindustrie Kanadas sowie der Herkunft des Begriffs „REGEN-Wald" ablegte. Passenderweise verabschiedete sich die nördlichste Stadt Vancouver Islands stellvertretend durch einen alten Mann, der vor einem seelenlosen Geschäft rumlungerte - und zwar in Form eines grinsend hochgereckten Mittelfingers.

Ein Tag, der so beginnt, schafft es in der Regel auch, NOCH beknackter weiterzugehen, so auch bei uns. Auf dem Parkplatz vorm Supermarkt, wo Stefan unsere Gasflasche wechselte, wurden wir dann Augenzeuge des großen Übels, den so ein (der Natur durchaus zuträglicher) Regen mit dem Innenraum eines Wohnmobils anzustellen in der Lage ist. Irgendwo musste Feuchtigkeit eingedrungen sein. VIEL Feuchtigkeit, denn da war Schimmel unten im Lagerraum, direkt unter unserer Matratze. VIEL Schimmel. Verdammt!

Während der Regen unbeirrt weiter prasselte und die Kinder fröhlich die dritte Folge „Sternenfohlen" weiter hörten, versuchten wir fieberhaft der Ursache des Übels nachzuspüren und dem bisherigen Ausmaß des Schadens auf den Grund zu gehen. Das konnte nicht einfach irgendein popeliges Kondenswasser gewesen sein, grübelten wir. Ein stetes Rinnsal, das sich seinen Weg durch die Außenwand gebahnt haben muss, traf es da schon eher. Aber wo war das Leck? Womöglich der zuvor tausendfach gefeierte Außengasanschluss? Gasgrill außen dranstecken, losgrillen, fertig sind die Würstchen. (In diesem Fall: Wasser in die Plastikdose reinlaufen und einwirken lassen, fertig ist der Schimmel.) War es das? Möglich. Eins wussten wir sicher: Der worst case war eingetreten. Jetzt hatten wir ein Feuchtigkeitsproblem.

Aber wir wären nicht die „Brightmans", wenn wir uns von so einem Rückschlag unterkriegen lassen würden. Gefahr erkannt, Gefahr gebannt. Nach diesem Motto wurde erstmal provisorisch innen ausgeputzt und außen abgeklebt, um später - bei erneutem Sonnendurchbruch - außen abzudichten und innen durchzutrocknen. No worries, mate... Gequälter Optimismus war hier die Devise.

Bis zu dem Zeitpunkt, da die Standheizung Mucken machte. Ja, Himmel, Arsch und Zwirn! Also nicht nur feucht und schimmelig, sondern kalt, feucht und schimmelig. So allmählich war unsere Tendenz zur Verlotterung nicht mehr wegzudiskutieren. Um dies mit blindem Aktionismus zu überspielen, wurden die Kinder animiert, an ihren Wochenplänen zu arbeiten, anstatt einhorn-mäßig zu verblöden. (Der einzige Absprung aus dem sozialen Abstieg: Bildung! Ein letzter Rettungsanker für unsere Brut.) Was war es diesmal? Natürlich (was sonst?!) Wasser. Das Zuleitungsrohr der Standheizung hing kiloschwer unter der Karre. (Pimmelarschdrecksacksau-Regen! Ach, ist doch wahr!) Doch Stefan hieße nicht Stefan, wenn er nicht auch dieses Problem von Meisterhand zu lösen imstande wäre. Also wurde das Rohr fachgerecht punktiert, Luftzu- und abfuhr gesichert, Wärme wieder hergestellt und auch das Einhörnchenhörspiel wieder in Betrieb genommen (Bildung hin oder her, man muss es ja auch nicht übertreiben).

Mittlerweile befinden wir uns wieder auf dem Weg zurück nach Victoria, um die 1000 km sinnlose Ballerei vollzumachen. Wir haben verstanden. Wir haben den Startschuss gehört (deutlicher ging es wohl nicht): Weg hier! Ab in den Süden. Es heißt doch so schön: „It never rains in California", oder etwa nicht? Zugegeben, im Moment könnten die in Kalifornien ein bisschen des hiesigen Regens dringend gebrauchen, um endlich die vielen Waldbrände in den Griff zu kriegen, aber UNSER Schlüssel zum Glück heißt derzeit „Trockenheit". Also machen wir hier lieber mal den kontrollierten Abgang, bevor das wild gewordene Kanada uns noch heftig schüttelnd aus dem nassen Pelz über die Grenze schleudert.

P.S.: Bei all den Negativschlagzeilen jetzt auch mal was Besinnliches: Vor lauter „Vorfreude auf die Weihnachtsvorfreude" (O-Ton Martha) haben wir Mädels uns nach Adventskranzkerzen umgesehen. Ich habe spaßeshalber die hässlichen Votivkerzen mit kitschigem Jesusbild in die Waagschale geworfen, woraufhin Edda entrüstet meinte: „Mama, jetzt spinnst du aber! Was hat Weihnachten denn bitte mit Jesus zu tun?!" Mir scheint, es ist jetzt doch mal an der Zeit, Versäumnisse bei der (religiösen) Bildung nachzuholen. Überall Baustellen, nichts als Baustellen.

6. *Und dann: Breakfast in America* - Grenzerfahrungen an der Westküste

„Rock me momma like the wind and the rain. Rock me momma like a south bound train." (Darius Rucker)

Neben der Spur

„Are you Germans?", fragt eine unbekannte Frauenstimme durch meine verschlossene Kabinentür, während meine Töchter nebenan eine Duschparty veranstalten. Noch nackig beginnen wir ein Gespräch, bei dem die Stimme deutlich macht, wie sehr sie (die Kanadier im Allgemeinen) alle Deutschen lieben. Bei der Fortsetzung unserer Konversation an den Waschbecken bekennt sie gebürtige US-Amerikanerin, jedoch mit 14 Jahren nach Kanada ausgewandert zu sein - Warum das? - Rassismus. - Ach?! Die Nachbarn hatten ihnen angeblich mit dem Ku-Klux-Klan gedroht, weil die Familie mit Schwarzen befreundet war. Jetzt (seit der Wahl) spiele sie tatsächlich mit dem Gedanken, ihre amerikanische Staatsbürgerschaft abzugeben. „Be careful!", mahnt sie uns und umarmt mich am Ende so fest, als ob es ein Abschied für immer wäre. (War es ja auch.) Meine Güte, was würde uns auf der anderen Seite vom Wasser bloß erwarten?

Vor unserem Schritt (bzw. der bevorstehenden Fährfahrt) über die Grenze waren wir entsprechend neben der Spur – zumal klar war, dass das Visum, für das so viel Aufwand vonnöten war, bisher nur provisorische Gültigkeit besaß. Was, wenn dem Grenzbeamten unsere Visage nicht passte, Stefans T-Shirt dreckig wäre oder eines der Mädels einen Hustenanfall bekäme?

„Kinder, macht da bloß kein Theater! Jetzt kommt es darauf an!", übertragen wir unsere Nervosität ebenso professionell wie kongenial auf unsere Töchter, die in dem Grenzkontroll-Häuschen prompt stillstehen wie ´ne Eins. Alles läuft glatt – bis Martha mir panisch zuflüstert, dass sie husten muss. Ich verstehe sie falsch und denke, dass sie „mal muss", also zische ich rüber: „Ja ja, ich auch, das machen wir gleich, wenn wir draußen sind." Verzweifelt den Hustenreiz eindämmend legt das arme Kind daraufhin vor versammelter Mannschaft einen Schnotter-Nieser hin, der alle bis dato ausgeworfenen Schleimschnecken von hier bis nach Meppen locker in den Schatten stellt. Der grün-gelbe Rotzefaden hängt ihr nur so vor der Visage und natürlich hatte niemand von uns ein Taschentuch eingesteckt.

Oh je, da war er, der irritierte Blick des Beamten. „Sonst geht ruhig schon mal raus!", versucht Stefan in bemüht kontrolliertem Ton seinen weiblichen Anhang in einem Rutsch loszuwerden. Aber wir müssen doch noch unsere Fingerabdrücke abgeben… Mein schweifender Blick fängt ein gerahmtes Bild vom World Trade Center ein: „We will never forget", lautet die Bildunterschrift. „Ist dieser Trump auch in Amerika?", raunt Edda mir zu. „Ich erklär es dir draußen", antworte ich zischend mit gequältem Pokerface und bin schon jetzt kurz vorm Nervenzusammenbruch. Zu der Frage, ob wir „home schooling" machen, nickt Stefan brav. Die Frage, ob er „retired", also pensioniert sei, versteht er dagegen nicht. „No no", bringe ich mit letzter Beherrschung heraus. (Sooo grau ist mein junger Wolf doch nun auch wieder nicht…)

Mit einem Bein erfolgreich eingereist, wartete in Port Angeles bereits die nächste Hürde auf uns: Die Nahrungsmittelkontrolle oder auch das Seuchenschutzkommando inspizierte in Form eines dicklichen Grenzbeamten unsere Karre. Stefan war ja informiert und wusste, dass man keinerlei Zitrusfrüchte mit über die Grenze nehmen darf, so dass wir am Abend zuvor noch sechs Zitronen in heißes Wasser gepresst hatten - man will ja nix verkommen lassen. Allerdings hatte es der nette Herr eher auf unseren gerade erst originalverschweißt gekauften Basmati-Reis abgesehen. „Und da ist noch eine schimmelige kleine Tomate im Müllsack", gibt mein Mann pflichtschuldigst Rapport, im vorauseilenden Gehorsam quasi. (Häh?!, denke ich) Der dicke Ami wirft einen Blick in unseren Abfall, um dann mit spitzen Fingern die winzige Cherry-Tomate herauszufischen, mit der wir eigentlich Amerika kontaminieren wollten. Nun bleiben uns nur noch die bakteriell hochverseuchten Taschentücher und der alte Spülschwamm für unsere Mission. Wie auch immer man es schafft, solche dämlichen Gedanken zu hegen – mir passiert das immer in den besten Momenten, so dass ich mir einen hysterischen Lacher leider nicht verkneifen konnte. Stefans mahnend-fragender Blick (der sagt: Bist du jetzt komplett durchge-knallt? Reiß dich mal zusammen! Noch sind wir hier nicht durch!) machte die Situation irgendwie nicht besser.

Total ermattet fuhren wir schließlich gegen Mittag unsere ersten Meter mit der Feuerwehr auf amerikanischem Grund und Bo-den. Misstrauisch beäugten wir diesen fremden Staat. Da! Die erste Flagge auf privatem Grund. Wusste ich es doch! Alles Pat-rioten. Und da! Da stand doch tatsächlich eine lebensgroße Trump-Pappfigur im Schaufenster. Sie heimlich von meinem Beifahrersitz aus zu fotografieren, traute ich mich nicht. Was, wenn jemand mein Teleobjektiv für eine Knarre hielt und mein letztes Stündlein geschlagen hatte? Der erste Parkversuch am Straßenrand vor einem weihnachtlich wahllos überdekorierten Holzhäuschen wurde von zwei wild kläffenden Hunden und ei-ner argwöhnisch aus der Haustür linsenden Frau vereitelt. „Do you need help?" No no, ist ja gut, wir sind schon wieder weg.

Das erste Lächeln entlockte Amerika meinem Mann, als er von der Mitarbeiterin einer Bank – auf der Suche nach einem Geld-automaten – vor die Tür geschickt wurde. Die einzige Möglich-keit, an US-amerikanische Dollar zu kommen, war allen Erns-tes, sich in die Drive-In-Schlange anzustellen...

So allmählich wurden wir lockerer, kamen in ein erstes zwang-loses Gespräch nach selbigem Muster wie in Kanada: Geile Karre, wo kommt ihr denn her? Ein Jahr rumreisen? Wow! Good for you, guys! - Samma, wo kriegt man hier wohl ´ne National-parkkarte? - Total easy, einfach da hoch, dann rechts... Sind doch eigentlich ganz nett, die Amis. Eine erste Nacht auf unge-wohntem Terrain, ein Frühstück mit Blick auf den Seeotter, der sich in pazifischen Wellen tummelte - dazu sich lichtender Ne-bel, Sonne, glitzerndes Meer, windschiefe Bäume, Frühstücks-musik zum Kaffee, Old Crow Medicine Show singt NUR für uns „Rock me momma like a wagon wheel!" - und wir waren in Ame-rika angekommen. Grenzgang gemeistert. Niemand hatte zu diesem Zeitpunkt damit gerechnet, dass die eigentliche Gren-zerfahrung des Tages noch auf uns warten würde...

Im Reiseführer hatte ich nämlich gelesen, dass man in Long Beach mit dem Auto direkt auf dem Strand fahren kann, dieser ab September sogar zum „offiziellen Highway" wird. Das stellte ich mir irgendwie cool vor, da direkt am Wasser entlang zu cruisen… Pünktlich zum Sonnenuntergang waren wir da. „Hey momma rock me!" Stefan rangierte die Feuerwehr in Pose: Daumen hoch, klick! Super, dann jetzt auf zum Campingplatz! Fehlanzeige. Auf den Strand drauf ging noch recht gut. Runter ging gar nichts mehr. Die Reifen drehten hinten durch. Vor, zurück, vor, zurück – Zack, steckten wir bis zum Dieseltank im Sand. Kein Schaufeln und Buddeln wollte helfen. Verdammt! Unser „wagon wheel" steckte fest. Ende Gelände. Rock-me-feeling im Eimer, aber sowas von!

Doch die ersten hilfsbereiten Amis lassen nicht lange auf sich warten, bringen Holzscheite zum Unterlegen, schieben nach Leibeskräften hinten an der Dicken, die sich keinen Zentimeter vom Fleck rühren will. Als sich dann noch ein besonders langes Holzscheit (mein von den anderen Ranschaffenden optimistisch gefeierter Hoffnungsträger) in der Zwillingsbereifung verkeilt, liegen meine Nerven blank. Und das trotz der tatkräftigen und psychologischen Unterstützung der Umstehenden, die ist „awesome" - übrigens auch deren Humor: Ob wir „floaten" könnten?, fragt der mit dem großen „Coffee-to-go"-Becher in der Hand. („Coffee", wer´s glaubt!) Ha ha, nur ein kleiner Scherz. Er glaube nicht, dass die Flut bis hierher komme… Ich bekomme weiche Knie.

Schließlich - die Sonne ist mittlerweile längst mit der Romantik und dem Optimismus untergegangen - bietet sich ein Mann mit Jeep und Abschleppseil an, uns aus der selbst gebauten Düne rauszuziehen. Beim ersten Versuch macht es nur „plopp" und das Seil reißt. Mist! Doch Aufgeben ist keine Option für den hilfsbereiten Amerikaner, der ohne eine Miene zu verziehen, einen Knoten ins Tau fummelt. Und tatsächlich: Als der zweite Versuch glückt, gibt es jubelnden Beifall, auch aus den hinteren Reihen, wir bedanken uns überschwänglich, man wünscht uns von Herzen ganz viel Glück und noch viele Abenteuer auf unserer Weiterreise. „Now we have something to remember about the Germans", jubiliert der besonders nette Ersthelfer. „The CRAZY Germans", kann er sich berechtigterweise nicht verkneifen.

Da haben wir uns heute aber mal mächtig zum Horst gemacht, ist mein Gedanke, während ich einen letzten Blick auf unsere fette Reifenspur im Sand werfe und den Spalier stehenden freundlichen Amerikanern huldvoll zurück winke. Königin Beatrix-Fans hätten ihre wahre Freude an diesem Bild gehabt. Aber auf die Amis lasse ich ab jetzt nichts mehr kommen. Die sind nämlich total nett und hilfsbereit, und zwar ALLE!

Cape Disappointment
DAPE DISAPPOINTMENT; WASHINGTON

Ja, wir haben uns freiwillig auf diese Entdeckungsreise begeben. Ja, wir wollten das Abenteuer. Ja, wir wussten, dass auf so einer Reise auch Unvorhergesehenes passieren kann. Ja ja ja! Aber - verdammt! - doch bitte nicht Tag und Nacht! Verschimmelte Karre, Feststecken im Sand, Flut kommt, ein riesiger Tsunami, Stefan außerdem noch krank, ich muss die Karre also selbst aus der Gefahrenzone lenken, die Riesenwelle umspült schon unsere Reifen, im Hospital angekommen will man erst unsere Krankenversicherung sehen. Ja, Scheiße Mann, die ist noch im Auto, in der großen grauen Mappe, aber muss ich die jetzt erst suchen? Sie sehen doch, was mit meinem Mann los ist! Der braucht schnellstens ärztliche Betreuung. Den Papierkram können wir doch - bitte! - später erledigen. Aber man zeigt sich gnadenlos. Ich blättere wie wild in den Papieren. Welche Versicherung hatten wir denn nochmal abgeschlossen? Denk nach, denk nach! Wenn ich den Wisch jetzt nicht finde… Wir sind alle verloren… alles umsonst… über vier Monate Reisedokumentation im Eimer… Computer auch noch kaputt…
Auf diese Weise ist gestern Morgen, gestern Abend und heute Nacht die Welt untergegangen. Ein echter Alptraum. Zum Glück war es WIRKLICH nur ein Alptraum (Puh!)
Nachdem wir vorgestern in Long Beach im Strand gestrandet waren, habe ich erst einmal fast geheult und dann erst gelacht. Das war schon mal ein schlechtes Zeichen in Bezug auf meinen nervlichen Ist-Zustand. Danach hat Stefan noch bis in die Nacht hinein Holzverkleidungen rausgerissen, Platten gesägt und

diese dann (zusammen mit Isoliermattenstückchen, die er aus der Zwischenisolation rausgeschnipselt hatte) als Kältebrücken wieder eingepasst, um dem gewesenen und zukünftigen Schimmel den finalen Garaus zu machen. (Währenddessen guckten die Kinder schon mit dem rechten Auge in die linke Tasche.)

Noch ganz im Problemlösemodus hat der Reparateur dann am nächsten Morgen schnell mal aus Versehen unseren gesamten Reiseverlauf auf unserem Blog gelöscht. (Tief Luft holen, Atem anhalten, Life-Berichterstattung bei den Schwestern, konstruktiver Tipp von Schwester Maren: „Betrink dich!") Stefan hat lediglich den unerschrockenen Pragmatiker raushängen zu lassen a la „Jetzt wird erstmal gefrühstückt." (Schmoll!) Nur Edda konnte mir weiterhelfen. Sie nahm mich in den Arm und sprach einfühlsam mit therapeutischer Meditations-Flüsterstimme (wie zu einer Geisteskranken): „Mama, jetzt versuch mal, nicht mehr daran zu denken. Jetzt sind wir alle mal still und konzentrieren uns nur auf die Geräusche in der Umgebung." Da brauchste echt weder 'nen Yoga-Kurs noch Valium, wenn du so ein Töchterchen mit am Tisch sitzen hast.

Also habe ich mich zurückgelehnt, die Augen zu gemacht und mal nur auf die Geräusche der Wellen geachtet, wie sie quasi direkt neben uns geräuschvoll und mächtig auf den Strand spülten. In Nullkommanix war die nächtliche Tsunami-Panik verschwunden. (Alles nur wegen diesem blöden Hinweisschild? Das heißt doch nicht, dass es hier JEDEN Tag ein Erdbeben mit Überschwemmung gibt. Meine Güte! Und wenn die Erde wackelt, hat man doch noch ganze 15 Minuten, um sich vor der anrollenden Welle in Sicherheit zu bringen. Ne faire Chance. (Kinder, ab ins Auto! Maaartha! - Ja, ich komme gleich, ich muss nur noch schnell... - Aaaaah!) Vielleicht sollte ich doch mal Yoga machen.

Doch kaum hatte ich den Kaffee auf, hatte Stefan seinen Mängelbeseitigungs-Modus in Gang gebracht, unsere Reisedokumentation wiederhergestellt und damit den Hausfrieden wieder gerade aufgehängt. (Maren: „Schenk ihm auch was ein!" Ich liebe diese pragmatischen Lösungsansätze!)

Plötzlich hatte dieser Ort seinen Namen zu Unrecht: „Cape Disappointment". Kap der Enttäuschung. Namensgeber waren die Pioniere Lewis und Clark, die als erste den Landweg durch den Wilden Westen von St. Louis bis zur Westküste erkundet hatten. Kaum, dass sie nach nur eineinhalb Jahren hier angekommen waren (fix und fertig von der strapaziösen Expedition, mit Booten flussaufwärts-flussabwärts auf wilden Gewässern, Schnee, Regen, alles dabei, bestimmt Schimmel im Boot, sind im Strand stecken geblieben, mussten von Indianern mit 300 Pferdestärken wieder rausgezogen werden, wattnichalles), hatten sie gedacht, dass sie mal eben per Anhalter mit einem der vorbeifahrenden Schiffe zurücksegeln könnten. (Haaaalllooo! Hieer sind wir! Wink wink!) Tatsächlich waren da auch viele nette Seeleute an Bord (Ah guck mal, da kennt uns wer. Wink wink, segel segel.), die aber leider nicht angehalten haben. (Schmoll! Schmoll!) Dumm gelaufen, würde ich mal sagen. Dann mal zügig wieder zurück in die zugigen Boote. (Doppelschmoll!) So macht der Name natürlich Sinn: Kap der verknappten Hoffnung. Frust-Kap. Die reinste Enttäuschung.

Nicht so bei uns: Am Strand angekommen, habe ich nicht nur die strahlende Sonne sowie den Blick auf den Leuchtturm genossen, sondern sogar einen wahrhaftigen Goldsucher getroffen. Ach, hier gibt´s echt echtes Gold? - Ja klar, ohne Ende, da in dem schwarzen Sand. - Ach nee! Und wenn man dann hier oben ein Schäufelchen davon reintut, dann wäscht sich das Gold da raus? - Jaaa, das klappt gut. - Ach was! Und das Glitzernde da in den Rillen von der Rampe, das ist pures Gold? Der Mann holt ein kleines Glasröhrchen aus der Tasche und präsentiert nicht ohne Stolz seine glitzernden Miniflitter. (Watt ´ne Arbeit für so´n bisschen Goldstaub! Das kann sich doch nie im Leben lohnen!) - Lohnt sich das denn? - Aber ja! Da kannste locker an einem Tag mehrere hundert Dollar aus dem Matsch schürfen? - Waaaaas!? Wie ist das denn da überhaupt reingekommen?

Also das war so (Bildung die zweite): Erdbeben, Kontinentalplatten-Reibereien, gold- und eisenhaltige Erde im Wasser bzw. in der Tsunami-Welle - Uaaaah! Hiiilfee! Wildes Gerenne (denk ich jetzt mal) - und schwupp! (äh schwapp!) waren alle Bäume weggemäht (bzw. weggespült). Dafür liegt jetzt hier dicker schwarzer Sand. Und GOLD!

Hier, heb mal den Eimer an, der ist echt schwer, das ist pures Eisen. (Ach Quatsch, dieser kleine Buddelbottich?) - Boah! Den kannste ja gar nicht anheben! Und ist das hier so 'ne Art Privatschürferei? - Ja, die beiden Spaßvögel da drüben, die sind extra 1100 km bis hierher gefahren. Jeder Amerikaner darf hier nämlich schürfen wie verrückt und sogar pro Tag zwei Eimer schwarzen Sand mit Goldflittern vom Strand mit nach Hause tragen, wenn er will. Macht er nachher auch. Und dann wird zu Hause auch der richtig feine Flitter rausgewaschen.

Das sei ein echt lukratives Geschäft, prahlt der ziemlich Zahnlose mit ziemlich zerschlissenem Holzfellerhemd und ich verbiete mir den aufkeimenden Gedanken daran, dass er sich dann doch das Gold in Zahnform hätte einschmelzen lassen können. (Wobei das im Schneidezahnbereich ja auch ein bisschen doof aussieht.) Stattdessen hat er schon einige ansehnlich fette Goldkreuze zusammen. (Der Mann setzt Prioritäten.) - Und wofür? Für die dicken Goldkettchen? - Ja, ist aber auch 'ne Art Altersvorsorge oder halt 'ne Geldanlage für seine beiden Töchter. - Ach sooo. Ja gut, dann... (Dann will ich mir den fiesen Gedanken von eben zweimal verbieten! Pfui!)

Er sei nämlich allein erziehender Single-Daddy und das schon seit 14 Jahren (Respect!). Da waren die Mädels vier und acht und da war die Mutter nämlich mirnix-dirnix von Zuhause weggelaufen. (Oh!) Irgendwelche „mental issues" (Oh je!). Irgendwann stand sie dann wieder auf der Matte und wollte wieder einziehen (Och nee!), aber nee nee, nix da, auf dieses Drama hat er in seinen vier Wänden keinen Bock! (Nee, das ist ja klar!) Aber das Vatersein und das Sorgen und Sich-Sorgen für seine Töchter, ob die nun nur in der Nähe oder noch unter seinem Dach wohnen, während er glücklich pensioniert oder fröhlich am Goldschürfen ist, das sei total sein Ding, und das merkte man ihm auch an. Der Mann wirkte tatsächlich (Kranken- oder Zahnzusatzversicherung hin oder her) echt happy, als er sorgfältig, Schäufelchen für Schäufelchen, seine Wasserrampe bediente. Netter Kerl, denke ich so, und hier in Amerika ist halt jeder seines eigenen Goldzahns Schmied.

Außerdem stellte sich heraus, dass wir beide mal die gleiche Dokumentation gesehen hatten, von Goldjägern in Alaska: Voll die Süchtigen, voll die Verlierer - Aber echt! - Investieren Millionen in Gerätschaften, um Millionen in Goldform wieder rauszuholen. Am Ende bleibt vielleicht ´ne Mark Fuffzig übrig und die ganze Welt lacht sich über sie kaputt, nur wegen dem Gold. - Ja, WAS für... äh? - Das einzig Gute für diese Typen sei, dass die Medien generell ja mehr am Scheitern als am Erfolg dieser Jungs interessiert seien - Schlimm! - so dass man dann zumindest mit Hilfe des Geldes dieser Medienfuzzis über die Runden käme. - Ja, wenigstens etwas.

Tja, wenigstens DIESER Goldsucher wusste es besser. Schnee und Kälte hatte er ja schließlich in Washington schon genug - normalerweise schon ab Mitte November. Zwar nicht hier am Strand, aber trotzdem dreht es sich im Winter bei ihm nicht mehr ums Gold. Die Sonne, die drehe sich übrigens auch um irgendwas, was ja letztens herausgefunden worden sei und womit dann jawohl das mit der Erderwärmung erklärt wäre, die (voll normal) alle 50 Jahre auftauche. Und Vulkanausbrüche reinigten mit ihrer Asche übrigens die Luft, womit das ach-so-große Problem mit der Feinstaubbelastung ebenfalls erledigt wäre. Müssen halt einfach ein paar mehr Vulkane ausbrechen. No worries! (Tatsächlich. Ich war schon viel entspannter als tags zuvor. Hüstel.) Nur die Verpestung der Meere fand der Goldschürfer auch doof. Da sei wohl nix mehr zu retten.

Aber Menschenleben gerettet hatte der Goldschürfer auch schon, und zwar im Januar letzten Jahres. Dank seiner Initiative sind heute diejenigen Camper noch am Leben, die sich bei der von Ferne heran rollenden Sturmflut, die der Goldsucher auf irgendeinem Monitor gesehen hatte, noch nichtsahnend auf ihrer asphaltierten Parzelle direkt am Strand befanden. Diese Stellplätze seien dann weggespült worden. (Auslandende Handbewegung zum Beweis. Stimmt. Da war kein Asphalt.) Irgendwann werde sich die Natur auch den gesamten übrigen Campingplatz wiederholen, machte der Mann abschließend klar. Oh je. Abschätziger Blick auf das glitzernde Meer. Heute aber nicht. Heute bin ich safe. Wieder safe.

Von wegen, Entwicklungsroman!
OPHIR; OREGON

Anfangs hatte ich mir ja vorgestellt, dass dieser Road-Trip so eine Art „Entwicklungsroman" werden würde, also ein „Roman, in dem die geistige Entwicklung eines jungen Menschen im Konflikt mit sich selbst und seiner Umwelt dargestellt wird." (Ja, genau! Fand ich auch: Das klingt doch interessant! Ist mal was anderes.) In der Romanwelt ist der Held (in diesem Falle ich) auf Reisen und erlebt ganz viel - womöglich auch viel Negatives, damit er schön „in sich gehen" kann, um seiner Entwicklung eine andere Richtung zu geben. So viel zur Theorie.
Vor zweieinhalb Monaten hatte ich ja bereits den Wunsch geäußert, am Ende unserer Reise ein komplett anderer Mensch zu werden. Ich hatte mir gedacht, ich reise so rum, treffe hier und da nette Menschen (und womöglich auch mal wilde Tiere), reflektiere, stelle mich meinen Ängsten, reife in meiner zunehmend angstfreien Persönlichkeit und bin am Ende des Romans ganz „King of the Jungle". Happy End. Letzte Szene: Ina läuft mutig über eine Kuhwiese.
Nun wird es aber allmählich Zeit für einen Spannungsbogen, wenn das mit dem beknackten Entwicklungsroman noch was werden soll, denn das einzige, das sich in letzter Zeit hier entwickelt hat, ist der Wind selbst. Alter Schwede, das ging heute vielleicht mal zur Sache! War der starke Wind gestern Nachmittag in Humbug Mountain noch schaurig schön gewesen (so ein bisschen Hauke-Haien-am-Daich-mäßig... noch so´n „Held"), so fielen schon des Nachts dicke Tropfen auf unser Heki-Fenster. Beim Frühstück wurden wir dann regelrecht von den mächtigen Armen des benachbarten Nadelbaums von der Parzelle gepeitscht. So sah das jedenfalls aus, fand Edda. Unser Weg Richtung Süden führte dann wieder an der schönen Küste Oregons entlang. Herrlich, diese raue See, diese bizarren Wolkenformationen. Das alles passte auch ganz wunderbar zu den schwarzen Felsspitzen, die aus dem wilden Wasser rausragten und von Schaumkronen umspült wurden. Die Macht der Natur. Wunderschön!
Doch so allmählich wurde mir das böigen Rütteln an der Feuerwehr doch etwas ungemütlich. Die Stimmung kippte vollends,

als Stefan auf meine (noch muntere) Äußerung („Bei so einem Wetter möchte man aber nicht über diese 6-Meilen-Brücke von gestern fahren.") mit einem Blick auf das Navi und dem Satz „Die nächste Brücke kommt gleich" antwortete. Plötzlich war es wieder soweit. Starrer Blick, Schultern nach oben, Hände aufs Armaturenbrett. (Möchte mal wissen, woran ich mich dann immer festhalten will und was das bringen soll, wenn man von einer Böe ins Meer geschmissen wird.) Meine nervliche Situation war das überzeugende Argument, dass eine Weiterfahrt ausgeschlossen und eine Pause in der nächstbesten Stadt absolut angeraten war. Also ab auf einen Supermarktparkplatz, Internet abgreifen und abwarten.

Und schon ging die Post ab! In unserer (vermutlich besonders windanfälligen) Karre wurden wir nach allen Regeln der Kunst durchgeschüttelt. Und was knallte da oben auf unser Dach? Jetzt war es mehr so ein Poltern. Hin und her. Das war doch nicht etwa das Kanu? Ritsch, rutsch. Auf diese Weise wurden meine bereits reichlich angeschlagenen Nerven systematisch aufgerieben. Ein gehetzter Blick durchs Dachfenster: Nein, Liesel lag noch brav angeschnallt auf dem Dachgepäckträger. Unterdessen „fiel" kein Regen mehr - nein, er peitschte!

Stefan hatte mittlerweile vom Internet Gebrauch gemacht - schnell mal Knoten in Windstärken umrechnen - und - hoppla! - herausgefunden, dass genau in dem winzigen Örtchen namens Ophir, in dem wir vor dem Sturm „Schutz gesucht" hatten, Böen der Windstärke 9 gemeldet waren. (Ogottogottogott.) Kein gutes Wetter zum Weiterreisen, fand nun auch mein Mann. Statt dessen verließ er das sinkende Schiff, machte aus der Not ´ne Tugend und ging einkaufen.

Also nahm ich das Zepter in der Hand. Und brachte meine Panikmaschinerie auf Hochtouren. Ich sag ja: von wegen Entwicklungsroman! Dieser nervliche Totalausfall, den ich mir nachfolgend lieferte, wäre unter Literaturwissenschaftlern einstimmig als „Scheitern" interpretiert worden. Kaum hatte der Protagonist das Notebook zwischen die Finger gekriegt, hatte er schon - klickklickklick - die Unwetterwarnungsseite der Oregon-Küste aufgerufen und - siehe da! - eine astreine „Thunderstorm"-Warnung für das kleine Küstenstädtchen aufgetan, in dem wir uns gerade befanden. Mit 200 Puls und Schnappatmung verschwimmen zwar ein wenig die Buchstaben vor den Augen, aber dennoch konnte ich mit letzter Kraft entziffern, dass der (Oh Gott!) „schwere Gewittersturm" vor 10 Minuten in Humbug Mountain gemeldet worden war und sich (Oh nein!) auf direktem Wege zu uns befand. Da! Genau da (und zwar NUR da), wo wir uns gerade befanden, war dieser gelbe Leuchtfleck auf der USA-Karte. Gelb = schweres Gewitter = geringe Überlebenschancen. Das stand nämlich auch noch da (bzw. wurde von mir so interpretiert). Und Wohnmobilisten seien die am meisten Gefährdeten und Blitzeinschläge und deren Folgen noch immer eine der häufigsten Todesursachen in der Welt. Man solle sich in einem solchen Fall unbedingt im Haus aufhalten (unterstes Stockwerk). Folgerichtig mobilisierte ich meine Mädels: „Schuhe an! Jacken an! Wir müssen SOFORT das Fahrzeug verlassen!" Die beiden Ärmsten parierten aufs Wort. Die Frage „Dürfen wir Wauwi und Teddy mitnehmen?" wurde großzügig bejaht, die Frage „Werden wir jetzt für immer die Feuerwehr verlassen?" in gefasstem Ton mit glasigem Blick in die ungewisse Zukunft tapfer verneint.

In diesem Zustand fand uns Stefan vor, der sich - vom Einkauf zurückgekehrt - fragte, warum die Kinder die warmen Jacken anhaben, und spontan entschied, wieder das Ruder zu übernehmen - wohlgemerkt IM Fahrzeug. (Für ihn war keine Veranlassung zur Flucht gegeben.) In den folgenden Minuten starrte ich weiterhin gebannt auf den Bildschirm, um von dort aus die nächsten Kommandos hinsichtlich des bevorstehenden Weltuntergangs entgegenzunehmen, anstatt - wie die anderen - das zunehmende Aufklaren des Himmels durch die Fensterscheibe der Feuerwehr zu beobachten. Martha fand es aber ein bisschen schade, dass es nicht zu einer Flucht gekommen war. Am Abend schrieb sie in ihr Tagebuch: „Edda und ich fanden das richtig spannend, aber Papa hat uns verboten zu flüchten."

Immer ganz nah dran
WILLITS; KALIFORNIEN

Wenn man die Welt aus der Front- oder Seitenscheibe eines Feuerwehrwagens erlebt, dann ist man immer ganz nah dran. Und zwar sehr nah an dem, was draußen passiert, und häufig genug NOCH näher an dem, was drinnen passiert. Häufig genug fühle ich mich auf unserer Reise wie einer der Waschbären bei der Kindersendung „Paula und die wilden Tiere", die gerade durch das winzige Loch in den Holzkasten geschlüpft sind, um sich auf den kuscheligen Waschbärenhaufen zu legen. Das gilt insbesondere dann, wenn eins der Bärenjungen kränkelt und nur dann in den Schlaf findet, wenn der Maximalkörperkontakt erreicht ist und das kleine Näschen direkt in deine Nase atmet oder das offene München in unregelmäßigen Abständen winzige Tröpfchen in dein Gesicht hustet. Wer so ´nen viralen Sprühregen überlebt, der ist für alle Eventualitäten des Lebens gewappnet. Wer außerdem noch die ausgeniesten Schnecken aus dem Bett geklaubt hat und im Halbdunkel das Ausmaß der Schleimspuren auf Kissen und Bettdecke ertastet hat, der ist vor nix mehr fies.

Eine Waschbärenmutter zu sein, ist zu 90% schön, wenn nicht gar wunderschön. Heute Morgen jedoch hätte ich mir meine Familie am liebsten mit Handkantenschlägen vom Leib gehalten. Einfach nur, weil sie da waren? Weil sie die gleiche Luft geatmet haben wie ich? Watt weiß ich, was in meinem Spatzenhirn so vor sich geht, wenn zu lange zu viel Regen gegen die Frontscheibe gepladdert und zu lange zu wenig Frischluft durchs Seitenfenster reingekommen ist. Zum Glück war dieser „Lagerkoller light" nach ´ner halben Stunde vorbei und ich war wieder „normal" - jedenfalls normal genug, um unsere Tour durch die Redwoods fortsetzen zu können.

Waren die Douglasien auf Vanouver Island, die wir mit meinem Papa schon mauloffen bestaunt hatten, schon wahre Baumriesen, so sind die „Redwoods", an denen wir in den letzten drei Tage immer mal wieder vorbeigefahren waren, regelrechte Giganten. Jede noch so prachtvolle deutsche Eiche würde sich in deren Umgebung als niedlicher Bonsai ausmachen. Mit bis zu

2000 Jahren sind die Redwoods zwar nicht die ältesten Bäume der Welt, aber mit über 370 Füßen Länge (sorry, aber die rechnen hier so) sind sie auf jeden Fall die Größten.

Aus dem Auto heraus sieht man leider tatsächlich nur die Füße dieser riesenhaften Exemplare, also wollten wir gestern mal ganz nah ran an so´nen Baum, um von dort von ganz weit weg einen der Nachbarriesen in voller Größe bestaunen zu können. Mensch, wenn du sprechen könntest, du Baum, dann könntest du alles erzählen, was du in den letzten 2000 Jahren so erlebt hast. Von den Sinkyone-Indianern, die schon durch deine Wälder gestreift sind. Von den Siedlern, die vor gut 150 Jahren hierher kamen und deine Kollegen gefällt haben (und die Indianer gleich dazu). Von den Guten, die immerhin noch ein paar Hektar uralten Wald retten konnten, indem sie diesen Nationalpark gegründet haben. Tja, du hast ´ne Menge zu erzählen, mein Freund! Ich hab aber auch schon einiges erlebt in letzter Zeit, das kann ich dir sagen. Dieser Sturm, der da letztens getobt hat... Mann Mann Mann... Was sachste? Sturm haste auch schon erlebt? Ja klar, das glaube ich, hier liegen ja auch ein paar Kollegen recht platt im Farn. Ach, Hochwasser auch? Du standst quasi knietief im Wasser? Uiuiui. Und was ist mit Feuer? Wie, gebrannt hast du auch schon? Ach deshalb biste so schwarz umme verknorpelten Beene! Bist wohl nicht kaputt zu kriegen, wa? Schön, dass du dabei so ruhig bleiben kannst. Beneidenswert. Vielleicht sollte ich mir mal ´ne Scheibe von dir abschneiden. Hey hey, war nur Spaß! Relax! Hier wird nicht mehr rumgesägt. Die Zeiten sind doch jetzt vorbei! Also nix für ungut. Mach´s gut, Alter! Muss weiter. Der Wagen muss rollen.

Vor der Weiterfahrt jedoch musste ich schnell noch vor einem Rehbock flüchten, dem wir zu nah gekommen waren und der seinerseits vor Stefan und seiner Kamera geflüchtet war - und zwar geradewegs in den Fluss hinein. Wahrer Schwimmkünstler, der er überraschenderweise war, kämpfte er erst ein bisschen gegen den Strom an, um sich dann schön mit der Strömung in sichereres Terrain treiben zu lassen. Leider war Stefan nicht so nah dran am Tier wie er gerne wollte, da man die Redwoods schließlich nur mit ´nem Weitwinkelobjektiv drauf kriegt. Ärgerlich.

Nachmittags wurde der Winkel unserer Perspektive auf die Baumriesen dann zunehmend weiter, je mehr wir uns in südlicher Richtung von ihnen entfernten und schlagartig in komplett andere Vegetation und warmes Nachmittagslicht eintauchten: knorrige braun-gelbe, mit hellgrünen Flechten behangene Eichen, gelb-graues Gras, blauer Himmel - HERRLICH! Der schreckliche Rauch, der die Landschaft seit Monaten großflächig verschmutzt hatte, war wohl von demselben Regen weggewaschen worden, der auch die verheerenden Feuer in Kalifornien gelöscht hat. ENDLICH! A) hatten die ja schließlich schon genug Schaden angerichtet und b) gehörten die Brände nun wirklich nicht zu den Dingen, denen wir nahe kommen wollten.

Die Rüssel-Oschis
SAN SIMEON; KALIFORNIEN

Dass es in Kalifornien keinen Regen gibt, ist ein Ammenmärchen. Dass es an der Küste wechselhaft ist, ist dagegen ein Euphemismus. Was heißt „Schietwedder" auf Englisch? Während unserer wind-wackeligen Fahrt auf dem berühmten Highway #1, einer abenteuerlich kurvigen und herausfordernd hügeligen Straße an der Küste entlang, plästerte es wie aus Kübeln, peitschte der Wind den Regen über den Asphalt, verdunkelte sich der Himmel bedrohlich, um hinter der nächsten Straßenecke für die Dauer von Sekunden den Blick auf ein blendendes Sonnenloch in der Wolkendecke freizugeben. Der reinste Wahnsinn!
Das fand auch Stefan hinsichtlich der Motorleistung unserer Feuerwehr. „Wir sind das LANGSAMSTE Auto ganz Nordamerikas!", fluchte er, nachdem ich ihn dabei erwischt hatte, wie er mit ruckartigen Bewegungen seines Oberkörpers versuchte, Anschwung zu geben. Mit saurer Miene träumte er im Stillen vom Mustang Fastback, der hinter einem Dodge Charger her durch San Francisco jagt und dabei über die steilen Straßenkuppen fliegt. (Acht Minuten. Kein Gelaber. Nur Motorengeräusche.) Diese längste und angeblich berühmteste Verfolgungsjagd aus den 80ern ist seiner Meinung nach wahrscheinlich das

122

Beste, was San Francisco zu bieten hat. Zumindest war bei der Betrachtung dieses Filmchens zum ersten Mal wieder Leben in meinen Mann gekommen, nachdem er den Besuch der Stadt mehr oder weniger grummelig über sich ergehen gelassen hatte. Jedenfalls wünschte er sich in diesem Moment auch „ETWAS mehr Dampf unter der Haube", während er zum 100sten Male in die nächste Straßenbucht einbog, um der langen Autoschlange hinter uns Platz zu machen. „Du siehst hier nicht EIN Auto unter 2,8 Litern Hubraum unter der Haube! Und wir hampeln mit 6,5 Tonnen und 'nem Motor mit der Leistung eines Kleinwagens durch die Landschaft."

Doch unsere Lage sollte sich schon nach 40 Meilen schlagartig ändern. Mitten auf der Panoramastrecke meinten wir aus den Augenwinkeln heraus ein Hinweisschild erblickt zu haben: Straßensperrung in 20 Meilen. Keine Umleitung. Upsi. Doch wir „kesselten" unbeirrt weiter und hatten schon nach kurzer Zeit den Highway für uns. (Aaah.) Und - Oh! - 20 Meilen weiter einen „Zwangsstellplatz" mit exponierter Lage. Eine willkommene Pause zum Adventskranzbasteln, pragmatisierten wir gelassen. Und schon am nächsten Morgen erlebten wir das absolute Highlight unserer bisherigen Reise: die See-Elefanten! Denn der Highway war wieder offen, der Himmel wieder blau und die größten aller Robben schon vor uns da. Glücklicherweise auch die männlichen Rüssel-Oschis, die normalerweise erst im Dezember von ihrer neunmonatigen Fischfang-Saison zurückkehren, um erneut auf Weibertour für ihren Harem zu gehen.

„Ich gehe demnächst auch mal neun Monate auf die Walz", sinnierte Stefan. „Ja genau, um danach 200 Weiber zu begatten. Dream on, Alter!" Diese Aussicht schien meinem Mann jedoch genauso wenig erstrebenswert wie dem Weibchen, das gerade vor dem recht unentschlossen, aber dafür umso schwerfälliger heran robbenden Bullen davon wubbelte (Anschwung mit dem Oberkörper, ähnlich wie bei Stefan). „Mensch Dicker, ich bin doch noch schwanger, geh mir weg!", sollte ihr Schnauben wohl deutlich machen. Edda schien das Wort „begatten" wohl zu kompliziert und nannte es darum „beweibern". Genau: erst müssen sie sich „bewerbern", indem sie sich mit anderen Rüssel-Bullen nach allen Regeln der Kunst kloppen, derweil die Damen kopfschüttelnd ihre Babys kriegen, und DANN erst werden die Damen beweibert. Schön der Reihe nach: die Schönste zuerst, die Dünnste zuletzt.

Den Anblick dieser enormen Tiere mussten wir uns allerdings regelrecht erarbeiten - von wegen Aussicht direkt vom Parkplatz aus, wie im Reiseführer beschrieben. Gegen den Wind und gegen alle Erwartungen, hier noch irgendein Meerestier in der komplett menschenleeren Landschaft zu Gesicht zu kriegen, kämpften wir uns den langen Pfad entlang. Dort hatte man den erstaunlich intensiven Geruch von Fenchel in der Nase und - beim Anblick der Riesenwellen - einen Hauch von Salzwasser auf der Zunge. Aber der anstrengende Fußmarsch war die Mühe wert, denn das, was Stefan enttäuscht für Felsen oder Baumstämme gehalten hatte, waren von nächster Nähe diese etwas träge am Strand liegenden Fettleiber.

Unter Brunftkämpfen hatte ich mir jedoch etwas anderes vorgestellt. Selbst ich hatte in Bezug auf Balztanz seinerzeit Spektakuläreres geboten bekommen als die müden Mädels, die sich hier zu einem großen Haufen zusammengeschmissen hatten, um gemütlich auf ihre Niederkunft zu warten.

Erst nach der Mittagspause und bei der Weiterfahrt hatten wir dann im Handumdrehen den im Reiseführer beschriebenen zweiten Parkplatz gefunden - und zwei Schritte weiter die andere See-Elefanten-Kolonie, die zwei Handbreit unter uns fett im Sand lungerte. Diesmal wehte ein anderer Wind im tummeligen Freiluftgehege, denn da hatte doch tatsächlich gerade ein Alphatier ein Betatier gebissen. Und auch in unsere Nasen wehte hier ein anderes Lüftchen, mehr so ein Zootiergestank mit dem Schwerpunkt „Mundgeruch" - aber nur, wenn einer der Oschis sein Maul zu weit aufgemacht hat.

Alter Schwede, das ist aber nicht sehr damenhaft anlockend, liebe Elefantendamen, wollte ich gerade anmerken, als es mir selbstkritisch wieder einfiel: Wer im Schlachthaus sitzt, soll nicht mit Schweinen werfen. Und wie es in das Maul hineinruft, so rülpst es heraus.

7. *Licht und Schatten* - die Wüsten im Südwesten

„I wanna know, have you ever seen the rain comin' down on a sunny day? (Creedence Clearwater Revival)

Gestrandet

QUARTZSITE; ARIZONA

Es fing bei unserem Aufbruch von der Küste Richtung Landesinnere damit an, dass die Landschaft immer mehr zu der wurde,
die man sich als Kulisse für einen Wild-West-Film vorstellt. Es
gab immer weniger Bewuchs, nach zunächst hügeliger Landschaft nur noch ebene Wein-Anbaugebiete, gefolgt von unzähligen Ölpumpen, zuletzt nur noch trockene Erde mit stacheligen
Büschen und Berglandschaft als blasse Ahnung in der Ferne.
Stefans Herz schlug immer höher je mehr folgende Faktoren
des Trucker-Glücks erfüllt wurden: Gerader Highway, kaum
Steigung, Landschaft mit viel Weite und hochglanzpolierte
Trucks mit Schnauze. „SO muss ein LKW aussehen!", strahlte
er. „Hier könnte mir „Nobody" entgegen kommen!" - „Welcher
Nobody?" - Rollende Augen. (Naja, du weißt da vielleicht besser Bescheid als ich.)
Auf dem Straßenmarkierungspfahl, neben dem wir zwei Tage
später links eingeschert waren, um unsere Nacht zu verbringen,
stand es dann schwarz auf weiß: Wir befanden uns an der
Grenze zur Wildnis. („boundary to wilderness") Gefühlt hatten
wir diese Grenze auf unserer Route Richtung Osten zwar schon
mehrfach überschritten, doch jetzt war es offiziell. Wir waren
ganz allein, mitten im Nirgendwo der Wüste Mojave. Außer der
Beleuchtung meines Computers sah man original NICHTS.
Krass.
Auf dem Weg nach Arizona philosophierten wir über die Schönheit dieser weiten Landschaft. Vielleicht vergleichbar mit La
Mancha in Spanien? Hmm. Nee. Nicht wirklich. Aber was daran
erinnerte, waren die Schattenflecken, die die vereinzelten Wolken auf der ebenen Landschaft hinterließen. Licht und Schatten: die Metaphern der letzten Tage.
Was haben wir nicht alles schon gesehen! 16000 km weit hat
uns unsere treue Feuerwehr bisher schon durch die Landschaft
gezockelt und uns dabei stets daran erinnert, dass Reisen das
Gegenteil von Hetzen ist. Gut gewartet, gut gepflegt, gut in
Form - so hatten wir vor fünf Monaten voller Vertrauen in unser
altes Mobil die Reise angetreten. Zur Not würde man auch auf

dem fernen Kontinent Amerika an Ersatzteile drankommen, so die Devise. „Das einzige, was uns nicht passieren darf, ist, dass die Frontscheibe kaputt geht", hatte Stefan kurz vor der Abreise gesagt, „denn da ist schon in Europa schlecht dranzukommen." Das hätte er lieber nicht sagen sollen, denn das einzige, das uns im schattigen Sektor der Reiseüberraschungen namens „Autopannen" passieren musste, war ein Riss in der Front-scheibe. Gestern gemerkt. Heute ist es schon ein fieser langer Riss von ca. 20 Zentimetern. „Reparatur zwecklos!", nahm man uns im nächsten Ort nach der Ausfahrt aus der Wüste Mojave jede Hoffnung. Eine dunkle Wolke warf ihren Schatten auf unsere illustre Reisegruppe.

Dabei hatten wir doch gerade so schöne Tage hinter uns - wenn auch in Wahrheit wolkenverhangen und sogar regnerisch (und das in der Wüste!), so doch umso heller auf der Skala der Stimmungsmetaphorik. Erst die Gute-Laune-Vorfreude auf Marthas Geburtstag in der Silberminen-Geisterstadt Callico-Ghost-Town, dann das spektakuläre Schauspiel einer untergehenden Sonne in der Wüste Mojave, unsere Wanderung auf die riesige Sanddüne, das amerikanische Äquivalent zu Schokoladenniko-läusen in den sandigen Cowboystiefeln und schließlich die Wiedersehensfreude mit Juan, dem spanischen Hamburger, der reisebegeisterten Frohnatur, dessen Zickzackweg durch Nordamerika den unsrigen nun schon zum dritten Mal gekreuzt hat. Und jetzt sowas!

So nett die Frau am Telefon auch war, der Anruf beim Autoteile-Lieferanten mit Spezialgebiet „Europäische Autos" war wenig erfolgversprechend, da die VIN-Nummer unseres Fahrzeuges nicht 17 Stellen und keinen einzigen Buchstaben aufweist. Da kann der Computer dann nichts machen, denn: Unsere Karre ist zu alt für den „neuen Kontinent".

Liegt es an der Sonne in Arizona, die schon morgens so hell in mein Gesicht strahlt, weil Stefan lüftungsfetischistisch die Heck-klappen geöffnet hat? Liegt es daran, dass ich bei wolkenlosem Himmel keinen Wolkenschatten auf der Landschaft sehe? Wie auch immer. Ich bin trotz allem guter Dinge. Stefan, wie hieß nochmal der Typ, den du da aufgetan hast? Die einen nennen ihn einen „Windschutzscheibenfachmann", die anderen nennen ihn einen „Zauberer". „Windshield Magic" steht auf seiner Visitenkarte. DAS ist unser Mann! Seine Wirkungsstätte: Quartzsite, ein winziger Ort im Nirgendwo.

Auf unserem Weg durch Nordamerika waren wir extrem vielen Menschen begegnet, die - wie wir - in ihrem Wohnmobil wohnen. Doch nie waren es so viele auf einmal wie hier „in the middle of nowhere" im Westen von Arizona. Im Sommer leben hier gerade mal 3000 Menschen. In den Wintermonaten klettern die Zahlen der aus allen Himmelsrichtungen heranströmenden Schneeflüchtlinge auf bis zu eine Million. Sie werden augenzwinkernd „Snowbirds", also „Schneevögel" genannt. Doch augenscheinlich ist es bei vielen Besuchern nicht nur das Klima, sondern auch das geringe Budget, das sie aufs „BLM-land, also auf eine der kostenfreien, weil landschaftlich nicht nutzbaren Fleckchen Erde zieht. Mehr Steine als Erde, würde ich mal sagen, durchsetzt mit struppigen Kakteen in Tarnfarbe. (Vorsicht, Stefan! - Autsch!) Das Tragen von Flip-Flops ist hier jedenfalls nicht angeraten.

Quartzsite besteht eigentlich eher aus einer Aneinanderreihung von preisgünstigen Campingplätzen, Camping-Pit-Stops, Camping-Einrichtern oder Wohnmobil-Reparatur-Zelt-Werkstätten sowie einem riesigen Zelt-Flohmarkt, wo ohne Ende Konservendosen mit überschrittenem Ablaufdatum angeboten werden. Auf dieser riesigen trockenen Fläche am ausgetrockneten Flussbett, wo wir theoretisch bis zu zwei Monate campen dürften, ohne auch nur einen Cent zu zahlen, sind die verschiedensten Wohnkonzepte ausgestellt. Direkt neben uns: Das auch in Kanada von uns schon mehrfach mauloffen bestaunte Luxusmobil mit vielfach ausfahrbaren Seitenmodulen plus Kleinwagen, der beim Reisen noch hinten dran gebunden wird. Schräg gegenüber: Der zerbeulte, hier und dort mit Klebeband notdürftig reparierte Kombi mit offener Kofferraumklappe und flachem Anhänger, so dass mittels einer provisorisch darüber gespannten blauen Plane der „Wohn- und Schlafbereich" vergrößert werden kann. Die schlafen doch nicht im Ernst da im Anhänger auf diesen Matratzen? Doch, das tun sie. Und das scheinbar schon seit geraumer Zeit.

Nenn es Reisen, Life-Style oder „Van Life" - fest steht: Die Amerikaner sind uns mal wieder einen Schritt voraus, denn hier gibt es das schon lange, das „Van Life", wie wir herausgefunden haben. Wieder andere nennen es auch „Vehicular Homeless" - hier in Quartzsite ist die Grenze auf jeden Fall fließend. Der Begriff „Fahrzeug-Obdachlosigkeit" wird in Amerikas Westen häufig im Zusammenhang mit den hohen Arbeitslosenzahlen und der Arm-Reich-Schere in Los Angeles genannt, während in Las Vegas mitunter die Kanalisation, also der buchstäbliche Untergrund, als Lebensraum bevorzugt wird. (Angeblich leben dort 5000 Menschen unter der Lichterstadt. Unfassbar!)

Mit Life Style hat das Ganze natürlich genauso wenig zu tun wie mit dem „American Dream". (Oder vielleicht doch?) Ich wusste auch keine spontane Antwort auf Eddas Frage „Sind das da hinten Hippies?" (Tja... noch so eine fließende Grenze.) Schlurfenden Schrittes trug auf der anderen Straßenseite ein mittelalter Mann ein Pappschild mit Aufschrift „Looking for work" durch die Gegend. Mit zahnlosem Lächeln winkten uns unweit davon zwei Obdachlose schwer schätzbaren Alters freudig zu, während sie ihre Habseligkeiten in zwei Einkaufswagen vor sich her schoben. Da steckte doch tatsächlich eine Amerikaflagge im Wägelchen.

Eindrücke sammeln. Erinnerungen aufschreiben. Sonne tanken. Kakteen fotografieren. Mit den Kindern auf Entdeckungsreise gehen. Alte Fahrräder aus dem Flussbett bergen. Nette Menschen treffen. Und dann irgendwann weg hier! Der Ort zieht mich allmählich runter.

Zurück auf Anfang: Einer von diesen netten Menschen ist Jeff, der uns mit seinen „Windshield Magic"-Zauberkräften aus der Windschutzscheiben-Misere heraushelfen soll, nein: WIRD! Ich glaube an ihn - was bleibt mir anderes als der Glaube? (So geht es hier in Amerika wohl vielen, schießt es mir gerade durch den Kopf. Der Glaube an Gott und an ihr Land - beides irgendwie verstrickt - ist für die Amerikaner scheinbar ein wichtiges Lebenselixier, das sie trotz allem antreibt, ihren Bretterverschlag auf dem rostigen Pick-Up namens Zuhause im rot-weißen Streifen-Design mit ein paar weißen Sternen auf blauem Grund anzupinseln und „God bless America" darüber zu sprayen.)

Jedenfalls ist unsere letzte Hoffnung namens Jeff gerade zurück gekommen. In Nullkommanix haben sich sein vollbärtiger Nachbar und dessen Kumpane vom Laden nebenan zu uns gesellt. (Silberschmuck und sonstiges Gedöns) „Wenn es einer kann, dann er", macht der Bärtige mir Mut, während Jeff per Mobiltelefon versucht herauszufinden, wie weit seine Kontakte reichen, um an ein besonders seltenes europäisches Modell einer Autoscheibe heranzukommen. Der Silberschmied raunt mir zu, sich einmal eine Zeitlang ganz intensiv mit Deutschland auseinandergesetzt zu haben. Der Anlass seiner „researches"? Hitler. Waffen. „I like it", gibt er verschwörerisch lächelnd und im Flüsterton bekannt. (Uaah…) „Ein dunkles Kapitel der deutschen Geschichte", wage ich zu bedenken. „No, it´s okay", versucht er mich zu trösten. (Äh. Dauert das wohl noch lange, Stefan?)

Mittlerweile hat ein uralter silber-glänzender UPS-Wagen neben uns gehalten, um Teil der Versammlung zu werden: Dabei handelt es sich allerdings nur sekundär um einen Transporter und primär um ein Wohnmobil - bestückt mit unzähligen Dekorationsobjekten in den Fensterscheiben und einem weißbärtigen Hippie (oder Ähnlichem) am Steuer. Gemeinsam fiebert unser stetig wachsendes Grüppchen dem Ausgang des Telefonats entgegen, denn - ach ja - wir waren ja wegen der kaputten Windschutzscheibe so fröhlich zusammengekommen. „Is it an old fire truck?", gibt Jack die Frage seines Gesprächspartners am anderen Ende der Leitung an Stefan weiter, der hoffnungsvoll bejaht, gefolgt von der Laudatio des waffenbegeisterten Bärtigen: „Siehst du! Der Jack kennt sich aus!" (Na dann…)

Aber auch für den Magier unter den Fachmännern schien unser Problem eine echte Herausforderung zu sein. Für ihn sah es so aus, als wäre unser Fahrzeug „das einzige seiner Art in Amerika". Trotzdem versprach er, noch einige Telefonate zu führen und alle Hebel in Bewegung zu setzen, um uns zu helfen. Geduld, Geduld. Doch ein seltsames Gefühl, hier unfreiwillig festzusitzen, macht sich zunehmend unangenehm in uns breit und wird mit Bastelaktionen und dem Bewundern von astreinen Sonnenuntergängen zu bekämpfen versucht.

Daniels Hund Kaylee führt seinen Reisebegleiter an der Leine an unserer Feuerwehr vorbei, wir kommen ins Gespräch, ein weiterer Campingstuhl und ein weiteres Glas Wein ist schnell bereitgestellt. Was war sein Antrieb für einen Besuch in Quartzsite? Bei ihm war es die Flucht vor dem Rassismus im Norden von Amerika. (Ach was! Wirklich?) Dort, in der Nähe von Boston, hatte er in den letzten drei Jahren für eine Non-Profit-Organisation im Bildungssektor gearbeitet, doch - einer der „guten" Nebeneffekte von Trump - seit seinem Wahlsieg komme nun ganz offen ans Licht, was bis dahin eher versteckt worden sei. Jetzt würden sich die Leute ermutigt fühlen, ihren Rassismus ganz offen auszuleben, so seine Feststellung. Gepaart mit der Devise „keine Winter mehr" habe er sich kurzerhand mit seinem kleinen Wagen und Wohnanhänger auf den Weg Richtung Süden gemacht.

„Dieses Land ist in keinem guten Zustand", war die Bilanz dieses Lehrers, der früher mal in Kambodscha gelebt hatte. Abgesehen von seinen sehr erhellenden Berichten, auch von geplatzten amerikanischen Renten und armen Rentnern, die sich mit Hilfe von Niedriglohnjobs über Wasser halten müssen, kannte er sich auch sehr gut aus im aktuellen Tagesgeschehen. Von ihm erfuhren wir, was derzeit an der Grenze zu Mexiko abgeht. Vor lauter Disconnection, Einhorn-Hörspielen und Rissen in der Scheibe hatten wir es in letzter Zeit leider versäumt, uns nachrichtentechnisch auf dem Laufenden zu halten. Hatten wir auch nur ansatzweise in Erwägung gezogen, Mexiko in unsere Weltenbummlerpläne einzubinden, so haben uns die Berichte von Tränengas-Angriffen auf südamerikanische Geflüchtete im Grenzgebiet, Trumps Drohung die Grenzübergänge gänzlich zu schließen, zusätzlich zu den sowieso stetig zunehmenden Unruhen im gesamten Land nun gänzlich davon überzeugt, dass es auch in den USA genug für uns zu sehen gibt. Nicht auszudenken, mit welchen Problemen wir uns konfrontiert sehen würden, wenn wir zwar nach Mexiko ein-, aber plötzlich nicht mehr ausreisen dürften!

Was mich an dem Gespräch anfangs irritierte, war, dass Daniel immer von „wir" sprach, wenn er von seiner (Lebens-)Reise erzählte, und ich zuerst eine weibliche Begleitung im Wohnwagen vermutete. Je öfter jedoch der Hund auf seinen Schoß sprang, sich ein Küsschen einforderte oder anderweitig durch nervöses Knurren auf seine Bedürfnisse aufmerksam machte, desto klarer wurde mir, dass wir es hier mit dem Modell „der Mann und sein Hund" zu tun hatten. Völlig ungewiss, wo er nun für die nächsten Jahre seine Zelte aufschlagen sollte, schien er bis auf Weiteres hier in Quartzsite gestrandet zu sein. Freiheit, Ungebundenheit, Ungewissheit - plötzlich eine traurige Vorstellung. Stefan, ich will hier weg! Bitte bitte bitte, lass uns morgen eine Frontscheibe organisieren (oder auch nicht) und dann auf zum Reiterhof. Ich brauch jetzt Spiel, Spaß und keine Spannung, dafür aber viel Wind im Haar, notfalls von vorne.

Western-Kulissen

Wie viele Synonyme kennt Thesaurus für den Begriff „sich nicht unterkriegen lassen"? Wir lebten jede Nuance von ihnen aus, während unsere Route uns durch ebenes und kakteenreiches Gebiet immer weiter gen Osten führte. Die Sonne, die Sonnenuntergänge vor schwarzem Kakteen-Scherenschnitt, das Kojotengeheul am Morgen, der ausgelassene Spaziergang durch die Kakteenlandschaft, die lustigen Löcher im Erdboden, die gute Laune insgesamt. Wer sind wir denn, dass wir uns von einem Sprung in der Schüssel - äh Scheibe - aus der Bahn werfen lassen. Pah!
Am Ende hatte Stefan auch dieses Problem mit den gleichen Mitteln gelöst wie eh und je: Panzertape drauf und fertig war die Glasfront. Also alles halb so wild und alle wieder happy. Die Kinder freuten sich auf die Reitstunde im Wilden Westen. Der Mann freute sich auf den riesigen Flugzeug-Friedhof im Osten. Und ich freue mich über die Sonne - egal aus welcher Richtung sie kommt. So einfach ist das mit mir!
Den Tipp, unsere Reise gen Tuscon fortzusetzen, hatten wir von dem Waffen-Freak aus Quartzsite. Nachdem wir uns vorgestern vom Windschutzscheiben-Magier verabschieden wollten, der aber nicht da war, wir also zu seinem bärtigen Silberschmied-Nachbarn reingespäht hatten, kriegten wir erst einmal eine medial gestützte Einführung in die reiche Fauna der Sonora-Wüste. Stolz präsentierte der Bärtige mittels Smartphone seine vor kurzem selbst erlegte Beute: Diese Schlange hatte ausgeklappert. Mit einem von Coolness triefenden angedeuteten Schuss aus der Hüfte erlegte er sie daraufhin noch einmal für uns, wenn auch nur gestisch („Pamm!") - mauloffen bestaunt von unseren Mädels, die sich sodann wieder ganz dem begeisterten Wühlen in den Price-Dumping-Kisten widmeten. In Tucson sollten wir unbedingt diese Film-Studios besichtigen, in denen er auch schon diverse Male als Cowboy angeheuert worden war. (Warum bloß wunderte mich das nicht?)
Statt der Studios haben wir uns jedoch zuerst die Klapperschlangen angeguckt, diesmal allerdings die lebenden, diese

wiederum aber nur hinter einer schützenden Glasscheibe. Derart auf die hiesigen Gefahren eingestimmt, kamen die Mädels am Abend „Iiiih!" und „Hiiilfeeee!" schreiend vom Waschhaus zurück, ihre Zahnbürsten noch unverrichteter Dinge in ihren Händen, denn soeben hatten sie eine dieser haarigen Spinnenbeinen im Händetrockner erspäht, die sie am Morgen noch im „Arizona Sonora Desert Museum" von Tucson gesehen hatten. Hatte ich mich bei unserem Spaziergang durch die Kakteenwüste noch gefragt, warum da so viele kleine und große Löcher im Erdboden waren, so wurde mir dann doch etwas mulmig, als ich sah, wer diese Erdlöcher bewohnt. Kleine Löcher = Skorpione, Tausendfüßler, Taranteln, schwarze Witwen und kleinere Schlangen. Große Löcher = Klapperschlangen, Krustenechsen und Stinktiere.

Zum Glück werden wir ja von stolzen Wächtern mit Knubbelnasen bewacht, die hier zu Tausenden um uns herum stehen und darauf aufpassen, dass uns nichts passiert. (So sehen sie jedenfalls aus, diese Saguaros, also die Riesenkakteen, die bis zu 15 Meter steil nach oben wachsen und erst ab einem Alter von 70 Jahren Seitenarme kriegen.) Vorsichtshalber ermahne ich die Kinder trotzdem, ihre Finger nicht in die Erdlöcher zu stecken - weder in die großen noch in die kleinen. Sicher ist sicher.

Wenn ich Westernfilm-Produzentin wäre, so hätte ich mich auch für diese Kakteen als Kulisse entschieden, doch liegt mir wohl kaum etwas ferner als das. Soeben haben wir uns nämlich medial auf die morgige Besichtigung der Film-Studios eingestimmt: Glotze gucken. Mc Lintock. Eine harmlose Westernkomödie aus dem Jahre 1962 mit John Wayne, die genau hier gedreht worden war. Für mich war dieser Schinken allerdings harter Tobac, weil ich a) den unvermeidlichen Faustkampf- und Schießszenen nichts abgewinnen kann und b) irgendwie vergessen hatte, welche Werte in den 60er Jahren dem Publikum vermittelt wurden. Ja ja, Stefan, ich weiß, es war „eine KO-MÖ-DI-E"! ABER: Ein Plot, bei dem der anfänglich zickigen Frau erst mit Hilfe einer Bratpfanne die Manieren beigebracht werden müssen, damit sie dem Typen, der sie zuvor Whiskey-begünstigt nach allen Regeln der Kunst verdroschen hat, final willig in die Arme sinkt, bedarf doch einer etwas längeren Nachbesprechung. Komödie hin oder her, aber da hab ich keinen Humor. - Gähn. - Ist ja gut, Stefan, dann geh halt schon mal ins Bett. Ich muss mich noch ein bisschen nachgruseln.

Dafür bin ich genau am richtigen Ort. Ich sag nur: KOA. Offiziell eine Campingplatz-Kette, inoffiziell - zumindest hier in Tucson - eine Art Altersresidenz der Reichen. K.O.A. - wofür könnten diese drei Buchstaben stehen? Rückwärts begonnen steht das A für absurd: absurd viel Geld für abartig wenig Angebot (die aberwitzig vielen Toploader-Waschmaschinen mit außergewöhnlich wenig Waschleistung mal ausgenommen). Eigentlich handelt es sich - abgesehen von diversen Gimmicks für die vierbeinigen Familienmitglieder, die hier z.T. sogar in Form von Riesenabziehbildern auf der Wohnmobil-Seitenwand verewigt wurden (kein Einzelfall!) - nur um eine geteerte Fläche mit riesigen geschotterten Parzellen in hoffnungslos unattraktiver Lage. Was.Will.Man.Hier?! (Jetzt mal abgesehen von Internet abgreifen und Wäsche waschen.)

Das O steht auf jeden Fall für „Oberspießer" oder auch „Oberschicht", denn außer unserer kleinen Feuerwehr und einem verirrten Sprinter stehen hier NUR die hochglanzpolierten Riesenwohnmobile ab 15 Metern Länge und 400.000 Dollar Kaufpreis (für einen Gebrauchten, versteht sich) mit mehrfach ausfahrbaren Modulen PLUS 4x4-Pick-Up UND kleinem Golfwägelchen, damit Mutti sich auf dem Weg zum Toploader nicht die Füße platt latscht.

Das K steht euphemistisch ausgedrückt für „konservativ", in Bezug auf unseren Nachbarn schräg gegenüber zusätzlich noch für „Kotzbrocken". Eigentlich wollte ich nur noch schnell ein paar vergessene dreckige Handtücher zum Waschsalon nachtragen, aber der alte Mann hielt mich auf, weil er wissen wollte, mit wem er es hier zu tun hatte. Nach drei Minuten wusste ich, dass ER übrigens kein Freund des Kommunismus sei (Aha. Auch schön. Wie waren wir nochmal darauf gekommen?), allerdings ebenfalls deutsche Vorfahren habe. (Hmhm.) Nachdem ich ihm meinen detaillierten Abstammungsrapport leider verweigert hatte, nahm er aufgrund meines äußeren Erscheinungsbildes zur Kenntnis, dass ich auf jeden Fall „Arierin" sei. (Wie bitte?) Nur ein kleiner Scherz. Wegen Hitler uns so. (Und WIEDER hatte man meinen Humor nicht getroffen.) Zum Glück erinnerte ihn in diesem Moment seine falsch lächelnde Frau säuselnd daran, dass ich doch eigentlich auf dem Weg zu den Waschmaschinen war: „Let her do the wash!"

Genau! Let me verdorri-nommol jetzt mal do my wash. Es ist ein Klischee, ich habe keine Beweise, man guckt den Leuten nur vor den Kopp und noch nicht einmal durch die getönten Scheiben in ihr Eigenheim (Haben die was zu verbergen? Gucken die abends schlimme Filme? Wird Mutti bei Einbruch der Dunkelheit übers Knie gelegt?), aber ich hatte sofort ein fertiges Bild von diesen Leuten in ihren Plüschsesseln, proudly surrounded by Eiche rustikal: So sehen sie aus, diese, diese... Dabei soll man doch keine vorschnellen Urteile fällen, Mensch! Schon gut, schon gut. Das Bild, was ich mir von diesen Menschen nicht hätte machen sollen, war eh ein sehr hässlicher alter Schinken. Dass wir ein Störfaktor waren, war auch dem Nachbarn zur Rechten bereits aufgefallen, der uns stereoptypengerecht (Pfui! Soll man Vorurteile haben?) in die Liga der „Hippies" einordnete, die beim „Burning Man Festival" sicher besser aufgehoben wären als hier. Schon die Tatsache, dass wir unsere Oberbetten zum Auslüften draußen über den Campingtisch gelegt hatten, war für ihn ein glasklares Indiz dafür, dass wir, wenn schon nicht vom Mond, dann doch sicherlich aus Europa kommen mussten, denn „hier machte man sowas nicht". Wir hatten verstanden: Weder passten wir denen in den Kram noch hier ins Bild.

Also suchten wir uns so schnell wie möglich eine andere Kulisse für unser Hippiemobil, und zwar mit dem größtmöglichen Kontrastprogramm. Ich sag nur: R.Ü.F. Reiterhof-Idylle. Überglückliche Mädels. Freundliche Pferde- und Kinderliebhaberinnen inmitten gepflegter Tiere auf schrottplatzähnlichem Gehöft. (Na schön, war der Ranch-Besitzer halt ein Sammler von alten Autos, na und?! Haben wir etwa etwas gegen alte Autos?)

Es war einfach ZU schön, die beiden strahlenden Cowgirls dabei zu beobachten, wie sie beim Hufe-Auskratzen und Striegeln mehr und mehr mit dem Reiterhof-Poster zu einem sonnenlichtbestrahlten Gesamtbild verschmolzen. Dann erst der Ausritt mit selber Zügel festhalten - und zwar inmitten wunderschöner Natur quasi DIREKT am Nationalpark, sogar mit Kojoten-Sichtung und kurzem Trab-Ritt, ganz selbstbewusst und selbstverständlich selbstständig, also ohne die Eltern. Kann man das noch toploaden?!

Das Volk der aufgehenden Sonne
CHIRICAHUA NATIONAL MONUMENT, ARIZONA, USA

Wie ist er denn nun, der typische „American Way of Life"? Wann habe ich endlich genug Material für mein Kapitel vom „Amerikaner an sich"? Hier muss ich leider passen. Diesen Beitrag wird es nicht geben. Es gibt ihn nicht, weil es ihn nicht zu geben scheint, den typisch amerikanischen Lebensstil. (Und es war wohl auch Frevel, einen solchen Beitrag über den „Kanadier an sich" zu schreiben. Ich distanziere mich rückblickend davon.) Das einzige, was es hier zu geben scheint, ist „diversity". Vielfalt in der vielfältigsten Form. („And we like it diverse!", hatten die zwei freundlichen Rentner aus Amerikas Norden vielsagend klargestellt, als ich am Abreisetag auf dem schrecklichen KOA-Campingplatz im Whirlpool ein Pläuschchen mit ihnen hielt. Sie outeten sich als die „Blue coloured class". - Häh? - Mittelklasse. Blaues Namensschild = Angestellter. Weißes Namensschild = Besitzer. Again what learned.)
Auf diesem wunderschönen Campingplatz mitten im Saguaro Nationalpark, umgeben von Kakteen und gelb blühenden Büschen, die von grün schillernden Kolibris aufgesucht werden, haben wir wieder die verschiedensten Wohnkonzepte gesehen. Diesmal war weder ein Trump-Aufkleber noch der Slogan „America first" dabei, noch nicht einmal extrem viele Amerikaflaggen. Außerdem sind wir den unterschiedlichsten Typen begegnet, z.B. dem coolen Biker mit Hund, dem lustigen Rentner mit Strohhut, den schwulen Männern mit Kind und dem langhaarigen Pädagogen mit altem Saab: Cool Rig, Man! - Danke! - An meiner Karre rasselt was, kannste mal horchen, von wo das kommt? - Ja klar, kein Problem. - Magst du Bier? - Yep!

Und was HAT Stefan bei den Amis von nebenan für 'nen Eindruck hinterlassen, als er eine Bierflasche mit der anderen Bierflasche und die letzte Flasche mit 'nem Stein öffnete! „That's so COOL, man!" Na guck mal einer an! Der coole Deutsche. Wer hätte das gedacht?!

Das einzige, was man objektiv wie subjektiv betrachtet sagen kann, ist, dass Arizona strahlend schön ist. Sie Sonne strahlt mir schon ins Gesicht, wenn ich meine beiden Mädels beim Aufwachen im Arm habe - und zwar mit GENAU gleich viel Decke für beide und GENAU gleich vielen Küsschen und dergleichen, denn sonst gibt's Fratzengeballer unter den süßen Kleinen. Und weil es so schön war, verlängerten wir unseren Aufenthalt von Tag zu Tag um einen Tag mehr und genossen die so untypischen vorweihnachtlichen Temperaturen, derweil Mister Grinch Krippen bastelte, Weihnachtslieder mitsang und Tannenbäumchen kürzte. Wir hätten wohl ewig hier im sonnigen Kakteenhausen bleiben können, wären wir nicht junge Adler, die dem Ruf der Wildnis folgen. Seufz.

Der Highway #10 führte uns immer weiter nach Osten, dicht an der Grenze zu Mexiko entlang, von einer Wüste durch eine andere Wüste zu einer weiteren Wüste. Du denkst an Hitze, Trockenheit, gelben Sand, flirrendes Licht, Fata Morganas? Das hatte ich auch vorher, aber diese Wüsten Arizonas sind irgendwie anders als erwartet: stellenweise bergiger, phasenweise felsiger und merkwürdigerweise grüner. Auf unserem Weg in die Chiricahua Mountains sahen wir Pinien und Agaven, dazu gelbes Gras, orange-braune Büsche, hellblauen Himmel und mittelblaue Berge. Fehlen nur noch die Farben Rot und Violett, könnte man meinen, wenn man noch nie in Arizona war. Doch der Farbkreis schließt sich hier zweimal am Tag, und zwar auf äußerst spektakuläre Weise: beim Sonnenaufgang und beim Sonnenuntergang.

Allein HIERFÜR hatte es sich schon gelohnt, dieses vom Tourismus komplett verschonte National Monument anzusteuern. Noch dazu erlebten wir die Blaue Stunde zusammen mit dem lustigen Spanier, unserem Reisefreund Juan aus Hamburg, und das nun schon zum vierten Mal auf dieser Reise. Die Aussicht von ganz oben auf die rätselhaften Felsformationen hatte uns schon den Atem geraubt, bevor die Sonne die Landschaft in warmes Licht tauchte. Rechts vom Tal wirkte ihre Architektur wie eine verlassene Stadt, wachsam beäugt von den deutlich schlankeren Senkrechtfelsen zur Linken, die wie eine Armee von Soldaten am Berghang Aufstellung genommen hatten. Wir waren geflasht.

Für diese Aussicht hätte ich auch gekämpft, dachte ich so, als ich erfuhr, dass die Ureinwohner dieser Gegend, also die zu den Apachen gehörende Stammesgruppe „Chiricahua", nach langem Kampf (angeführt durch den berüchtigten „Geronimo") gegen Ende des 19. Jahrhunderts dann doch noch nach Florida in die Verbannung geschickt wurden. Übrigens haben die weiter nördlich lebenden Apachen ihren Kollegen einen treffenden Spitznamen gegeben. Sie nannten sie „Hiu-hah", also „Volk der aufgehenden Sonne".

Ungeachtet der Tatsache, dass wir uns mit Juan einmal mehr mit besonderem Erfolg als Stammesmitglieder des Volkes der längst untergegangenen Sonne qualifiziert hatten, wollten wir den sagenumwobenen Aufgang der Sonne trotzdem nicht verpassen. Also begannen wir unsere 7km-Wanderung schlaftrunken pünktlich um 7:00 Uhr und sahen gerade noch, wie die ersten Sonnenstrahlen über die Bergkuppe linsten. Das war zwar sehr schön anzusehen, aber bekennende Frühaufsteherin bin ich deshalb noch nicht geworden. (Gähn!)

Christkind oder Weihnachtsmann?
CITY OF ROCKS STATE PARK; NEW MEXICO

Wer kommt bei dir? Das Christkind oder der Weihnachtsmann? Wir kommen immer wieder ein bisschen durcheinander und behaupten daher gerne mal, dass die beiden Schergen sich in der Weihnachtszeit gegenseitig zur Hand gehen. Ob Edda noch dran glaubt, ist uns derzeit unklar. Ein Indiz in Richtung „Ja" gab es um ihren Geburtstag rum, als sie diesen großen, flauschigen und leider auch kostenintensiven Kuschelfuchs aus dem Souvenir-Shop unbedingt haben musste, natürlich SOFORT. Den könne Edda sich doch zum Geburtstag wünschen, lautete

Marthas Rat. Die wohl überlegte Antwort: „Nee, das TEURE wünsche ich mir lieber zu Weihnachten, denn dann müssen die Eltern GAR nichts bezahlen." Geschickt eingefädelt, oder?

Christkind oder Weihnachtsmann? Knecht Ruprecht: ja oder nein? Und wohin bloß mit diesem „dämlichen Tannenbaum", der bei der Fahrt ständig umkippt und den gesamten Innenraum versaut? Die Weihnachtszeit steckt voller Fragen, Rätsel und Geheimnisse. Eine dieser Fragen möchte ich nun beantworten: Gibt es beim „Homeschooling" eigentlich einen festen Stundenplan? Die Antwort des staatlich geprüften Experten ist: absolut und unbedingt, DENN (jetzt bitte die Zahnarztfrau-Stimme und -Mimik aufsetzen und bräsig in die Kamera gucken) ich als Lehrerfrau weiß: Das Lernen muss in einer klaren Umgebung und in einem festen Rhythmus stattfinden, damit das Gelernte Nachhaltigkeit besitzt und die Kinder auf das harte Leben vorbereitet werden. Das ist außerdem statistisch erwiesen. (Schnitt. Szene im Kasten? Perfekt. Damit kann jetzt die gesamte Leserschaft verblödet werden.)

Dem obigen Modell folgend, findet die erste Stunde bei den Brightmans mit schulischer Regelmäßigkeit im Bett statt: Beide Kinder im Arm wird da gelernt, was das Zeug hält. Dies ist sozusagen die Festigungsphase hinsichtlich der grundlegenden Frage: Wie doll hast du mich lieb? (Maßeinheit „Drücken") Zusätzliches, gemeinsam oder selbstständig erworbenes Wissen wird ebenfalls in der ersten Stunde referiert - heute war es sogar Eddas erster Satz nach dem Aufwachen: „Ich weiß jetzt, wie ein Delfin pupst." Noch Zweifel am Homeschooling?

Der einzige Unterschied zum außerhäusigen Lernen: Wir legen noch eins drauf und leben nach der Devise: „Every day is a school day!", so dass die Pädagogik und Didaktik sich noch nicht einmal an Weihnachten eine wohlverdiente Pause gönnt. Da wird gestreichelt und gekuschelt und gedrückt und geknuddelt, was das Zeug hält! Dann kommt die Zeugnisausgabe, direkt am Weihnachtstag: Jeder Einzelnen wird in aller Ausführlichkeit ins Ohr geflüstert, warum sie etwas ganz Besonderes und so einmalig liebenswert ist, dass man ganz unendlich stolz auf sie ist.

Derart verweichlicht und verzärtelt werden die Kinder bestens auf die harte Welt da draußen vorbereitet sein - egal, ob diese „Härte" nun aus einem fluchenden Vater, der sich gerade beim Wechseln der Gasflasche verletzt, oder einer schimpfenden Mutter, die wegen irgendeiner Kleinigkeit ausflippt, oder sonstigen Unwägbarkeiten des Lebens besteht. Wenn die erste Stunde erfolgreich abgeleistet worden ist, dann darf sich auch wieder gezofft werden, bis die Erde wackelt. Danach einfach (Spül-)Schwamm drüber, Krippe wieder aufbauen, peace and harmony forever. Ohmmm.

Und wie war es dann, allein Weihnachten zu feiern, so ganz fern der Heimat? Hat uns die Sehnsucht gepackt? Wurden die Weihnachtslieder in Bluesversion geschmettert? Oder um es mit Mamas Worten zu fragen: Sind wir es nicht allmählich leid? Diese Fragen gab ich dann an Stefan weiter, als wir oben auf dem Felsen standen und die skurrile Landschaft bewunderten, derweil die Kinder in der Feuerwehr ihrer „Last-Minute-Basteltätigkeit" nachgingen - schön Becher Wein in der Hand, Blick gen Sonnenuntergang, Ah, Oh und Prost! (Das Leben ist hart, aber wir wurden drauf vorbereitet.)

Die Kulisse zu diesen Fragen war übrigens die „City of Rocks", wo es uns notnagelmäßig am 23. Dezember hin verschlagen hatte, weil das Ober-A..., die Ober-S..., der Ober-W... (wattweißich!) Amerikas, also der, dessen Name hier nicht genannt werden darf, uns unsere geplanten „White Christmas" im Nationalpark „White Sands" zerstört hatte. Und noch dazu hatte er allen Nationalparkangestellten ihr Weihnachtsfest vermiest, indem die Uneinigkeiten der Regierung hinsichtlich seiner wahnwitzigen Mauerbau-Ambitionen an der Amerikanisch-Mexikanischen Grenze zu einem Haushaltsstopp, also zum Einstellen der Bezüge, also zum Schließen vieler Nationalparks geführt hatten. Ich war echt sauer, denn diese knallweißen Gips-Sand-Dünen hätte ich a) sehr gerne gesehen und b) wäre das ein super Spot für unser Weihnachts-Foto-Special gewesen und Punkt c) kann ich getrost weglassen, da ja jeder vernünftige Mensch weiß, dass man Mauern nicht baut, sondern einreißt. Die Mädels ließ diese Nachricht jedoch völlig kalt, denn „Mama, worum geht es denn an Weihnachten?" - „Um die Liebe?" - „Eben!" (ACH… ihr habt ja soo Recht!)

Und dann hatten wir ein wunderschönes, skurriles, unvergessliches Weihnachtsfest in unserem kleinen Kreis vor unserem winzigen Tannenbaum in unserem rollenden Eigenheim inmitten dieser skurrilen Felslandschaft irgendwo im Nirgendwo von New Mexico. Denn das Christkind hatte uns gefunden, sogar in Amerika! Welche Freude! Welche Erleichterung! Zum Glück war es das Christkind und nicht der Weihnachtsmann, denn der kommt hierzulande ja erst am Morgen des 25. Dezembers…

… falls man daran glaubt. Dass die Leute ja mitunter an die skurrilsten Dinge glauben, ist mir in dem Städtchen Mesilla einmal mehr klar geworden. Dort erzählte uns ein sympathischer Amerikaner, der vor Jahren mal in Deutschland stationiert war, mit leuchtenden Augen die (wohl an die 100 Jahre alte) schaurige Geschichte von zwei jugendlichen Liebenden, einem reichen 17jährigen Mexikaner und der 16jährigen Hausangestellten. Diese wurden im berühmt-berüchtigten Haus namens „Double Eagle", das mittlerweile ein Restaurant ist, von der Hausherrin erwischt. Das grantige Weib griff daraufhin erbost zur Gabel und erstach versehentlich zuerst ihren eigenen Sohn und dann erst die junge Frau. „Seitdem passieren in diesem Restaurant die merkwürdigsten Dinge", flüsterte der Mann. „Ah, die Seelen sind also noch immer am Leben", mutmaßte ich spaßeshalber. „Exactly!", antwortete er allen Ernstes, mit weit aufgerissenen Augen, während es ihn vor Schaurigkeit schüttelte. Ob er denn selbst schon einmal Zeuge dieses Spektakels geworden sei, wollte ich wissen - schließlich standen wir quasi vis-à-vis mit den Gespenstern und blickten geradewegs auf das Spukhaus. Aber - wo dachte ich hin! - ER setze keinen Fuß in die Geisterhölle! Und seine Frau auch nicht, das wurde uns verbal wie nonverbal unmissverständlich deutlich gemacht. Beim Abschied konnte ich mir gerade noch die Frage verkneifen, ob sie PERSÖNLICH denn eher an das Christkind oder an den Weihnachtsmann glauben…

Das Frostschutzventil und andere Challenges
HOT WELL DUNES RECREATION AREA; SAFFORD

Früh morgens in der Feuerwehr: Familie Hellmann liegt noch in den Federn. Weiße Atemluft steigt aus den roten Nasen. Winter in der Wüste. Kuschelig schön. Plötzlich wird Stefan von dem Geräusch leise plätschernden Wassers geweckt. Häh? Aha. Das Frostschutzventil funktioniert also. Der Boiler läuft leer, damit das Wasser nicht gefriert. (Prima! Denn das will man ja nicht.) Boah, ist es tatsächlich sooo kalt? Ein Blick in den Wohnbereich: Wow, wir haben Eisblumen an den Fenstern! Wintercamping, wie romantisch! Das Wasser plätschert derweil fröhlich weiter auf den Wüstenboden, wo es augenblicklich zu Eis gefriert.

Stefan kehrt zurück zur warmen Koje und wird allmählich misstrauisch: Sooo viel Wasser dürfte doch eigentlich nicht im Boiler gewesen sein?! In Nullkommanix steckt er in den Klamotten und reißt die Heckklappen auf. Die romantische Stimmung droht nun ein wenig zu kippen, zumal jetzt eisig kalte Luft die Schlafgemächer flutet. Tief unter der Decke begraben, lausche ich zusammen mit Edda dem Stereoeffekt der Kommentare von Mann und Tochter: Marthas Stimme von vorn, Stefans Fluchen von unten, also aus dem Laderaum unterm Lattenrost, wo er mittlerweile mit halbem Körper reingekrochen ist, nachdem er sämtliche Gerätschaften heraus gerissen hatte, um unser letztes Wasser zu retten. „Boah, wie SCHÖÖÖÖN! EISblumen!" - „So ein Scheißdreck, jetzt läuft uns doch tatsächlich der gesamte Wassertank leer!" - „Wie HERRLICH! Guckt euch DAS mal an!" - „Dieses dämliche Frostschutzventil!" Rumpel-pumpel. Räum. Fluch. - „Das ist einfach nur WUNDERschön!"

Das Ende vom Lied war, dass wir durch die ganze Werkerei an dem Ventil, das daran gehindert werden sollte, seine Funktion übereifrig auf den 100-Liter-Tank auszuweiten, schlussendlich nicht nur Wasser UNTERM Fahrzeug, sondern auch IN der Karre hatten. Der arme Stefan kam aus dem Schimpfen gar nicht mehr raus.

Doch - Wer sagt´s denn! - noch vor Einbruch der Dunkelheit war nicht nur das Leck wieder gedichtet, sondern zudem eine perfekte Lösung für das Problem unseres überqualifizierten Frostschutzventils gefunden UND umgesetzt worden: Ein Heizungsrohr (jenes, welches in das Bett der Kinder führte… Asche auf

unser Haupt, aber manchmal muss man eben Prioritäten setzen) wurde kurzerhand in den Lagerraum umgeleitet und direkt
auf das vermaledeite Ventil ausgerichtet. Das ging zwar auf
Kosten des vormaligen Kleiderfachs von Martha (Ja WAS?! Life
is nunmal no ponyfarm), doch wenigstens liegt der Frostschutz
jetzt wieder in Stefans Hand. Alle wieder happy. (Martha zieht
ja eh meistens das von gestern an.)

Nun konnte auch Stefan wieder lachen, zum Beispiel über den
Mann, der gestern Morgen an unsere Tür geklopft hatte und irritiert feststellte: „Ihr habt ein Kanu auf dem Dach." - Äh, ja,
stimmt. We know. - „Aber ihr seid in der WÜSTE!?".

Bei diesen sehr versteckt liegenden „Hot Well Dunes", wo sich
das Drama mit dem Frostschutzventil ereignete, hatte man übrigens eigentlich nach Öl gesucht und heißes Wasser gefunden, worüber ich sehr froh bin, denn wer möchte schon gerne
in Öl baden? Allerdings habe ich beim täglichen Blick in den
Spiegel zunehmend das Gefühl, ein derartiges Bad genossen
zu haben, da ich neuerdings noch nicht einmal den Kopf über
die Spüle halten kann, um meine Haare zu waschen. Wasser
alle. Dem Frostschutz-Malheurs sei es gedankt. Damit haben
wir körperpflegetechnisch unseren Minusrekord geknackt.
Heiße Quellen hin oder her, so kann es nicht weitergehen.

Andererseits gibt es auch Wichtigeres im Leben als seidiges
Haar. Reisebekanntschaften zum Beispiel. Oder noch besser:
Reisefreunde, also Freunde des Reisens, die auf dem besten
Weg sind, zu reisenden Freunden zu werden. „Für mich fühlt es
sich schon gar nicht mehr an wie reisen", meinte Hansi letztens,
„mehr wie leben." Da hatte er Recht. Aber leben ist doch auch
ganz schön!

Ich glaube mittlerweile, dass man selbst an den entlegensten
Orten tolle Menschen kennenlernen kann. Dann muss man sich
einfach nur an ihre Fersen heften und - schwupp! - schon sind
die netten Abende vorprogrammiert. Wenn diese tollen Menschen dann auch noch einen Backofen an Bord haben, dann
kriegt man mit etwas Glück sogar frisch aufgebackene Brezeln
oder Zimtschnecken oder Pizza serviert. Mmmh! Life is easy!
Wer uns derart anfüttert wie streunende Katzen, der muss sich
nicht wundern, wenn nach ein-zwei Nächten Ruhe plötzlich die

Feuerwehr wieder auf die Nachbarparzelle rollt. Auch unabhängig von der neuartigen kulinarischen Versorgung würde ich der gesamten Bagage den bayrischen Superlativ angedeihen lassen: „fei net schlecht".

Kennengelernt hatten wir die vier am 24. Dezember in der City of Rocks, als sie - genau wie wir - zwischen den Felsen herumgeklettert waren. Tags drauf haben wir vor der Dicken gemeinsam die Nasen in die Sonne gehalten und auf den Heiligen Morgen angestoßen, während am Nebentisch ein Lebkuchenhaus dekoriert wurde. Schnell hatte sich herausgestellt, dass die Großen außerdem eine Begeisterung für Gesellschaftsspiele teilen. Also wurde kurzerhand beschlossen, das Duell „Nord gegen Süd" am Spielbrett fortzusetzen, sobald wir den White-Sands-Nationalpark allen Sperrungen zum Trotz trotzig trotzdem besichtigt hätten. Den Sandverwehungen sei Dank konnten wir - genau wie alle anderen trotzköpfigen Traumtänzer - einfach über den Sandhaufen stapfen, der den Zaun unter sich begraben hatte - schwupp, schon waren wie drin! Skurril war unser Spaziergang insofern, dass der weiße Gips-Sand von Weitem tatsächlich aussah wie Schnee. So konnten wir die verpasste „Weiße Weihnacht" fröhlich nachholen, zumal in den höheren Berglagen schon echter Puderschnee auf den Gipfeln lag. Selbstzufrieden machten wir unseren Haken unter diesen Top-Spot New Mexicos und machten uns wieder auf den Weg Richtung Arizona.

Dann, auf unserem Weg zum vereinbarten Treffpunkt mit den Berchtesgadenern, fing es - Wer hätte das gedacht?! - tatsächlich noch zu schneien an, ganz real, auch wenn die Kombination aus den schwarzen Wolken, die auf märchenhafte Weise von strahlendem Sonnenschein angeleuchtet wurden, wieder einmal surreal anmutete. Doch DIREKT mit dem Überqueren der Landesgrenze zwischen New Mexico und Arizona nahmen wir Abschied von den malerischen Wolkenformationen um uns herum und der Schnee am Straßenrand wechselte zu weitflächigen Pfützen.

„Sowas kann man NUR hier erleben! Das ist einfach unvorstellbar, diese Weite, diese Tiefe!" Stefans Begeisterung für die USA nahm in dem Maße zu, wie der Himmel röter und die

Straße unwegsamer und daher weniger befahren wurde. Die Spannung stieg bei der Schlaglochpiste, denn nun begann der Wettlauf gegen die Zeit, schließlich wollen wir a) nicht bei kompletter Dunkelheit ankommen, sondern b) möglichst noch am selben Abend die Bayern beim Brändi Dog abziehen.

Das erste Battle hatten wir bereits gewonnen, bevor die Karten überhaupt gemischt waren. Die Herausforderung für uns Nordlichter auf unserem Weg in die Wüste lautete „Riesenpfütze". „Don´t enter when flooded", hatte auf dem Warnschild vor der Senke gestanden. Mist! Gleich würde es komplett dunkel sein. Noch fünf Meilen bis zu diesen heißen Quellen im Nirgendwo. Umdrehen oder mitten durch? Der Fahrer gibt Gas, bremst dann jedoch im letzten Moment plötzlich ab. Wie tief mag das Loch sein? Stefan zieht sich kurzerhand die Hosenbeine bis an die Knie und watet durch den eiskalten Tümpel. Das Wasser steigt ihm Gottseidank nicht bis zum Hals, sondern nur bis knapp unters Knie, also wagt er das Manöver. Angespannt, aber kontrolliert navigiert er die Dicke hindurch. WAS für ein Mann! Aufgabe gemeistert.

Die Challenge für die Süddeutschen dagegen lautete „Graben". Also flatterte am ersten Abend die Nachricht rein, dass der Berchtesgadener Pick-Up samt Wohnanhänger leider erst bei einsetzendem Frost von der anderen Seite des Berges heran rollen könne. Derzeit steckten sie leider noch im Matsch fest. Strike! Wir hatten gewonnen! Grinse-Smiley. Gelöscht. Mitfühlender Smiley. (Da hätte ich doch beinahe unsere Mission Völkerverständigung missachtet und damit womöglich die leckeren Zimtschnecken aufs Spiel gesetzt!)

8.   Erfahrung kommt von „fahren" - Amerikas „Hot Spots" im Winter

„I might fall from a tall building, I might roll a brand-new car, 'cause I'm the unknown stuntman that made Redford such a star." (Lee Majors)

Tränen am Grand Canyon
GRAND CANYON NATIONALPARK; ARIZONA

Hinsichtlich des bevorstehenden Abschieds von den Berchtesgadener Kindern gab es nur einen einzigen Trost für unsere
Mädels: Schnee. „Dann fahren wir jetzt halt gen Norden", hatten
wir - kinderfreundlich wie wir sind - beschlossen, „dann haben
die Kinder ihren so sehnlichst herbeigewünschten Schnee."
(Wir handhaben es hier wie Hausmeister Krause: Alle für einen,
einer für alle! Alles für den Dackel, alles für den Club, unser
Leben für den Hund!)
In Phoenix statteten wir uns bei strahlendstem Sonnenschein
mit Schneeketten, Schneehosen und Schneestiefeln aus, um
dann im Lost Dutchman Statepark zwei letzte gesellige Tage
mit unseren bayrischen Freunden zu verbringen. Winkend ver-
abredeten wir uns für ein Wiedersehen im Death Valley: „Sucht
uns im Tal des Todes!" - „Achtet auf das Zeichen der brennen-
den Kerze!" Nach einem mehr als abenteuerlichen Trip über
den „Apache Trail" (heißer Tipp von Evi und Hansi) führte unser
Weg laut Karte schnurgerade in den Winter.
Das erste Etappenziel lautete „Sedona": Geheimtipp von diversen Reisebekanntschaften, heißer Tipp des Reiseführers. Mehr
heiß als geheim, war mein Eindruck, als ich mir diese erstaunliche Anhäufung von Souvenirläden, Hotels und Spa-Resorts so
ansah. Okay, zugegeben, dieses Örtchen ist sehr schön gele-
gen. Wahrscheinlich. Denn das humide Klima vernebelte uns
den enttäuschten Blick auf die roten Felsen. Also weiterfahren!
„Mama, wann kommt denn jetzt der Schnee?", quengelte Edda
während dieses ersten Tourenabschnitts, misstrauisch ob meiner Wettervorhersage, die ihr den ersten Testgang ihres neuen
Winter-Outfits doch so optimistisch in Aussicht gestellt hatte.
Und dann... endlich! Aus Regen wurde Schneeregen, aus
Schneeregen wurden dichte Flocken, welche die vor Frösteln
zitternde Flora des Winter-Wunderlands mit einem weichen
weißen Oberbett zudeckten, derweil die Himmelslüfte ihren
seichten Odem auf die glitzernde Welt hernieder hauchten.
(Jaaaa, ich bin ein Poet! Mit all den dazugehörigen Unannehm-

148

lichkeiten... Schön Füße auf dem Armaturenbrett, Aussicht genießen, poetischer Life-Ticker mit den Schwestern... alles so wie es sein soll!) Der ganze Weg, den sich unsere treue Feuerwehr tapfer den Berg hochquälte, war nun geprägt vom „Ah" und „Oh!", dem gekreischten Ausrufen der Freude und Begeisterung sowie dem „Warum muss man denn so kreischen?"-Gestöhne des Fahrers. Dessen Laune schwankte noch etwas, und zwar proportional zu der Länge der Autoschlange, jene stets und zuverlässig angeführt zu haben, ich hier stolz zu Protokoll geben möchte.

In Flagstaff angekommen warfen sich die Kinder begeistert in ihre Schneehosen und -schuhe, um sich wie tapsige Bernhardiner in die weiße Welt zu stürzen. Genau so, wie Martha es auch schon seit dem Krabbelalter mit dem Element „Sand" gehandhabt hatte, verhielt es sich nun in Bezug auf das Phänomen „Schnee": Bäuchlings reinlegen, drin rumwälzen, mit allen Sinnen genießen!

Stefans Bedürfnis allerdings lautete „Schneewanderung" - und das hatte er sich ja schließlich auch verdient! Also watschelten wir los, ermahnten die Kinder, dass jetzt mal die Eltern auf ihre Kosten kommen wollten (heißt: hier wird nicht gequengelt! (dabei quengelte gar keiner...)), und machten uns auf die Suche nach einem Wanderweg, derweil die dichten Schneeflocken sich in unseren Wimpern verfingen - was die Sicht aber nur geringfügig erschwerte. (Da wäre ich doch beinahe vom Gute-Laune-Programm abgewichen. Du weißt ja: „Alles für den Club").

Nur schemenhaft konnte ich Minuten später die Silhouette von zwei bibbernden Gestalten ausmachen, die sich kurzerhand ihre „Snow-Fun-Park"-Plaketten vom Revers gerissen hatten, um sie uns auffordernd entgegenzustrecken. „Könnt ihr haben. Uns ist das einfach zu kalt!", war ihre Begründung dafür, uns den nun eintrittsfreien Eintritt in das von Stefan so verhasste, weil ebenso überteuerte wie überfüllte Rodel-Paradies zu offerieren. Ein zögerliches „Danke!", ein unschuldiger Blick zu Stefan, der mit rollenden Augen erwidert wurde. „Ach komm, Vatti! Alles für den Dackel!", animierte ich den wanderlustigen Mann an meiner Seite. Seine Sprachlosigkeit nutzte ich schamlos aus, um wertvolle Pluspunkte bei meiner Brut zu sammeln: „Kinder, mir nach! Wer hat Lust auf Rodeln?!"

Statt Wanderspaß gab es also Kinder-Spaß mit zuschauenden Eltern, die dann eben am nächsten Tag so richtig auf ihre Kosten kommen würden. Und zwar im - Trommelwirbel! - Grand Canyon. Shutdown und Winter hin oder her - wir wollten die berühmten Nationalparks Amerikas sehen. Oder es zumindest versuchen.

„Hier ist wieder Indianergebiet, oder?", fragte Stefan mit leicht sorgenvollem Seitenblick auf die Barackensiedlung. „Sieht ein bisschen danach aus", pflichtete ich ihm bei. Abgerissene Hütten, kaputte Autos, vermüllte Grundstücke, verwaiste Souvenirläden am Straßenrand, ein schiefes Schild mit schiefer Aufschrift: Navajo-Gebiet. Eine träge Wolke von Perspektivlosigkeit hing schwermütig über unseren Köpfen, doch es war ein schmaler Streifen Licht am Horizont zu erkennen. ROTES Licht. Der Grand Canyon?! (Sorry, ich weiß, dass das kitschig klingt, aber es WAR so!)

An Bord unseres Reisemobils stieg allmählich die Aufregung, denn niemand konnte uns sagen, ob die Zufahrt zum Grand Canyon denn nun geschlossen sei oder nicht. Um es besonders spannend zu machen, wollten wir am Morgen noch eine Schleife um den Krater im Sunset Crater Nationalpark drehen und einen Blick auf diese Wupatkis, also die Überreste von frühindianischen Siedlungen werfen, die laut Reiseführer „nur mäßig sehenswert" sein sollten. Nun ja, dieses Urteil war jawohl wenig objektiv und musste subjektiv überprüft werden. Hierfür hatten wir heimlich das Straßenschild „closed" missachtet und fanden uns wenige hundert Meter später vor einer (diesmal absolut unmissverständlichen) Straßensperrung wieder. Von hier aus betrachtet waren diese Ruinen tatsächlich - subjektiv gesehen - nur „mäßig sehenswert", weil äußerst mäßig sichtbar. Also kehrten wir brav um, was objektiv gesehen die richtige Entscheidung war, da sich - Upsi! - wohl doch ein verirrter Ranger auf den Weg gemacht hatte, um im geschlossenen Nationalpark für Recht und Ordnung zu sorgen. Hehe, grüß, wink. (Nie zuvor hatte man vier so unschuldig lächelnde Feuerwehrmänner gesehen.)

Sollte die Zufahrt zum Grand Canyon am Ende auch gesperrt sein? Wäre dann alles umsonst gewesen? Ab jetzt also nur noch Tingeltangel durch Amiland - von Rodelbahn zu Rodelbahn, von Souvenirshop zu Souvenirshop oder was? (Falls die ihre Verkaufs-Baracken morgen überhaupt nochmal aufmachen. Lohnen kann es sich jedenfalls nicht. Eher hatte ich den Eindruck, dass wir heute die einzigen Kunden waren. Mitleids-Shopping quasi. (Und wer hatte hier Mitleid mit uns?!)) Doch egal wie es kommen würde, wir würden uns unsere gute Stimmung nicht verderben lassen, pressten wir übellaunig zwischen schmalen Lippen hervor. Nicht mit uns! Der Trump machte uns nicht die Reise kaputt! DER schon mal GAR nicht! (200 Puls. Ohmm. Ich bin ein Vulkan - äh, stiller See.)

Vielleicht lag es an der Anspannung, vielleicht an der Erleichterung, dass die Einfahrt zum Grand Canyon dann doch nicht geschlossen war, vielleicht auch an den Hormonen, watt weiß denn ich; jedenfalls gebe ich hier frei und offen zu: Als sich der Canyon in seiner gesamten Pracht vor uns öffnete, um einen weiten Blick in die verschneite und zu dem Zeitpunkt noch recht wolkenverhangene Ebene freizugeben, hab ich erstmal ergriffen geheult. Ist mir egal, was du jetzt von mir denkst. Ist mir auch egal, was andere sagen. Und es ist mir hundertmal egal, was irgendein Reiseführer dazu sagt, aber der Grand Canyon ist objektiv wie subjektiv, also ultimativ gesehen ABSOLUT und UNbedingt sehenswert! Und das steht - fällt mir gerade ein - ja auch gar nicht zur Debatte.

Doch was das Schönste ist: Die Kinder werden sich ewig daran zurückerinnern, an diesen Anblick. Also, äh, an den Anblick dieser Eiszapfen, die am „Watchtower" des Grand Canyon vom Fenstersturz herab hingen. Sie werden sich auch ewig daran erinnern, wie sie am Eiszapfen gelutscht haben, als wäre es ein Eis am Stiel. Sicherlich werden sie sich auch an die großen Schneehaufen auf dem Parkplatz erinnern sowie an die Eisbahn, die sie mit Begeisterung geschlittert sind. Und vielleicht - ganz vielleicht - werden sie sich auch an den Anblick des Grand Canyon erinnern. Oder irgendwann nochmal mit ihren eigenen Kindern dorthin fahren.

Woman in the wind

Vergiss alles, was ich an Ersteindrücken über die Navajo-Indianer verzapft habe. Mitleids-Shopping, Perspektivlosigkeit, wattnichalles - dämliches Geschwätz! Heute hatte ich den Eindruck, dass die Navajos Traditionsverbundenheit und Marktwirtschaft durchaus produktiv unter einen Federhut zu bringen imstande und ganz und gar nicht auf das Mitleid bräsiger Touristen angewiesen sind, wenn es darum geht, ihre reichen Schätze der Öffentlichkeit zugänglich zu machen. Aber soll ich mich jetzt hier über die Preise für den Besuch des Antelope Canyon aufregen? Auf gar keinen Fall!

Gleichzeitig wollte ich aber auch vermeiden, dass Stefan sich womöglich stellvertretend darüber aufregte - was bei der zu zahlenden Summe, auf die mich geheime Insider-Informationen aus dem Reiseführer schon innerlich vorbereitet hatten, durchaus zu erwarten gewesen wäre. Wobei jetzt nicht der Eindruck entstehen soll, dass mein Mann ein Geizkragen ist, aber er hasst touristischen Nepp jeder Art und erläuft sich die Landschaft am liebsten GANZ ohne kluge Expertenkommentare. Um mal den heutigen Morgen als Beispiel heranzuziehen: Ich bin mit einem Kerl verheiratet, der es liebt, an Stellen zu campen, an denen er morgens ungestört nackt in den Schnee stapfen kann, um sich mit demselben am ganzen Körper einzureiben - statt Duschen in der Karre, denn so spart man Wasser.

Ich spurtete also schnurstracks zur Kasse, bereit jeden Betrag hinzublättern, der mir genannt worden wäre. Was niemanden zur Fehlannahme verleiten soll, dass ich verschwenderisch bin, doch wir hatten in den letzten Wochen schon genug Geld an den Campingplätzen gespart - und zwar indem wir sie nicht aufgesucht hatten. Es ging immer holterdipolter über Stock und Stein durch Sand und Fels in die Wildnis. Mach ich alles mit, kein Problem. Aber JETZT wollte ich um jeden Preis diese unterirdischen Canyons sehen, also raste ich zur Kasse und - schwups - zurück zur Feuerwehr, um Mann und Kindern Beine zu machen. In 10 Minuten ging es los und jetzt war gerade schönes Licht im Canyon. Mittagslicht. Kinder, mir naaaach!

152

Stell dir jetzt einfach eine Frau mit wehendem Haar vor. Schließlich hatte ICH am Morgen geduscht, mit dem von Stefan angesparten Wasser quasi. Ich muss sagen, ich habe es gerne getan - auch und vor allem in Anbetracht meiner Alternativen. Jedenfalls war ich „die Frau im Wind": Dynamik, Zielstrebigkeit und Tatendrang in einer Person. So fünf Minuten lang.

Unser NOCH dynamischerer junger Guide läuft mit seiner Gruppe zielstrebig den Hügel runter, so dass ich mit Edda kaum nachkomme. Und wo soll hier ein Canyon sein? Ich sah nur ´nen großen Parkplatz und riesige Schlote, die enorme Mengen Dampf in die Luft blasen. Edda juckt das linke Bein. Ganz doll. So doll, dass man ganz doll kratzen muss. Aber wenn der da vorne so schnell läuft, dann kann man sich dabei ja gar nicht kratzen. Sie versteht eh nicht, was der sagt. Voll blöd. Außerdem hat sie Hunger. Sie will JETZT einen Müsliriegel. Und jetzt juckt´s auch noch unter der Strumpfhose am rechten Bein. Weinerliche Stimme. (Och nee…) Wir bleiben stehen, kratzen was das Zeug hält und holen wieder auf, bleiben dann wieder stehen, kratzen wieder was das Zeug hält und - Puh! - sind wir auch schon da.

Mäandernd und unterirdisch zieht sich der Canyon durch die reizlose Gegend - noch kaum sichtbar, da stellenweise fast komplett geschlossen. Wenn man hier blind entlang laufen würde, so bliebe man womöglich erstmal nur mit einem Bein stecken, so versteckt liegt dieses unterirdische Flussbett. Wir beginnen mit dem Abstieg unter die Erde und Eddas Jucken am Bein ist zum Glück verschwunden. (Wind im Haar auch.) Aufatmen. Genießen. Fotos schießen.

Leider gibt es bei Stefan nun doch Grund zur Aufregung. Er hat das falsche Objektiv draufgeschraubt, sein Lieblingsobjektiv, das Tele, was ja im engen Canyon eher unpfiffig ist. Ich fotografiere ihn dabei, wie er staunend um die steinernen Vorhänge schleicht, um sich rücklinks draufzulegen, dabei immer den Tele-Blick nach oben. Ich komme kaum dazu, Aufnahmen von dem wellenartig geformten Gestein zu machen, zumal mir der Guide nun das Mobiltelefon aus der Hand nimmt. (Wie? Darf man hier nicht fotografieren? Und wieso darf DER da dann Tele-Aufnahmen machen?, verpetze ich meinen Mann.) Doch unser Führer wählt behände die fotogenste Einstellung aus der Menuleiste aus und weist mich auf die schönsten Stellen in der unterirdischen Zauberwelt hin. Scheinbar dachte er, dass wir hauptsächlich hier waren, um schöne Fotos zu schießen. Und das stimmte ja auch.

Die allermeisten meiner Aufnahmen hat unser versierter Guide dann komplett alleine gemacht: „Guck mal hier, da ist ein Buckelwal. Siehst du ihn?" - „Äh" - „Gib mal her!" Genauso verhielt es sich dann mit dem Seepferdchen, dem Stammeshäuptling mit Federschmuck, dem Sonnenaufgang über dem Grand Canyon, dem Löwen, dem Bildschirmschoner von Windows X und nicht zuletzt mit meinem absoluten Lieblingsmotiv - ich wünschte, ich hätte es selbst gefunden: „The Woman in the Wind". Die hat mich am meisten umgehauen, wie sie dort kraftvoll und majestätisch, Gesicht voran und mit wehenden Haaren aus den roten Gesteinsmassen herausragte. Das erste Profi-Foto von diesem Motiv hat übrigens über sechs Millionen Dollar eingebracht, wie der junge Mann zu berichten wusste. Alter Schwede!

Berichtet wurde auch von der Gefahr der Blitzfluten, denn bei Starkregen verwandelt sich das gesamte Gebiet in eine „Kill-Zone". Da hat man keine Chance. Da kommt das Wasser mit solcher Wucht (bis zu 70 kmh schnell) durch den Canyon geschossen. Daher darf hier auch keiner auf eigene Faust rein. Seit dem tragischen Unglück im Jahre 1996, als von 11 Besuchern einzig und allein der französische Touristenführer überlebte, ist die malerische Schlucht nur noch unter der Leitung von Experten zu besichtigen. Schade, findet Stefan. Macht Sinn, finde ich. Außerdem kann man so besser kontrollieren, dass der Antelope Canyon auch noch ewig erhalten bleibt. Im gesamten Gebiet drumherum wimmelt es nämlich nur so von Dinosaurier-Fossilen, aber bei den Navajos wird nicht rumgebuddelt und rumgepuzzelt. Hier bleibt alles schön erhalten. Finde ich gut. Stefan auch.

Außerdem und überhaupt finden wir das ganz wunderbar hier! Diese Formen, Farben und Gesichter in dieser bizarren Welt unter der Erde. Diese hervorragende Führung unter engagierter

Leitung. Diese einemillionsechshundertsiebenundachzigtau-
send tollen Bilder für unser Fotoarchiv. Einfach alles!
Randbemerkung für den deutschen Leser: Das Preis-Leis-
tungs-Verhältnis ist - bei Lichte besehen (denn das braucht man
schon für gute Fotos) - absolut in Ordnung, finde ich. Stefan
kann dazu ja nix sagen.

Unknown Stuntman
ZION NATIONALPARK, UTAH

„Erfahrung kommt von ‚fahren'"! Diese Erkenntnis hat Stefan
soeben rausgehauen, die Abenteuer der letzten Tage noch im
Kopf, das Geräusch der Schritte durch den Neuschnee noch in
den Beinen, den Kälte-Härtetests für die Dicke noch in den Kno-
chen, doch die Hand schon wieder dort, wo sie hingehört: ans
Lenkrad natürlich! Das ist sein Job. So braucht er das. Hier
wächst er über sich hinaus. Einmal mehr ist in den letzten Tagen klar geworden: Unser „Driver", der „Unknown Stuntman", er
ist der wahre „Star of the road crew". Und das ist unbestritten.

Meinetwegen schmeiß ich den Rest der Urlaubskasse freiwillig ins Phrasenschwein und lass ich meine Eltern bürgen, wenn die Strafgebühr für die Überschreitung der Pathetik-Grenzen fällig wird - da kenn ich nix! Aber was gesagt werden muss, muss gesagt werden: Die Schönheit dieser Erde ist unbegreiflich und es fehlen mir die Worte (Schnief!), um meinen Gefühlen bei diesem Anblick Ausdruck zu verleihen. Verdammt nochmal, das MUSS man einfach gesehen haben! Warum SAGT einem das eigentlich keiner?! (Mein inneres Bild von den USA war ein riesiger rotgesichtiger Mann mit einem 2-Liter-Becher Cola in der Hand. Nein, leider ist es mir nicht zu blöd, das zuzugeben.)

Natürlich kannte auch ich die Kalenderbilder vom Grand Canyon, hab Urlaubsbilder von Freunden gesehen und mich durch Galerien von Bildschirmschonern geklickt, aber wenn du dann selbst am Abgrund stehst oder bei tief stehender Sonne durch die leuchtend rote Felsenwelt des Red Canyon fährst, dann ist das ein mit nichts zu vergleichendes Erlebnis. Es erfüllt dein Herz mit einer schwer zu lokalisierenden Dankbarkeit, also habe ich ungefähr hundertmal meinem Mann dafür gedankt, dass er mich hierhin gefahren hat. Danke auch an euch da draußen, die ihr mein emotionales Geseier lest, die ihr mein Herz geweitet habt, damit ich es nun mit diesen Erfahrungen füllen kann. Danke! Ende der Durchsage. (Wie viel muss ich hinblättern?)

Moment, ich bin doch noch nicht fertig. Der einzige Haken an der Sache ist der: Wenn man schon 20.000 km „erfahren" hat, um den verschiedensten Erscheinungsformen Nordamerikas ins Gesicht zu blicken (und keins davon entsprach bisher dem o.g. Bild), dann hat man Blut geleckt. Jetzt ham wer den Salat. Jetzt will ich auch noch den Rest der Welt sehen. Am liebsten sofort. Stefan, fahr weiter! Fahr immer weiter!

Die Kamera schwenkt über eine weiß glitzernde Welt, die langsam an uns vorbei zieht. Die Kinder sitzen rotwangig grinsend auf ihrer Sitzbank und freuen sich des Lebens. Der Blick des Stuntmans ist versonnen, die linke Hand umgreift das Lenkrad, seine junge Frau lächelt ihn verstohlen von der Seite an, pling pling, love ist in the air. Okay okay, jetzt habe ich wohl doch zu dick aufgetragen, ich gebe es zu.

Außerdem verschweigt die Szene, dass es kurz vorher noch ganz anders zur Sache ging. Nicht so sehr bei uns Mädels (wir waren bester Dinge), aber unser Trucker hatte es irgendwie mit den Nerven. Wieso war er so rappelig, wuselte ständig von Standheizung zu Standheizung, checkte unentwegt den Schalter der Wasserpumpe? (Ein schwaches Nervenkostüm gehört doch normalerweise zu MEINEM Profilbild.) Die Antwort: Es war kalt. Eigentlich ZU kalt. Jetzt nicht in erster Linie für Stefan (der trägt nach wie vor kategorisch seine Flip Flops), aber Temperaturen von minus 18 Grad sind ein echter Härtetest für unsere Dicke. In dieser schweren Stunde wurde Stefans Solidarität mit dem Fahrzeug abgelöst von einer vollständigen Identifikation mit dem Gefährt. Der Mann war EINS mit der Dicken. In der kältesten Phase der Nacht litt er mit jedem Wasserrohr, das einzufrieren drohte, mit jedem Tröpfchen Kühlwasser, mit der Diesel-Zufuhr, dem Keilriemen der Lichtmaschine, dem Druckventil der Handbremse und und und. Sollte die Karre am Morgen nicht anspringen, so hätte der Stuntman versagt.

Bis zum Augenblick der Wahrheit hatte Stefan schon mit einem gefrorenen Stromkabel zu kämpfen gehabt, das ungerollt eingepackt werden musste, um es nicht durchzubrechen. Leicht übersensibilisiert witterte er beim Kaffeekochen weitere Gefahren: „Bestimmt ist auch die Milch gefroren." - „Was du immer hast!" - „Guck mal Mama, die Milch ist gefroren." - „Oh." Als dann der Moment gekommen war, den Schlüssel ins Schloss zu stecken und den Startknopf zu drücken, fieberten wir alle mit - auch die, die mit einer professionellen Distanz zum Fahrzeug gesegnet sind (zumindest zu allem, was sich dem unmittelbaren Sichtfeld entzieht). Selbst uns Mädels quälte das jaulende Geräusch des Motors beim Kampf gegen die Witterung, bevor er zum ersterbenden Kreischen wurde. Stille. Oh je. Doch - wer sagt's denn?! - schon beim zweiten Versuch springt die Dicke an (orchestrale Klänge übertönen den hustenden Motorenlärm) und unser Road-Movie nimmt seinen Lauf. Auf zur nächsten Kulisse! (Aufbrandende Musik.) Auf zum Bryce Canyon!

Was so spektakulär angekündigt wird, soll den Leser nicht enttäuschen. Schon ab dem ersten Blick in das „Amphitheater", den bizarr ausgewaschenen Canyon, ab dem allerersten Ausblick in diese Fantasy-Kulisse aus rotem Gestein und weißem Schnee, den ich ganz allein vom „Sunrise Point" aus genießen durfte, war ich mal wieder wie verzaubert von der Schönheit der Natur. Mein zweiter Gedanke: Wie schade, dass Stefan das jetzt nicht sehen kann!

Und warum nicht? Weil er seit der schwierigen Operation „Motorstart am Morgen" zum einen Bedenken hatte, die Karre auszumachen, und zum anderen den Fuß nicht von der Bremse nehmen konnte, weil aufgrund der Kälte das Druckluftventil der Feststellbremse nicht mehr funktionierte. Also musste er leider erstmal IM Fahrzeug sein Dasein fristen. Doch als ich von meinem ersten Foto-Shooting zurückkehrte, fand ich den armen Kerl zu meinem Erstaunen bereits UNTER der Feuerwehr vor. Was nun schon wieder los war? Das Rohr der Diesel-Heizung war leider abgerissen.

Nachdem auch dieses Problem auf die gleiche Weise gelöst war wie eh und je (mit Panzertape natürlich!), konnte auch Stefan seinen Blick nicht mehr von der bizarren Landschaft losreißen. Nur unsere Kinder interessierte das alles herzlich wenig; schließlich hatten sie noch immer alle Hände und Füße voll zu tun, die gefrorene Eispfütze am Parkplatz zu beschlittern. Und so standen wir mal wieder für ein neues Caspar-David-Friedrich-Motiv Modell: Kopfschüttelnde Eltern vor Traumlandschaft. Bei Stefan mag „Erfahrung" vielleicht von „fahren" kommen, bei den Kindern jedenfalls kommt „begreifen" von „anfassen". In ihrer Erlebniswelt spielen sagenhafte Aussichten somit eine sehr viel geringere Rolle als das Glitzern von Eiskristallen im Schneehaufen zu ihren Füßen oder der Geschmack von pudrigfludrigem Schnee auf der Zunge, den man sich wahlweise selbst oder gegenseitig ins Gesicht geworfen hat. Es kann ohne weiteres passieren, dass wir uns auf der spektakulärsten Panorama-Route befinden und Martha - entnervt von der herein strahlenden Sonne - die Gardinen vor die Fenster zieht, um ungestört weiter lesen zu können. Ein regelrechter Familienklassiker ist der Dialog, bei dem wahlweise Stefan oder ich in den Kinderbereich rufen: „Jetzt guckt doch mal raus! Seht doch mal, wie schön das aussieht!" und die Mädels dann (zur Befriedigung der Elternerwartungen) mit einem synchron zweistimmigen (aber etwas einstudiert wirkenden) „WOW!" antworten.

Bei unserer Weiterfahrt in den Zion Nationalpark habe ausnahmsweise einmal ICH das Buch auf den Knien. „Der Tunnel ist aber nix für Fahrzeuge, die über 2,40 m breit und über 3,40 m hoch sind", gebe ich das gerade im Reiseführer Gelesene an den Individual-Reisenden weiter. Doch dieser nimmt unbeirrt weiter Kurs auf den Südeingang des Nationalparks, also den mit dem engen Tunnel. „Kein Problem für uns", mutmaßt der Mann, dabei ist unsere Dicke in Wahrheit sogar NOCH breiter in den Hüften. Zu einer Verstopfung des Nadelöhrs ist es nur deshalb nicht gekommen, weil es zur Winterzeit nur wenige Touristen in den Nationalpark zieht und von den Wenigen wohl zufälligerweise gerade keiner raus wollte. Glück gehabt!

Einmal mehr waren wir froh, die berühmten Hot Spots der USA nicht im Sommer angesteuert zu haben. Dann ist nämlich Schluss mit lustig im Zion Nationalpark. Dann herrscht MIV-Verbot. Dann müssen alle Freunde des Motorisierten Individualverkehrs ihre Karre abstellen. Direkt am Campingplatz mit Blick auf den „Watchman" standen sie deshalb in Reih und Glied und warteten auf den Frühling: die Shuttle-Busse, die im Sommer Massen von Touristen in den berühmten Canyon fahren. Umso fröhlicher navigierte der MIV-Fan sein Spielmobil an den riesigen Felswänden vorbei durch die Schlucht. Während seine Reisegruppe sich faul in die Sitze kuschelte und die Nasen an die Scheiben presste, um die Giganten aus Stein in ihrer vollen Größe zu bewundern, war die Sonne bereits hinter die nächste Felskuppe geklettert, um die schattige Landschaft bizarr auszuleuchten. Habe ich erwähnt, dass mich Amerikas Natur begeistert? Jetzt noch ein paar herabgestürzte Felsbrocken, wassergefüllte Senken und steile Abgründe, mal zur Linken, mal zur Rechten, und Stefans Glück wäre wohl ebenfalls perfekt gewesen.

Dass in meinem Mann eine Mischung aus Trucker- und Stuntman-Genen sein Unwesen treiben, dürfte wohl mittlerweile rübergekommen sein. Ich weiß es spätestens seit meinen Erfahrungen auf dem „Apache-Trail", den wir nach unserem Abschied von unseren bayrischen Freunden in Arizona todesmutig in Angriff genommen hatten. Indem ich mit warnender Intonation aus dem Reiseführer vorgelesen hatte, dass dieser Weg für Wohnmobile jeder Art gänzlich ungeeignet und sogar für Geländefahrzeuge nur bei gutem Wetter „voraussichtlich problemlos" sei, hatte ich erfolgreich Stefans Entdeckergeist getriggert. Begeistert steuerte er die Dicke erst auf die Sandpiste, dann über Rillen, Furchen und Felsen und schließlich in die... „Hilfe, da geht es ganz steil runter!" - „Alles gut, ich muss nur den Gegenverkehr vorbei lassen." - „Nein, nicht noch weiter rechts, dann kippt die Feuerwehr in den Abgrund!" - „Entspann dich, ich hab alles im Griff!" - „Oh mein Gott, hoffentlich hält uns diese Brücke!" - „Mama. Du. NERVST!"

Neue Kulisse, gleiche Rollenverteilung. Auch im Zion spiele ich die besorgte Mutti, während Stefan allen Ernstes in Erwägung zieht, seine Brut den gefährlichsten Wanderweg der Welt zum „Angels Landing" rauf zu scheuchen. Nee nee, mein Lieber, mich kriegste da nicht rauf und meine Kinder erst recht nicht, schon mal gar nicht bei dieser Witterung! Wir spielen hier nicht „slip and slide"! Stattdessen spazieren wir ganz entspannt am Virgin-River entlang - einmal bis zum tiefsten Punkt in den Canyon und zurück. Die Adler (dort oben) haben es wunderbar sonnig. Bei uns (hier unten) ist es klirrend kalt. Um NOCH tiefer in die Felsenge (die „Narrows") zu kommen, hätte man es so machen müssen wie die bibbernde Wandergruppe: In Springdale einen Ganzkörper-Wasser-Schutzanzug leihen, den Astralkörper samt Winterkleidung in die Pelle stopfen, den Reißverschluss über die Plauze zerren und gemeinsam mit den anderen Michelin-Männchen abenteuerlustig in den Fluss stapfen. Ich renne neben den lustigen Watschelwanderern her: „Isn't it cold?" Eine gequälte Antwort: „Yes... it is..." (Zitronengesicht) Damit wäre das Thema also erledigt. Hab ich doch gleich gesagt, dass das zu kalt für uns ist, Stefan!

Mit dem Kerl habe ich eh noch ein Hühnchen zu rupfen. Eine meiner schönsten Abendprogramme sind nämlich unsere Familien-Vorlese-Stunden, bei denen Martha voller Inbrunst, mit toller Betonung und verstellter Stimme aus dem neuesten Lieblingsfamilienbuch vorliest. Ich LIEBE das - unter anderem auch deshalb, weil sogar Edda dann ganz verzückt und brav zuhört, anstatt wie ein kleines aufgescheuchtes Hühnchen durch die Feuerwehr zu turnen. Und ich kann - nebenbei bemerkt - wunderbar meine Reiseberichte schreiben. Bisher hatte ich meine Fake-Aufmerksamkeit immer erfolgreich mit unregelmäßig eingestreuten Kommentaren wie „Du liest wirklich sehr schön!" oder „Lies weiter, mein Schatz, ich höre dir so gern zu!" getarnt. Gestern jedoch hat Stefan mich vor aller Ohren einem Leseverständnistest unterzogen (unangekündig, pah!), bei dem ich natürlich - zur Überraschung meiner beiden Töchter - kläglich versagt habe. Na warte, das kriegt der zurück!

Aber wie könnte ich es ihm am besten heimzahlen? Mit lebenslangem MIV-Entzug? Nun ja, wir wollen ihn ja nicht gleich in der Vorhölle schmoren lassen, aber ein Jahr lang Zwangsnutzung des ÖNV...? Jaaa, das wäre eine gerechte Strafe. Jetzt weiß ich auch, was ich ihm zum Geburtstag schenken kann: einen Brustbeutel, für die Busfahrkarte.

Zum Hunderttausendsten
VALLEY OF FIRE STATE PARK; NEVADA

Dieser Beitrag soll etwas Besonderes werden, etwas Einmaliges, etwas nie Dagewesenes, denn wir haben etwas zu feiern. Damit meine ich nicht etwa die Tatsache, dass wir gestern den Rückflug gebucht haben - eher im Gegenteil - doch leider ist unser Visum ja nicht unendlich und die Green Card noch nicht beantragt. Unser Anlass zum Feiern ist ein ganz anderer, nämlich der einhunderttausendste gefahrene Feuerwehrkilometer.

Was schreibe ich nur? Vor mir sitzt Stefan und übt den Blues. Schrimm-schramm. Die Finger sind noch kalt. Ein Seufzen, ein Blick aus dem Campingfenster: Das „Valley of Fire" ist bereits regennass. Jede Restglut des gestrigen Lagerfeuers badet längst im Pool des Fire-Pits. Es soll auf jeden Fall etwas Mitreißendes werden. Etwas, das alle Leser dazu animiert, augenblicklich alles hinzuschmeißen und sich die ultimative Unterschrift für die Reise zu holen - ob nun vom Arbeitgeber oder dem Lebensgefährten oder den Eltern, ganz egal. Hauptsache das Herz ist schon sowas von randvoll mit Reiselust und Vorfreude, dass jedwede Gegenargumentation angesichts der begeisternden Aufbruchsstimmung sturzbachartig durch den Canyon gespült wird. (Ein Spaziergang durch diese trockenen Canyons ist bei diesem Wetter bestimmt lebensgefährlich, fällt mir gerade ein. Wie viele naive Touristen wohl bereits vom mitreißenden Strom davon gespült wurden und nun schon seit Jahren gesucht werden?) Überlege ich so. Derweil quält sich Stefan durch „Sunshine Reggae". Stirnrunzeln und Missklänge bei „Gimme just a little smile". Leises Fluchen.

„Falls ihr uns sucht, wir sind in unserer Höhle", teilt Martha uns kurz mit und ist schon wieder verschwunden. „Alles klar, Mäuschen. Wir suchen euch nicht." Ich suche immer noch nach dem Aufhänger für den heutigen Artikel. Valley of Fire. Fire… I´m on fire? Bruce Springsteen? Kommt immer gut. Der reißt ja auch schon seit Jahrzehnten generationsübergreifend die Menschen mit. Stefan singt: „The end of my hopes. The end of all my dreams." Richtig erraten. „No milk today" von Herman´s Hermits. (Was übrigens der Tatsache entsprach. Keine Milch mehr für den Morgenkaffee. Risiken und Nebenwirkungen für die Reiseatmosphäre sind allseits bekannt.) Stefan regt sich über den Text auf. Den kapiert der nämlich nicht. Mensch, kann der nicht mal was Umwerfendes spielen? Irgendwas mit mehr Drive?! Ich kann mich ja kaum auf meinen Artikel konzentrieren.

„Was wünschst du dir eigentlich zum Geburtstag?", frage ich in die nächste Spielpause hinein. (Ich weiß eh schon, was kommt: Nix. Brauch nix, will nix, schenk mir bloß nix. Irgendsoein NIX ist immer Teil seiner Antwort. Hundertmal gehört.) „Ein Reise-Permit!" Wie bitte? „Ein Reise-Permit. Für unsere NÄCHSTE große Reise!", strahlt Stefan mich an. Der ist nämlich bestens zufrieden, wenn er Gitarre spielen oder Auto fahren kann. Beides geht bei Regen, Sonne und Schnee. Hauptsache die Kinder sind gut drauf und die Frau nervt auch nicht weiter rum. Nix zu bedenken. Nix vorzubereiten. Nix auf dem Zettel. Man würde gerne etwas besser singen können und die Griffe klappten gestern irgendwie noch besser als heute. Macht aber nix.

Und nun ist Stefan warm gelaufen. Jetzt ist er ganz Johnny Cash: „I fell down into a ring of fire!", erschallt es weithin über den Platz, über die löchrigen Felsen hinweg, geradewegs in die regensichere Felsenhöhle der Mädels. „Hoh, but the fire went wild!" Dazu wird dynamisch in die Saiten gehauen. „Nach der Reise ist vor der Reise", wähne ich meinen hoffnungsfroh dreinblickenden Mann in Sicherheit und versende ein Foto mit acht fröhlichen Reiselustigen beim gemeinsamen Mittagessen in der Feuerwehr an unsere neuen Reisebekannten: Safe travels! - Gleichfalls!

Und jetzt weiß ich auch, worüber ich schreiben könnte. Über das ultimative Reiseziel? Über den animierendsten aller animierenden Spots unserer bisherigen Route? Über das „Must-See" einer jeden Amerika-Reise? Darüber haben wir uns nämlich auch mit Sandra und Bernhard unterhalten, die schon im April das Arbeiten sein gelassen und sich auf ihre dreijährige Welt-Teil-Reise begeben hatten. Ihr Slogan: „4 wheels, 3 years, 2 continents, 1 adventure." Und was war bisher das Beste? Diese Frage kann man sich einfach nicht verkneifen; dabei kennt man die Antwort doch schon. Wenn ich dir jetzt sage: „Du MUSST das Valley of Fire sehen!" und du fährst da an einem Tag hin wie heute, dann denkst du „Häh?" und brichst den Kontakt zu mir ab. Wenn du aber an einem knallblauen Tag reinfährst, bei strahlendstem Sonnenschein die „Wave" hochkletterst, auf dem Rückweg vier Reisefreudige triffst, mit denen du dann spontan Nudeln mit Soße in der Feuerwehr isst und übers Reisen quatschst, beim abendlichen Rumkurven auf dem Campingplatz zwar keine freie Parzelle mehr kriegst, dafür aber von Markus und Daniela eingeladen wirst, dich mit auf deren Platz zu kuscheln und am Lagerfeuer zu partizipieren, das bereits heimelig flackert, und man zu guter Letzt gemeinsam einen netten Abend unterm Sternenhimmel mit - ich schwöre! - Sternschnuppen und allem Drum und Dran verlebt, dann wird das Valley of Fire zu einem der allerheißesten Reisetipps unserer bisherigen Tour.

Was das Schönste am Reisen ist? Das Unvorhergesehene. Die Offenheit der Menschen. Dass man so vielen tollen Leute mit ihren Geschichten begegnet. Dass man einfach wegfahren kann, wenn es regnet. Also sag ich dir, wohl zum hundertsten Mal, passend zum hunderttausendsten gefahrenen Kilometer: Hol dir das Reise-Permit! Wir treffen uns dann unterwegs.

Brechreiz in „Nass Vegas"

LAS VEGAS; NEVADA

Eigentlich hatten wir diese Stadt gar nicht auf unserer Liste, aber am Ende waren dann doch einige Besorgungen zu tätigen, hatten sich leider vielzählige Ladungen Dreckwäsche angesammelt, hatte unsere Neugier schließlich über die Vorbehalte gesiegt. Las Vegas - was bedeutet das eigentlich? „Eigentlich müsste es „Nass Vegas" heißen", meinte Edda treffend, nachdem sie zum wiederholten Male einen Schuh in einer der großen regenbogenglänzenden Pfützen versenkt hatte. Das war natürlich nur ein Scherz, denn tatsächlich bedeutet „Las" laut Edda „Glitzer" und „Vegas" bedeutet „Stadt".

Die „Fluch-Fahrten" über städtische Highways auf der Suche nach diversen Einzelhandelsfachgeschäften und popeligen (aber scheinbar nicht-existenten) Lebensmittelläden hatten wir ohne nennenswerte Zwischenfälle und ohne Erfolg hinter uns gebracht. Entsprechend ermattet kamen wir gegen Abend im hässlichen Hinterhof des Hotel-Casinos „Circus Circus" an, der uns laut Reiseführer als zentral gelegener Campingplatz dienen sollte. „Life is a circus! So let´s play!", animierte ein regennasser Leucht-Clown die erwachsenen Spielkinder. Nöööö. Kein Booock! Doch gemäß unseres Wahlspruchs „Wenn wir nun schon einmal hier sind, dann wollen wir uns den berühmten „Strip" auch noch antun", stopfte ich - Seufz! Eigentlich bin ich jetzt schon müde! - unsere gähnenden Kinder liebevoll in ihre regenfesten Jacken, Zähne bereits geputzt, nur schnell noch aufs Klo.

Von dort kam Stefan bereits angewidert zurück, wobei das Fluchen des Campingplatz-Personals („These fucking homeless!") als Äquivalent zu Stefans Tagesgesicht fungierte und sich darauf bezog, dass offensichtlich einer der vielen Obdachlosen der glamourösen Stadt - quasi als Äquivalent zum geschäftigen Treiben in der Casino-Glitzer-Welt - einem SEINER Geschäfte nachgegangen war. Und zwar in der Dusche der Campingplatz-Toilette. Es muss wohl ein sehr erfolgreiches Geschäft gewesen sein.

Na dann mal rein ins Vergnügen! Auf ins Getümmel! Wollen doch mal sehen, welches Ausmaß die Verrücktheiten der Spezies Homo Sapiens Sapiens in der Wüste Nevadas bereits angenommen haben.

Wir waren - gelinde gesagt - sprachlos. Schon nach ca. einer Stunde hatten wir genug (Lichter gesehen / Pisse gerochen). Mein Urteil in Kürze: Las Vegas ist so mit das Bekloppteste, was sich ein Mensch ausdenken kann! Ich will dich jetzt nicht mit altbekannten Kuriositäten wie den wenig romantisch anmutenden „Wedding-Drive-In-Chapels", dem sinnlosen „Neonfriedhof" für ausgediente Hotelbeleuchtungen oder den Pyramiden oder sonstigen Bauwerks-Plagiaten langweilen, die als Kulisse für das Glücksspiel der jährlich 40 Mio. Besucher dienen. Nur kurz zum Thema „Geschäfte": Jährlich machen die Reichen, also die Casino-Besitzer, Umsätze von ca. 4,5 Milliarden US-Dollar (ich bin ja zugegebenermaßen kein Experte auf diesem Gebiet, aber ich finde, das klingt nach viel Geld), während geschätzt 100.000 Obdachlose verzweifelt versuchen, einen Ort für IHRE Geschäfte zu finden. (Einige finden - wie an anderer Stelle bereits erwähnt - immerhin eine Heimat in der Kanalisation.) Es erscheint insofern wenig verwunderlich, dass Las Vegas nicht nur die Spitze der menschlichen Dekadenzen darstellt, sondern auch noch die Statistik hinsichtlich der größten Suizidrate anführt. (Glückwunsch, Las Vegas, du hast den Jackpot geknackt.)

Oh, heute kein Glück am Spieltisch gehabt? Kein Problem. Von den Reklametafeln am Highway glotzen sie dich an. Ihr Grinsen besagt: Du brauchst Geld? Dann schau in meiner Kanzlei vorbei und wir finden schon jemanden, den wir verklagen können. Insofern kannst du in Las Vegas nicht nur mit einarmigen Banditen, sondern auch als schmieriger Anwalt oder als verunfallter Hotelgast deine Mark machen. Einfach Finger zwischen die Glastür klemmen (Autsch!), Hotel verklagen (Ätsch!) und die Sorgen sind futsch. (So oder so ähnlich wird hier am Straßenrand für juristische Dienstleistungen geworben.)

Wo kommt eigentlich der ganze Strom für die Lichter her und woher nimmt „The Mirage" das Wasser für den Wasserfall (nur mal als Beispiel)? Das haben wir uns auch gefragt. Es ist ganz einfach. Dafür hat man ja den „Hoover-Damm" gebaut, um den Stausee „Lake Mead" anzufüllen, der nicht nur als Wasserkraftwerk dient, sondern - nebenbei bemerkt - auch noch den Wasserbedarf der anderen Menschen in Nevada, Arizona und Kalifornien decken soll. Dumm ist nur, dass der Wasserstand - warum denn bloß? - in den letzten Jahren bereits bedrohlich gesunken ist (Uiuiui) und wenn dann plötzlich kein Strom mehr fließt, weil die gefährliche Marke von 1050 Fuß Wasserstand unterschritten wird, dann ist auf einmal Schluss mit Lustig in „Sin City." Dann kann man seine Geschäfte auf ein anderes Business ausweiten. Auf das kostbare Gut namens „Wasser" zum Beispiel.

Es mag dir möglicherweise bereits zwischen den Zeilen deutlich geworden sein: Ich finde Las Vegas - vor allem, aber nicht nur bei Lichte besehen - jetzt nicht sooo prickelnd. Stefan hat soeben beschlossen, dieser Ausgeburt an menschlicher Dämlichkeit erst dann wieder einen Besuch abzustatten, wenn sie als „Ghost Town" im Reiseführer angepriesen wird. Ob wir das wohl noch erleben werden? Mein Mann ist da jedenfalls recht zuversichtlich.

Wish you were here
MONO LAKE; NEVADA

Wir Mädels in der Feuerwehr sind bestens zufrieden. Wunderschöne Landschaft zieht - oder besser gesagt: schleicht - an uns vorbei, so dass man in Ruhe gucken, basteln, labern und Musik hören kann. „Da vorne… ENDLICH… endlich kann ich mal die endlose Schlange hinter mir vorbei lassen!", wirft Stefan ein, während er zum hundertsten Mal unruhig in den Rückspiegel schaut. Was hat er denn? ICH wäre froh, wenn ich so viele „Follower" hätte. (Haha!)

Im nun folgenden Moment treffen für die Dauer von zwei Sekunden zwei komplett verschiedene Welten aufeinander. Dieser spannungsgeladene Augenblick, in dem der kraftstrotzende Dodge RAM Kies spritzend an der Feuerwehr vorbei saust, wird von den erbosten Insassen ausgiebig gefeiert - und zwar in

Form von zwei schimpfend hochgereckten Mittelfingern. Die Kinder lachen ihn an, ich winke ihm mit bedauernder Geste zu und Stefan ahmt den Gruß dieses freundlichen Amerikaners nach. „Weißt du, was das wichtigste Feature unseres Autos ist?", fragt mich mein Mann genervt. „Standheizung?", rate ich. „Falsch. Warnblinklicht!"

Wer hätte gedacht, dass der Weg ins Death Valley über so hohe Berge führt? Und wer hätte geglaubt, dass es sogar IM Toten Tal so steile Straßen gibt? Zudem hatten wir nicht mit so vielen geschlossenen Campingplätzen gerechnet, vor allem nicht mit so viel Regen, aber auch nicht mit dem wunderschönen Regenbogen am nächsten Morgen.

Überrascht waren wir auch von den vielen Steinbrocken und Schlaglöchern auf dem Weg zu dem heißen Stellplatz-Tipp in der Nähe des Aussichtspunkts namens „Father Crowley". (Schwitz!) Den extremen Wind, der uns dort empfing, hatten wir auch nicht auf dem Schirm gehabt, ebensowenig wie diese geniale Aussicht. Begeistert zückte Stefan seine Kamera, während mein Auftrag darin bestand, die Mädels vom Abgrund fernzuhalten. Nachdem wir uns kreischend und lachend mit ausgebreiteten Armen gegen den Wind gelegt hatten, genossen wir noch einen Moment den enorm weiten Blick über die erstaunliche Farbenvielfalt der sandigen Hügel auf der einen und die dunklen schroffen Felsbrocken auf der anderen Seite. Dann machten wir Mädels uns bibbernd und sturmgebeutelt auf den Weg zurück in die warme Feuerwehr. Erfrierungstod im Death Valley - auch mit solchen Schlagzeilen rechnet niemand.

So geduldig Stefan auch im schneidenden Wind ausharrte - die vorangekündigten Kampf-Jets, die hier angeblich wochentags zu Übungszwecken durch die Schlucht jagen, kriegte er leider nicht aufs Display. Dafür kriegten wir prompt Besuch von „Ranger Smith" - wie er sich uns mit erwartungsgemäßer Körpersprache vorstellte, nachdem er mit betont langsamem breitbeinigem Gang, Hand am Gürtel, Opfer fixierend, auf unsere Feuerwehr zugesteuert war. Nicht dass wir noch meinten, hier über Nacht stehen bleiben zu wollen... No no, machen wir nicht... Na, dann ist ja gut. Dann haut ihr also gleich hier wieder ab?... YES, SIR!

Aber erstmal Nudeln durchbraten („Die Pfanne ist aber schon ganz schön abgenutzt - oder, Papa?" - Ja. Leider. Vielsagende Blicke, Geflüster: „Hihihi... Wenn der wüsste!"), Kaffee trinken, Papa in den Wind schicken und heimlich Geschenke einpacken. Gott sei Dank kam er in diesem Moment doch noch angesaust, der Jet. Mit ohrenbetäubendem Lärm knallte er unter uns vorbei durch den Canyon, um dann steil in die Wolken zu schießen. Da Stefan nun alles hatte, was er haben wollte, konnten wir getrost weiterfahren. Hinten Hörspiel, vorne Hooters, (ne Menge) more than 500 miles away from home, genau zwei Wochen bis zur Ankunft von Nichte Sara, noch 350 Meilen bis zum Yosemite Nationalpark und weniger als 48 Stunden bis zu Stefans Geburtstag. Was er wohl kriegt? „You can hear the whistle blow 500 miles..."

Am Morgen seines 43. Geburtstags frage ich Stefan: „Wen hättest du jetzt gerne hier?" Doch der hat kaum Zeit zu antworten, denn er muss - „Wow! Wow! WOW!" - unbedingt diesen Blick einfangen, dieses Licht der aufgehenden Sonne, die malerischen Spiegelungen in diesem surrealen See. Mono Lake. Da lag es vor ihm, das „Nix", was er sich zum Geburtstag gewünscht hatte. Also waren die fehlenden Touristen, der Lavaberg in der Mitte des Sees und der Sonnenaufgang heute Morgen bereits Teil unseres Geschenks. Mach schnell, Mama! Gleich kommt die Sonne raus! Die will Papa doch SEHEN! - Pssst! Er schläft noch! (Knick-knack!) - Wo soll Papa sitzen? Von wo hat er den besten Blick auf den See? Aufregung pur. Wir stehen mutterseelenallein direkt am Südufer, nach abenteuerlichem Geholper durchs Dickicht, das durch fiese Kratzgeräusche begleitet worden war, mit Blick auf diese skurrilen Tuffsteingebilde des Kratersees, also „am schönsten Stellplatz der gesamten Reise", um es mit Stefans Worten zu sagen. Aber jetzt endlich: Kamera ablegen, umdrehen, Kerzen sind schon angezündet, seine drei Frauen singen „cumpleaños feliz", alles Liebe zum Geburtstag! Auspusten, feste drücken. Braucht der Mann jetzt noch Geschenke? Nein, die braucht er nicht, das habe ich ja schon gesagt. Aber WIR brauchen das! Und alles, was dazu gehört: Geschenke besorgen, einpacken, Liebeserklärungen in Anhängerform basteln, Karten schreiben, Gedichte dichten, Bilder malen, Kuchen dekorieren - alles „heimlich", versteht sich. (Eine echte Herausforderung, wenn man zu viert in weniger als 30 Kubikmetern lebt.)

„Was macht mehr Spaß", frage ich die Mädels, „die Vorbereitung oder das Feiern?" Martha findet „beides gleich aufregend", doch Edda gibt eindeutig dem Feiern den Vorzug, „weil man dann erst die Liebe spürt." Ich glaube, Stefan hat sie gespürt, sogar bei der Verleihung der „goldenen Bratpfanne" (Mensch, da hatte er ja GAR nicht mit gerechnet... GOLD! Was für eine Auszeichnung!) Die NOCH größere Freude hatte Stefan aber bei den selbst gemalten und gedichteten Liebeserklärungen, mit denen er indirekt als Gewinner des Papa-Awards ausgezeichnet wurde: „Papa, ich hab dich lieb. Als ich dieses Gedicht hier schrieb, dachte ich: Was mach ich denn? Denn kein Gedicht kann dich beschrei-benn. Du bist so schön, du bist so toll, du bist einfach wundervoll!" Ich würde mal sagen, dem ist nichts mehr hinzuzufügen.

Vielleicht nur noch das Eine: Der Mono Lake ist außer vom Papa #1 bereits von äußerst berühmten Künstlern geknipst worden und hat vor allem durch das Foto auf der Innenseite des Pink-Floyd-Albums „Wish you were here" an Berühmtheit gewonnen. Und dieses Album ist außerdem noch ziemlich genau so alt wie Stefan. Und nachdem wir das Lied vor dieser sagenhaften Kulisse nochmal gehört haben, ist es unbestritten: Dies ist mit Abstand das schönste Lied, das Pink Floyd jemals herausgebracht hat. Auch wenn Stefan und ich nun zwar absolut keine „two lost souls" sind und die Dicke noch lange kein „fish bowl", so wäre es doch manchmal schön, Momente wie diese mit unseren Familien und Freunden teilen zu können. „How I wish, how I wish you were here!"

9. *Peace, Love and Unicorns* - die Westküste #2

„California dreamin' on such a winter's day" (The Mamas & The Papas)

Robin

„Und wir müssen wirklich nichts bezahlen?", fragte Stefan den Ranger, der auf dem einzigen geöffneten Campingplatz seine Runde drehte. Nee, mussten wir nicht, wegen des Shutdowns. Krass. Für lau im berühmten Yosemite. Dazu noch fast allein in der frisch verschneiten Traumlandschaft. Nur eins, eins wollte Stefan dann doch noch wissen: „Werden Sie eigentlich derzeit für Ihre Arbeit bezahlt?" Der Ranger verneinte. Er und viele andere Nationalparkangestellte arbeiten trotzdem weiter. Das seien dann aber „hard times", vermutete Stefan. „Nun ja, ABER..." (sein Blick wandert nach oben und verweilt kurz auf dem Halfdome - oder war es der El Capitan? Derweil fällt glitzernder Schnee aus einem der riesigen Bäume, die Sonne kommt langsam raus) „... DAS hier ist mein Office!" (freundliches Lächeln, Schulterzucken, positives Denken) Nee, stimmt, dieser Mann war nicht zu bedauern. (Hätte ein deutscher Ranger das jetzt genauso gesehen? Hätte ICH es so gesehen?)

Was ich unzweifelhaft auch gesehen hatte, war die Traumkulisse seines Arbeitsplatzes, den wir nun noch genauer in Augenschein nehmen wollten. Wir standen gerade am Mirror Lake, als - Pling! - eine Nachricht von unseren bayrischen Reisefreunden reinflatterte. Über zwei Wochen war es nun schon her, dass wir uns in Phoenix von der Berchtesgadener Familie verabschiedet hatten, um den wilden Westen der USA wenn schon nicht im Flug, so doch wenigstens mit röhrendem Motor zu erobern. Umso größer war jetzt die Freude und umso lauter der Jubelschrei, als wir in der Textnachricht die frohe Kunde vernahmen: Achsbruch des Wohnanhängers, diagnostiziert 200 Meilen von uns entfernt an der Westküste im exquisiten Örtchen Carmel, der Heimat von Clint Eastwood. (Juchuh! Sie stecken fest! Jetzt kriegen wir sie!)

Unseren Freunden gegenüber habe ich natürlich unserer vollsten Anteilnahme Ausdruck verliehen: „Bei jedem geht mal was zu Bruch. Bei euch ist es nicht die Ehe, sondern nur die Achse. Insofern müsstet ihr eigentlich noch dankbar sein." (Ich ziehe in Erwägung, Seminare im „Positiven Denken" anzubieten. Aber -

mal unter uns - überrascht hat er mich nicht, der Achsbruch. Wer mit so einem Gespann permanent durch tiefe Gräben ballert, der muss sich ja am Ende nicht wundern.) Was von beidem sie am Ende dringender gebrauchen konnten - meine tröstenden Textnachrichten oder Stefans spontane Zusage, am darauffolgenden Tag bei der Montage der neuen Achse behilflich zu sein, ist schwer zu sagen.

Am Schauplatz des Unglücks angekommen, wurde unser Hang zum Katastrophentourismus, der uns nun also schon zum zweiten Mal in dieses idyllische Küstenörtchen Carmel getrieben hatte, ein wenig enttäuscht. Stattdessen blickten wir nicht nur in strahlend blauen Himmel, sondern auch in strahlende Gesichter, hüpfende Kinder und auf voller Tatendrang abgeschraubte Reifen bzw. Achsen und sonstiges Metall- und Schmier-Gedöns auf der Ladefläche des blauen Pick-Ups. Lediglich Carlos, der Wächter auf diesem nobel gepflasterten und schick bepflanzten Supermarktparkplatz, vermochte den Druck auf die fröhliche Truppe ein wenig zu erhöhen, indem er fordernd auf seine Armbanduhr klopfte, wann immer er halbstündlich an dem Wohnanhänger vorbei patrouillierte. (Stirnrunzeln, hochgezogene Augenbrauen: „When?" - Bald Carlos, bald sind die Jungs fertig. No worries. Die schaffen das.)

Ob die das wohl schaffen?, fragte ich mich, während ich von der Feuerwehr aus den Anblick auf die zwei emsig arbeitenden Männer in dreckigen Blaumännern genoss. Kugellager fetten und einsetzen, Trommelbremsen wechseln, auf die neue Achse montieren, irgendwie unters Auto bringen, Räder anbringen, Bremskabel anschließen... Freund Youtube macht´s möglich. Aber sowas dauert schon mal seine zwei Stündchen, wenn du kein promovierter Mechaniker bist. Und danach wär´s schön, gemeinsam auf den nächstbesten Campingplatz zu fahren, um gebührend unser Wiedersehen und die erfolgreiche Reparatur zu feiern. So war der Plan.

Erstmal hatte ich also Zeit genug, nicht nur die Fragen von Carlos, sondern auch von diversen anderen Schaulustigen zu beantworten. Einer von ihnen: Robin, Baujahr 1950, weißes Haar, Holzfällerhemd, riesiger grüner Stein an seinem Ring, quadratisch mit runden Ecken (also der Ring), wirklich sehr außergewöhnlich (Ring wie Mann, doch dazu später). Das Gesicht konnte ich erst nicht so gut erkennen, denn nachdem seine Fragen zu unserer Feuerwehr und den beiden komischen Reisegruppen beantwortet waren, polierte er unentwegt mit der Nasenspitze an seinem Handy herum, indem er versuchte ein gutes Foto vom „kleinen Bruder" unserer Feuerwehr zu finden. Das Auto gehöre seinem großen Sohn, der das so gerne zum Surfen und für seine Filmaufnahmen in L.A. verwende. (Kommt immer gut.) Doch leider hatte der Mann seine Brille nicht dabei, so dass er sich einzig auf die Farbe „Rot" konzentrieren konnte, was darauf hinauslief, dass er mir unentwegt fragend diverse rote Häuser oder andere rote Autos vor die Nase hielt. „Nee Robin, ist wieder keine Feuerwehr drauf."

Das gewünschte Foto fand er trotz langer Suche zwar nicht, dafür stach jedoch plötzlich das leuchtende Petrolblau einer anderen Aufnahme in meine Augen. Wow, was ist denn das?! - „Das ist unser Airstream. Der steht auf einem meiner Grundstücke, wenige Meilen von hier." - Schickes Teil! - Also, wenn wir Lust hätten und noch keine anderen Pläne für die nächsten Tage, dann könnten wir dort gerne campen, meinte er so nebenbei, den Blick weiter auf sein Mobiltelefon gerichtet. (Naja, das hatte er bestimmt nur so dahingesagt. Er hatte sich mir jedenfalls nicht als Robin Hood vorgestellt.) Aber dieser Airstream war wirklich ein Schmuckstück (Alter Schwede, das nenne ich mal Life-Style!) und in Europa sehr schwer zu finden (Fachsimpel hier, Fachsimpel dort), denn das wusste ich aus eigener Erfahrung, (Laber laber, trallalla. Die Sonne scheint so schön in mein Gesicht) und irgendwann wiederholte Robin sein Angebot.

Allmählich begann es in meinem Köpfchen zu rattern. Wieso machte der Kerl das? Was hatte der denn davon, wenn wir mit vier kleinen Kindern sein Grundstück bevölkerten?, fragte ich mich im Stillen. Für „den Deutschen an sich" gehört eine derartige Einladung - zumindest was meinen Erfahrungsschatz angeht - ja nicht zwingend zum Kommunikationsrepertoire. Verständlicherweise, oder? Ich meine, was kommt als Nächstes? Würde er uns gleich noch die Betten im Airstream frisch beziehen, ein warmes Feuerchen auf der Terrasse machen, den

Campari-O mischen und das Collier seiner Schwiegermutter überschreiben? Der kannte uns doch gar nicht! Das Angebot konnte ich also unmöglich annehmen.

Als wir also wenig später mit unseren beiden Fahrzeugen auf sein Grundstück einbogen („Jungs, wie lange braucht ihr noch? Ich hab uns da mal was klargemacht!"), flackerten bereits die Flämmchen heimelig zwischen den Lavasteinen, war die Flügeltür des Airstreams schon geöffnet, waren die Sitzkissen auf der Terrasse einladend drappiert und das Wasser schon warm. „Ihr könnt gerne drinnen duschen und euch dort gemütlich einrichten, wenn ihr wollt; ist ja manchmal ganz schön, eine Abwechslung zu haben." (Okay, wo ist mein Cocktail? Und her mit den Klunkern von Omma!) „Und hier ist noch kaltes Bier für euch in der Kühlbox." (Haaaalllooo? War ich hier im Märchen? WIESO machte der Typ das für uns?)

Die letzte Frage musste ich dann wohl doch laut gestellt haben, denn Robin erklärte freimütig, er habe auf seinen diversen mehrmonatigen Reisen mit seiner Familie nach Mexiko so tolle Erfahrungen gemacht, dass er dieses gute Karma einfach gerne weitergeben wolle. Krasser Typ. Glücklich machten wir es uns am Feuerchen gemütlich, wo wir uns zwar selbst die (eigenen) Bierflaschen öffneten, dafür jedoch unsere Steaks auf Robins Grill brutzelten, derweil die untergehende Sonne sich im Meer spiegelte.

Dieser Mann war uns ein Rätsel - und am dritten Abend bereits ein Vorbild. Wir hatten der wiederholten Einladung zu bleiben, nicht widerstehen können - nicht bei DIESEM Karma, nicht bei DIESEM Blick, nicht bei DIESEM Naturpark, zu dem wir an einem der Nachmittage spazierten. Zu Ausgleichszwecken hatten die Männer immerhin einen sturmbedingt umgekippten Baum wieder aufgerichtet, um wenigstens ETWAS an Gegenleistung zu bringen, die aus Robins Sicht gar nicht nötig gewesen wäre. Ich bin jedenfalls fest entschlossen, mir von diesem Mann und seiner einfach unglaublichen Gastfreundschaft eine dicke Scheibe abzuschneiden, indem ich insgesamt ein NOCH besserer Mensch werde und/oder andere animiere, zumindest mal den Ansatz des Bemühens zu zeigen, ebenfalls ein halbwegs anständiger Mensch zu werden - und wenn das schon nicht klappt, dann doch wenigstens mit den unsäglichen Vorurteilen vom „Amerikaner an sich" aufzuräumen (Die sind in Wahrheit nämlich super. Alle! Ja, watt weiß denn ich, wer diesen Trump gewählt hat!)

So verstrahlt waren wir alle von diesem unglaublich tollen Erlebnis, dass wir fast vergessen hätten traurig zu sein, als sich die Wege der Brightmans und der Bayern heute Morgen dann leider trennen mussten. („Na denn: Hals- und Achsbruch, ihr Lieben! Wir sehen uns in Deutschland!") Gerade wollten wir bei strahlendstem Sonnenschein in verschiedene Richtungen auf den wohl schönsten Küsten-Highway #1 abbiegen, als wir nochmal von Robin abgefangen wurden. Der wollte uns noch die Adresse von seinem derzeit leer stehenden Haus in San Diego geben. „Die Kinder haben bestimmt Lust, da mal in den Pool zu springen."

Jetzt mach ich Schluss. Jetzt bin ich nämlich sprachlos. Ach, nur eins noch: Als Dankeschön für unseren tollen Aufenthalt auf seinem Grundstück bat uns Robin lediglich darum, all unseren Freunden von diesem schönen Ort zu erzählen, damit er sie ebenfalls eines Tages auf seinem Grund und Boden Willkommen heißen kann. Nun gut, du weißt dann ja jetzt Bescheid.

Wenn es leicht wär
SANTA BARBARA; KALIFORNIEN

„Wenn es leicht wär, dann wär es nicht so schön, weil auf dem schwersten Weg das größte Glück entsteht." Mit dieser Lebensweisheit in Liedform versuchen die Mädels in der letzten Zeit den Motorenlärm der Feuerwehr zu übertönen. Klappt. Sowieso ist das ein sehr brauchbares Lied, wie sich letztens in einer besonders tückischen Campingplatz-Dusche herausgestellt hat. Klemmendes Thermostat, versteckter Münzeinwurfschlitz, in Wasserlachen schwimmende Socken, in Pfützen baumelnde Hosenaufschläge - als Sechsjährige kann man bei solchen Hürden schon mal die Flinte ins Korn (oder auch den Rest der Klamotten sauer hinterher) werfen. „Du bist nicht so weit gekommen, um aufzugeben", singt in solchen Situationen Lina Larissa

Strahl alias Martha, das Motivationstalent, und baut die kleine Schwester damit wieder auf. Hüpfend, singend und nass kommen die beiden dann nach gefühlten zwei Stunden vom Waschhaus zurück. Duschauftrag erfüllt. So fühlt sich ein Erfolgserlebnis an.

Stefan täte ein solches Lied zur Stabilisierung seiner Nerven auch mal ganz gut. Stattdessen stellte er unlängst fest, dass „hier ein ganz anderes Klientel an Autofahrern unterwegs" und jedes Überholmanöver dieser „langhaarigen Affen" lebensgefährlich sei. (Zunehmend langhaarig sind sie hier tatsächlich, vermutlich weil wir uns langsam (also bestenfalls im 2. Gang auf der Spur für „slow trucks") den kalifornisch hippen Surferregionen nähern. Mensch Stefan, hast du vergessen, dass du vor Jahren auch mal versucht hast, dir die Haare lang wachsen zu lassen? (Sah aber nicht aus. Zu dünnes Haar.)

Haare hin, Pläte her - ich muss sagen: Kalifornien gefällt mir immer besser, und zwar sowohl Santa Barbara als auch das Drumherum. Ganz gemütlich hatten wir uns die Küstenstraße # 1 nochmal gegeben und der Kolonie der See-Elefanten einen zweiten Besuch abgestattet. Mannomann, da war mittlerweile vielleicht was los! Ein wildes Getümmel aus Gebären, Säugen, Machtkämpfen und Kopulieren. Purer Fortpflanzungsstress. Martha stellte außerdem fest: „Mit diesen langen Nasen können die ihren eigenen Mundgeruch riechen." Das würde ich als Belastung empfinden, beides. So schön es war, dieses Spektakel von außen zu betrachten, so froh war ich auch, nicht als Seeelefantenkuh geboren worden zu sein.

Am nächsten Tag waren wir bei strahlendstem Sonnenschein durch das meiner Meinung nach supersüße und nach Stefans Dafürhalten total versnobte Örtchen Los Olivos gebummelt, um dann mit Panoramablick auf Santa Barbara im Los Padres National Forest rückwärts in den Wald einzuparken. Ich sag nur: Spaaaren! Juppidei!

Erst wollte Stefan gar nicht länger in Santa Barbara bleiben (weil Stadt = Menschen = Freaks = Ansteckungsgefahr, du weißt schon), aber auf der Suche nach einer Tankstelle waren wir ja eh schon mitten durch die Flaniermeile gecruist - schön

Füße auf dem Armaturenbrett, Sonnenbrille auf, Leute anlachen, zurückwinken, Menschengucken. „Warum hat der Mann da diese riesigen Brüste?", fragte Edda erstaunt. Schätzelein, die Frage lautet: „Warum nicht?"! Unser Eindruck von dieser Ecke Kaliforniens, lediglich eine Momentaufnahme wie ein Blitzlicht: „Alles easy! Alles fresh!"

Aber - Puh! - auch ganz schön teuer. Das locker-flockige Lebensgefühl, das man genauso mit Kalifornien verbindet wie den alten VW-Bus, der eine Handvoll gut gelaunter junger Leute und ihre Surfbretter zum Strand fährt, täuscht schnell mal darüber hinweg, dass das Reisen mit geringem Budget hier ungleich schwieriger ist als in anderen Teilen der USA. Wenn auch regenverschwommen, so habe ich sie trotzdem noch im Hinterkopf, diese etwas andere Momentaufnahme von der kalifornischen Küste: Santa Cruz. Gerade waren wir von dem erhofften Stellplatz am Strand abgewiesen worden: Evakuierung wegen Überschwemmungsgefahr. Kaum hatte man die Waldbrände endlich endlich im Griff, war Kalifornien bereits kräftig dabei abzusaufen. Ermattet hatten wir unsere Dicke schließlich am Abend auf den teuersten Campingplatz unserer Reisegeschichte manövriert. Der Preis: 83 Dollar. Die Leistung: nichts außer eines schmuddeligen Waschhauses. Immerhin. Denn dieses machte sich des Nachts auf Heller und Pfennig bezahlt. Böse Zungen würden behaupten, unsere Darmaktivität (besser bekannt als „Manitus Rache") sei nichts weiter als Ausdruck unserer perfiden Vergeltungssucht gewesen.

In Klopausen wurde Ursachenforschung betrieben und eine erste Vermutung angestellt: In einer unserer letzten kostenfreien Parkbuchten am Straßenrand hatten wir es den auch nachts noch heran rollenden Mexikanern gleichgetan und ebenso eifrig wie blauäugig unsere Wasserkanister aufgefüllt. Im Internet erfuhr ich schließlich, dass dieses „natürliche Quellwasser" möglicherweise doch nicht dem gleichen Qualitätsstandard entspricht wie deutsches Leitungswasser. Titel wie „Trinkwasserkrise in den USA" und „Das untrinkbare Leitungswasser von L.A." stellten mir die Nackenhaare auf. Zum Glück hatten die Kinder in letzter Zeit hauptsächlich Milch getrunken.

Wir halten fest: Am Wasser zu sparen macht keinen Sinn. Insgesamt geht Sparen in Kalifornien deutlicher schwieriger als anderswo, aber viel leichter, seitdem wir in San Francisco von diesem netten Typen angesprochen worden waren. Mit Blick auf die Golden Gate Bridge hatte er uns diese kostenfreie Stellplatz-App empfohlen, die sich als unfassbar hilfreich herausstellen und maßgeblich unsere Planung vereinfachen sollte - nicht nur, aber eben auch hinsichtlich unseres Reisebudgets. Natürlich funktioniert eine derartige Informations-Tauschbörse wie diese App nur, wenn nicht zu viele User von den Geheimtipps profitieren wollen. Ergo gilt: Je besiedelter und touristischer desto problematischer. (Siehe Instagram und Selfies nach gefährlichem Steilanstieg und anschließendem Schlangestehen vor populär gewordenen, weil total versteckt liegenden Naturpools und dergleichen.) In Santa Barbara hatten wir Glück. Die Straßenbuchten waren zwar schon belegt, aber in National Forests ist freies Campen ja offiziell erlaubt. Dumdidum. Life is easy!

Hatte ich eigentlich schon erwähnt, wie unfassbar freundlich die Amerikaner sind? Egal, wo du dich bewegst, immer hat jemand ein nettes Wort für dich übrig. Wann immer die Leute uns am Straßenrand ansprechen, weil sie wissen wollen, wo das Nummernschild und die dazugehörige fremdländisch aussehende Karre sowie die verstrahlten Insassen herkommen, so spult Stefan mittlerweile akzentfrei seinen Text ab, denn das kann er schon im Schlaf: der Bus ist „an old fire truck", den er in ein mobiles Wohnheim „converted" hat und - NEIN! - wir sind nicht den ganzen Weg von Deutschland bis hierher gefahren, sondern wir haben das WoMo - „no kidding!" - nach Halifax verschifft. Die gesamte Geschichte ist in einer Minute erzählt und an dessen Ende (oder Mitte - je nachdem) sagt der freundliche Amerikaner (ebenso wie der herzliche Kanadier) immer den gleichen Halbsatz: „Good for you!"

Am Anfang waren wir noch etwas irritiert. Aber dann haben wir herausgefunden, dass das durchaus nett gemeint ist, also nicht so wie die vergleichsweise patzig klingende deutsche Übersetzung „Schön für dich", die ja in Wirklichkeit „Interessiert mich

179

nicht" bedeutet. Denn das, was schön für dich ist, ist ja bekanntlich häufig der Dorn im Auge des anderen - nicht aber auf DIE-
SER Seite der Erdkugel. (Jedenfalls nicht bei den Menschen,
denen wir bisher rein zufällig begegnet sind.)

Insgesamt waren die letzten Tage einfach zu schön, um einkaufen zu gehen, aber gestern Morgen ging dann nix mehr (Milch
alle. Kaffee auch. Alles weitere ebenfalls.) Also rein nach Santa
Barbara. Und was soll ich sagen: Ich weiß gar nicht, was immer
alle gegen das Einkaufen haben. Im Trader Joe´s (meinem
neuen Lieblingsladen!) schieben nur freundliche, zuvorkom-
mende und vergleichsweise umweltbewusste Leute ihren leicht
rollbaren Einkaufswagen durch die Gänge. (Oh, sorry, jetzt steh
ich dir im Weg. - Nein nein, ICH hab mich zu entschuldigen. -
Was für ein herrlicher Tag. - Da sagst du was.)

An der Kasse angekommen, nimmt man dir erst einmal den Einkaufswagen weg. Hier ist nämlich der Kunde König. Strahlend
wirst du gefragt, wie es dir heute geht („How are you today?"),
und du hast dann ganz lange Zeit dem Verkäufer dein Leid zu
klagen, weil dieser junge Mann an der Kasse dir sämtliche Arbeit abnimmt. (Willst du heute eine Tüte? - Nein danke, leg einfach alles wieder in den Wagen.) Unterdessen eilt der Mitarbeiter des Monats zusätzlich helfend herbei, um beim Einpacken
der Waren in die Tüten zu helfen. (Ah, danke. Bitte keine Tüten.
Das kommt alles einfach in den Wagen.) Und sobald dieser von
dannen gezogen ist, wird er sofort vom Mitarbeiter des letzten
Monats abgelöst, um deine Einkäufe in Tüten zu packen. (…)
Am Ende zockelst du mit dem dreifachen Auftrag, einen super-
guten Tag zu haben, gen Feuerwehrauto davon.

Dieses Prozedere habe ich dann dreimal wiederholt, weil ich a)
was vergessen, b) versehentlich ungemahlenen Kaffee gekauft
oder c) mir noch nicht alle Sorgen von der Seele geredet hatte.
Spätestens als wir daraufhin den Strand sahen (Wer kommt mit
ins Wasser? Guck mal da: ein Zeppelin! Boah, hast du die Delfine gesehen? Wollen wir gleich noch zum Steg flanieren? Seht
ihr die Pelikane dahinten?) wurde dieser Tag zu einem rundum
perfekten Tag für lebensbejahende Menschen. Der leichte
Salzgeruch in der Luft, die Sonne auf den Palmenblättern und

der Sand unter den Füßen fühlte sich auch irgendwie wie Spanien an. Heimatgefühle, Pelikane und Sonne - und das im Januar! Die Kinder sangen: „Wenn es leicht wär, dann wär es nicht so schön." Aber zum Glück hatten wir es ja nicht leicht!

Am nächsten Tag ging es dann in die „Old Mission Santa Barbara". Inspiriert durch den Besuch der Missionsstation möchte Stefan sich jetzt auch eine Tonsur wachsen lassen. (Er ist auf gutem Wege.) Bei dem Kloster handelt es sich übrigens nicht um irgendeine, sondern um DIE Mission in Kalifornien, die Perle des Südens quasi, denn sie ist alt genug, um einem waschechten Amerikaner vor Stolz die Brust anschwellen zu lassen. (Jetzt festhalten: Einiges davon stammt sogar aus den 1790er Jahren! Aufgeregtes Gemurmel.) Die Mönche hatten hier den Auftrag, die Chumash-Indianer an den christlichen Glauben heranzuführen. Angenehmer Nebeneffekt: Die Ureinwohner haben ihnen zum Dank dafür die Kutten gewaschen und auf den Feldern geschuftet.

„Was ist eine Mission?", wollte Edda wissen. „Missionieren ist großer Quatsch.", lautete die detailverliebte Antwort ihres Vaters, dessen fotografische Mission prompt von einer Ehrenamtlichen in akzentfreiem Deutsch unterbrochen wurde: „Wenn Sie noch Fragen haben, können Sie sich gerne an mich wenden." (Ja nee, eigentlich alles klar soweit. Danke.)

Natürlich ist Missionieren NICHT Quatsch. Das habe ich auch sofort mit meinen Mädels erörtert, so dass Edda am Ende des Besuchs klar war: „Dass Frauen und Männer die gleichen Rechte haben, ist auf jeden Fall eine gute Mission." Ich bin deiner Meinung, mein Schatz! Jeder sollte missionieren, sei es nun auf Anfängerniveau oder im fortgeschrittenen Stadium. Wahlweise wäre da der Kampf um soziale Gerechtigkeit und Toleranz, gegen die Umweltverschmutzung oder für die Beendigung der Religionskriege - soll doch jeder glauben, was er will, solange er niemandem seine Meinung aufzwingt und keinem „Irrgläubigen" den Schädel einschlägt. All dies wurde ausführlich besprochen, allem voran natürlich die Mission „Völkerverständigung", die man am besten reisend erfüllt, ist ja klar.

Abgesehen von einem einzigen Exponat (einer selbst genähten Krippenszene mit einer Figur, in der Stefan „Bernd das Brot" und Edda „Spongebob" wiedererkannte) fiel unser Urteil bezüglich der Mission in Santa Barbara aber eher wenig milde aus. Edda hätte unser Geld eh lieber in eine dieser Party-Touren mit dem Amphibienfahrzeug (halb Bus, halb Schiff) investiert. Martha fand wie immer alles interessant. Und Stefan und ich fanden, dass man sich alte Gemäuer dann ja in Europa wieder anschauen kann, und setzten unsere Reiseroute gen Süden fort, um mit Treckergeschwindigkeit das Verkehrschaos rund um Los Angeles zu bewältigen. (Hoffentlich keine „mission impossible"! Schwitz!) Überall am Straßenrand steht ja „speed kills", aber mein Mann wird nicht müde zu betonen, dass ein gewisses Mindestmaß an Motorleistung auch Leben retten kann. Das mag ja sein, Stefan, aber: „Wenn es leicht wär, dann wär es nicht so schön…"

Mit beiden Beinen fest im Sternenstaub
OCEANSIDE, KALIFORNIEN

Ein ganz normaler Morgen in der Feuerwehr. Die Titelmelodie des geliebten Hörspiels „Sternenfohlen" erklingt. Zeitgleich teilt Stefan mir seine diesbezügliche Einstellung mit Hilfe von nonverbalen Kotzsignalen mit. Wir sind einer Meinung. Es folgt glockenklarer Gesang: „Sternenfohlen, Sternenfohlen, über den Wolken, ganz weit oben." Stefan murmelt sauber gereimt: „Popo versohlen", doch der Sprecher fällt ihm ins Wort: „Wolke stupste Saphira, ein besonders hübsches Einhornmädchen, sanft mit der Nase an." So tue ich es auch mit meinem Mann. Sanft stupse ich ihn an und signalisiere ihm damit liebevoll lächelnd, mir noch ein bisschen Kaffee nachzuschenken. Derweil quietscht die eindeutig über 30jährige Sprecherin in der Rolle von Saphira albern ins Mikro. Es kommt noch schlimmer, denn nun tritt die Lehrerin des Einhörncheninternats auf den Plan, um mit unerträglich glucksender, weil übertrieben vergnügter Pädagogenstimme bekannt zu geben: „Heute zeige ich euch, wie man Mut herbeizaubern kann." - Im Hintergrund kreischen die überalterten Einhörnchen-Sprecher: „Oh, cool! Hihihihihi…"

Ich geh kaputt. Ich halte es nicht aus. Es kommt zum Höhepunkt, dem Sturz- und Sinkflug. Pubertär murmelt Stefan „Furz- und Stinkflug" in seinen Kaffee. Auf diese Art und Weise könnte ein Hörspielmorgen zum Spaß für die ganze Familie werden - unter der Bedingung, dass die Kinder ebenfalls mit Humor gesegnet sind. Unsere sind es nicht, denn sie stehen mit beiden Beinen fest im Sternenstaub und schmeißen mittlerweile wütend mit Brot.

Diese Stories sind eindeutig an eine Zielgruppe gerichtet, die ihren Verstand noch ausbildet, und nicht an diejenigen Zuhörer, die denselben gerade zu verlieren drohen. Nachdem Martha das gesamte Hörspiel zum Thema „Mut" zu Ende gehört hatte, wusch sie mir gehörig den Kopf, denn sie hatte von den Einhörnern gelernt, mutig für ihre Meinung einzustehen. Ich schämte mich, versprach Besserung und war insgeheim froh, nicht einen einzigen Moment den Gedanken gehegt zu haben, dass man die Macher dieses Hörspiels zur Strafe fesseln und knebeln sollte, denn das hätte wohl ein sehr schlechtes Licht auf meine Impulskontrolle geworfen.

Trotzdem frage ich mich, wann meine Mädels wohl bereit sind für die altmodischen, aber dafür wirklich spannenden Abenteuer eines Huckleberry Finn und möchte von Stefan wissen, ob er dieses Buch von Mark Twain jemals gelesen hat: „Nein, aber ich habe ein anderes Buch von Mark Twain gelesen." - „Welches denn?" - „Karl May." (Ich nehme dies als eindeutiges Zeichen für eine Wild-West-Schädigung und frage ihn einfach in zwei Monaten nochmal, wenn wir den Mississippi überqueren.)

Welch willkommene Abwechslung zu den Einhörnern war der abendliche Bummel durch die Hafenanlagen von Oceanside, wo sich die Boote, Häuschen und der Leuchtturm so hübsch im Wasser spiegelten. Dort wurden wir von einer netten Frau mit Hund angesprochen, die sich im Laufe unseres Gesprächs als engagierte Lehrerin herausstellte. Eigentlich handelte es sich sogar um eine beispiellos beispielhafte Lehrerin, weil sie ihre Schüler samt und sonders für alle wichtigen Themen dieser Welt zu erwärmen vermag und auch außerunterrichtlich ihren Einsatz (für Umweltschutz beispielsweise) mit ihnen fortsetzt.

Sowieso LIEBT sie alle Kinder, vor allem ihre Schüler. Alle. Sie hätte mir ja sooo gerne Fotos von ihren Schülern gezeigt, doch leider hatte sie ihr Handy vergessen. (Schade.) Ach, ihre Schüler seien ja sowas von „FABulous" und „AWEsome" und „fanTAStic", brachte sie in einer Stimmlage hervor, die eindeutig außerhalb des von mir tolerierten Frequenzbereichs liegt. Sie gehörte zu den Frauen, die „all righty" trällern, während sie sich permanent die Haare aus der Stirn streichen.

Ich hatte mich aber gut im Griff, habe also nicht „You go me on the cookie" gesagt und schwöre, in keinem Moment Fantasien gehegt zu haben, in denen die Begriffe „Teleobjektiv" und „Maul stopfen" eine Rolle gespielt hätten, denn das wäre wohl eine reichlich unangemessene Reaktion gewesen. Schließlich tat diese #1-Lehrerin nur Gutes, ohne Geld dafür zu wollen. Warum also stellten sich mir die Nackenhaare auf und warum verschanzte Stefan sich Schutz suchend hinter seinem Stativ? Plötzlich wurde es mir klar, denn das verräterische Jucken auf meiner gerunzelten Stirn wies mich darauf hin: Ich war einem Einhorn begegnet.

Abgesehen von dieser gewissen Überpräsenz von Fabelwesen waren unsere Tage an der Küste Kaliforniens allerdings ausschließlich geprägt durch Liebe und Frieden. Den angeblich kostenfreien Parkplatz Nr. 1 auf dem Hafengelände von Oceanside hatten wir zwar nicht gefunden, waren aber von der gesamten Atmosphäre so verzaubert, dass wir seufzend den Parkautomaten bedienten, um erstmal stundenlang die Seelöwen und Pelikane im Hafenbecken vom Vordersitz der Dicken aus zu beobachten. „Pelikane sind richtige Meeresgleiter!", meinte Edda treffend, denn eines der Ziele im Leben dieser Könige der Lüfte ist es, derart nah über das Wasser zu gleiten, dass sie mit den äußersten Flügelspitzen eine kleine Spur auf der Wasseroberfläche hinterlassen. Wer würde das nicht gerne? Die Welt von oben sehen. Spuren hinterlassen. Ob mit dem Wind, ob gegen den Wind. Die Leichtigkeit des Seins spüren. Sonnenuntergangsspiegelung auf dem Wasser. Seehundgeräusche. Glasiger Blick. „Du bist ja richtig poetisch, mein Schatz", brachte ich gerade noch hervor, ehe Edda trocken ergänzte: „Man könnte sie auch Meeresscheißer nennen.", denn gerade hatte einer der galanten Gleiter ungalant etwas fallen lassen. Damit war sie dahin, meine schöne Tiefsinnigkeit. Egal. Mal ist man die Taube, mal das Denkmal.

Nachdem wir tags drauf die dringend notwendigen Summen in die Wäscherei mit dem kreativen Namen „Wishy Washy" investiert hatten, hätten wir - aus einem Anflug von Neugier heraus - beinahe das Anwesen von Robin in San Diego aufgesucht. Doch Stefan hatte schon beim Einrollen in den erweiterten Dunstkreis dieser Adresse, die der nette Mann aus Carmel uns vor einer Woche als Camping-Option gegeben hatte, „genug gesehen". Das war ihm „alles viel zu edel hier". Also landeten wir am Ende auf einem (tatsächlich kostenfreien) Stellplatz an der Mission Bay in San Diego, direkt am Wasser. Diesmal waren es die eifrigen Ruderer, die ihre Spuren durchs Wasser zogen. Hier, in der Gesellschaft von selbst ausgebauten Schulbussen und Gras rauchenden Jugendlichen empfand es Stefan ausnahmsweise mal nicht als „zu edel". „Wonach riecht es hier, Mama?", fragte Edda. „Nach Stinktier.", lautete meine wahrheitsgetreue Antwort, denn diese Tiere verströmen einen ähnlich süßlich-ekligen Geruch wie eine Haschzigarette. Echt widerlich! Aber ich sag mal: Hauptsache „Love and Peace"!

Da kommt mir das Kriegerdenkmal in den Sinn, von dem aus wir am Nachmittag den wunderschönen weiten Blick über die Bucht bis nach Downtown schweifen ließen. Dort waren meine Augen schließlich auf einer der schwarzen Marmortafeln hängen geblieben, mit denen die geschwungenen Mauern gekachelt waren. Ein junger Mann in Uniform blinzelte verschmitzt in die Kamera. Seine Hinterbliebenen hatten in Gedenken an den in Korea gefallenen Sohn, Bruder oder Freund zusätzlich das folgende Zitat in den Stein gravieren lassen: „It´s a tough job, but someone´s gotta do it." Was für ein Humbug! Wäre es mein Sohn gewesen, der womöglich mit diesem Spruch sein Vorhaben angekündigt hätte, einen freiwilligen Beitrag fürs Vaterland zu leisten, so hätte ich diesem Rotzlöffel gewalt- und waffenfrei die Leviten gelesen. Auf einem anderen Stein stand irgendwas mit „Ehre"; ich weiß nicht mehr was, denn ich habe mich dann abgewandt, weil ich ein gestörtes Verhältnis zum Begriff „Ehre" im Zusammenhang mit (jugendlichen) Kriegsgefallenen habe.

An Stefan vollführte ich ein bahnbrechendes Gedankenexperiment: Wenn sich in der ganzen Welt nicht ein einziger Mensch für den Kriegsdienst bereitstellen würde… Stefans Antwort: „Wenn in der ganzen Welt kein einziger deinem Gesülze zuhören würde…" Irgendwie wird das heute nichts mehr mit der Tiefsinnigkeit.

Ich muss eh Schluss machen, denn jetzt werde ich eine gute Mutter sein und den Kindern ihre Whole-Grain-Frosted-Toasted-Oat-Cereal-Lucky-Charms mit Magical-Unicorn-Marshmallos servieren, derweil ich mit dem von verantwortungsbewussten Lehrerinnen empfohlenen Non-Toxic Plant-Based Unicorn-Spezial Naturally-Derived-Surface-Cleaner mit Powergreen-Technology die Karre wienere und ziehe in Erwägung, mir zur Belohnung das #1-Teacher-Schokoladenherz zu gönnen, das ich mir soeben vorzeitig selbst zum Valentinstag geschenkt habe. All righty! Ihr seid übrigens fanTAStic! Alle! No kidding! Unicorn-love forever! (Im Hintergrund rieselt glitzernder Sternenstaub.)

10. *Ich bin ein Geysir, ich eskalier!* - Adventure Tour nach Colorado

„Tu mal was Verrücktes, das du noch nie getan. Das Leben ist so kurz, lass ruhig mal einen fahr´n." (Christian Steiffen)

Heute so wunderbar

BRYCE CANYON; UTAH

„Leiden sind Lehren", hat Frollein Piepmeyer (Name zwar nicht geändert, aber dafür Programm) in der 2. Klasse mit pinkem Rotstift in mein Poesiealbum gekritzelt. Dieser Spruch ist zwar bei mir hängen geblieben, hat aber - Gott sei es gedankt! - nicht auf mich abgefärbt. Auch bei unserer neuen Reisebegleiterin steht diese Lebensweisheit nicht auf dem Kalenderblatt. Dann schon eher: „Erwachsen werden? Ich mach ja fast jeden Mist mit, aber nicht alles!" Zwar ist Stefans Nichte schon längst groß, aber erwachsen werden gehört nicht zum Programm, wenn man in ihrer Familie aufgewachsen ist - und das ist auch gut so! Hatte ich nicht irgendwann behauptet, das Leben sei kein Abreißkalender? Aber diese Kalendersprüche von Sara machen süchtig, besonders wenn sie so gut auf die erweiterte Herde zutreffen: „Schokolade löst keine Probleme, aber das tut ein Apfel ja auch nicht." Also her mit den Oreo-Keksen! Schön Fahrkaffee dazu, mümmelnd rausgucken, die Winnetou-Melodie noch im Ohr, grinsend auf zum nächsten Nationalpark, denn wir wollen Sara auf ihrer Reise ja was bieten! Die Programmpunkte auf unserer dreiwöchigen Tour von San Diego bis nach Denver sind eng gesteckt, also muss der Wagen rollen. Frischluft weht erstmal nur zum Fenster rein. Ist doch egal; rausgehen ist eh wie Fenster aufmachen, nur krasser. Dafür bleibt viel Zeit zum Rausgucken, Singen und Philosophieren.

Einen unserer ersten Stopps, nachdem wir Sara vom Flughafen in San Diego abgeholt hatten, machten wir in der Hippie-Siedlung namens „Slab City". Das Lebensmotto „Die Freiheit ist kein Traum, sie ist grenzenlos." kannst du dir heute für den lächerlichen Preis von 24,45 Euro beim wandtattooshop24.de bestellen und schon morgen an deine Küchenwand kleben. In Slab City hätte man für dieses Bekenntnis selbst zu Eimer und Farbe greifen müssen, denn diesen Ort findet kein UPS-Bote auf der Landkarte. Es gibt dort auch keine Hausnummern an den Wohnwagen, Zelten oder Bretterverschlägen. Dafür findest du hier als Freiheitsliebender genug Gleichgesinnte, denn Slab City wirbt damit, „der letzte freie Ort Amerikas" zu sein.

Nun ja. „Das Lallallala-Leben ist kein Wandtattoo", sang soeben „Basta" exklusiv für uns in der Feuerwehr, unserem neuen DJ Sara sei Dank. Stefan findet diesen Refrain so treffend, dass er ihn gerne in Münster an unsere Wohnzimmerwand tätowieren würde. Die Hippie-Siedlung in der Wüste Colorado in Kalifornien findet er dagegen nicht so toll. Dabei ist er es doch, der keine Gelegenheit auslässt, die unsägliche Unfreiheit in Deutschland zu bemängeln - Baubestimmungen, Schulpflicht, Lagerfeuerverbot, Emissionsplaketten… - doch schon nach drei Tagen Zwangscamping in Slab City wäre er wohl derart deprimiert, dass er sich nach dem engen Korsett der zivilisierten Welt zurücksehnen würde.

Nach unserem Besuch des Skulpturengartens namens „East Jesus" in der Gesellschaft einer illustren Feierrunde mit schrägen Hüten und knappen Kleidern wurden wir am Ausgang von einem verschmitzt dreinblickenden Alten angesprochen: „Das kommt dabei heraus, wenn man labile Erwachsene unbeaufsichtigt lässt." Ich nahm es mal als Gag und lachte über sein Statement. Dieser wandte sich nun an die Kinder, um sie zu ermahnen, hart zu arbeiten, damit sie nicht am Ende hier landen. Wir Frauen antworteten mit einem unsicheren Lachen und Stefan mit einer höflichen Lüge: „That's not so bad."

Und ob das schlimm wäre! Für die Kinder wäre ein Leben in einer solchen Gemeinschaft jedenfalls alles andere als der wahr gewordene Traum von einer grenzenlosen Freiheit. Edda fand, dass die Leute so „furchtbar und gefährlich" aussahen, weil sie „Alkohol getrunken, geraucht und gestunken" hätten, und auch Martha fühlte sich dort überhaupt nicht wohl, „weil überall Müll rumlag". Echt schade! Denn Slab City wirkte wie ein Ort, der durchaus schon gute Zeiten gesehen hatte, dem nun aber aufgrund der Müllproblematik der Atem geraubt wird. Immerhin haben hier die Aussteiger, Außenseiter und sonstwie Krisengeschüttelten einen Ort zum (Über-)Leben gefunden, wo sie in Ruhe gelassen werden und in Bezug auf Musik, Kunst, Spiritualität (und alles andere auch) frei herumexperimentieren können.

Um Gott näher zu sein, hatte der mittlerweile im Altersheim lebende Leonard das Land-Art-Kunstwerk „Salvation Mountain", den „Erlöserberg" geschaffen, den er in einen riesigen lehmartigen Hügel integriert und mit knallbunten Formen, Linien und Schriftzügen gestaltet hatte: „God is LOVE" und „Love is universal" - schon von Weitem strahlten die riesigen Buchstaben einen an. Nun wird dieses Kunstobjekt von nachfolgenden Generationen erhalten. Die Farbe von frisch übergepinselten Stellen war jedenfalls noch frisch, als wir heute Mittag dort ankamen.

Der Berg gefiel mir richtig gut; insgesamt wurden wir in Slab City aber mit Lebenskonzepten konfrontiert, die wohl kein Vorbild für uns darstellen, aber als soundsovieltes Beispiel der möglichen Alternativ-Life-Styles immerhin die Frage aufwerfen, wie viel Arbeit, Geld, Freizeit, Freiheit, Selbstdisziplin und Pflichtgefühl man so zum Glücklichsein braucht.

„Man versteht Slab City nicht, wenn man nur einen halben Tag dort verbringt", erklärte der Mann mit den Zöpfen (auf dem Kopf und im Bart), der vorhin an unsere Feuerwehrtür geklopft hatte; dafür müsse man schon - wie er - eine längere Zeit dort campen. Wir entschieden uns trotzdem dagegen, diesem Ort die verdiente Chance einzuräumen, unseren Ersteindruck ggf. zu revidieren. Für den Moment ist der Begriff „Freiheit" bei uns nämlich an Bewegung gebunden.

Was für ein gutes Gefühl war es also, diesem letzten freien Ort Amerikas den Rücken zu kehren, laute Mucke anzumachen und durch die Landschaft zu juckeln, derweil die Kinder hart an ihren Tagebüchern arbeiteten und ihre Freiheit von den Regeln der Orthografie voll auslebten. „Stefan, gib Gas! Denn zahme Vögel singen von Freiheit, wilde Vögel fliegen!" (Dieser Spruch ist auch erhältlich als Pulloverdruck, z.B. bei www.schuldruckerei.com)

In Folge langer philosophischer Diskurse nach obigem Vorbild - ob am Lagerfeuer im Joshua Tree Nationalpark, am South Rim des Grand Canyon oder unter dem Sternenhimmel des Marble Canyon - haben wir uns schließlich auf das folgende Lebensmotto geeinigt: „Mach heute so wunderbar, dass gestern neidisch wird." Passend dazu wurde ein langfristig angelegter Lebensplan entwickelt: Alle drei Jahre ein Jahr Auszeit und dann hinaus in die weite Welt! Wir nehmen alle mit, die frei nach den abgedroschenen Maximen von Kalendersprüchen leben, wie beispielsweise „Do more of what makes you happy!" oder „Great things never came from comfort zones." (Wieso? Stimmt doch!)

Der mit Abstand weiseste Spruch aus Saras Repertoire ist dann auf dem bisherigen Höhepunkte unserer gemeinsamen Reise bei den „Coral Pink Sand Dunes" zum Einsatz gekommen: „Manchmal rennt meine Motivation nackig mit einem Cocktail über die Wiese." Genau so war es bei uns, nur dass diesmal WIR nackig waren und das ganz OHNE Cocktail, dafür aber megamotiviert. Schon am Morgen beim Feuerwehrfrühstück, einsam und allein auf dem Campingplatz mit Blick auf die schneebedeckte Dünenlandschaft, hatte Edda treffende Worte für die Stimmung des Tages gefunden: „Ich wärme mich auf, das Glück in mir rauscht." Ich musste ihr Recht geben; es war „just a perfect day!" Und das trotz Schnee und Kälte - oder vielleicht gerade WEGEN des Schnees? Diese weiße Decke auf dem rosafarbenen Sand, der knallblaue Himmel über dem Iglu der Kinder und diese klirrend kalte Luft, die den beiden Schneemännern von gestern doch glatt die Augen und Nasen aus den weißen Schädeln hat springen lassen, löste so ein jauchziges Woah-Gefühl in uns aus, dass Sara erstmal in Schlafbuxe einen Schneeengel machen musste.

Das mit dem Nackigsein war aber Stefans Idee, wahrscheinlich weil er so erleichtert war, dass die Dicke am Ende doch angesprungen war, oder vielleicht auch, weil diese weiße Schneedecke so unberührt vor ihm lag, dass er da unbedingt - kreisch, johl, brüll - nackig rein hüpfen musste. Nachdem Sara und ich - kicher, bibber, jachz - hinterhergesprungen waren und auch die Kinder noch blankgezogen hatten, ging es erstmal ganz schnell ab unter die heiße Dusche. Aaaah!

Wenn ein Tag so beginnt, dann kann es eigentlich nicht mehr schöner werden. Aber wir wollten es ganz genau wissen. Zunächst ging es auf zum Zion Nationalpark Klappe die zweite - und das bei derart strahlendem Sonnenschein, dass selbst das Dickhornschaf, das sich uns bei der kleinen Wanderung zum Canyon Overlook in den Weg stellte, einen ganz verträumten Gesichtsausdruck drauf hatte. „Määäh!", sagte das Schaf, als es unter der Schneedecke noch einen frischen Grashalm erblickte. „Boooah!", sagten wir, als wir von oben das weiß überzuckerte Tal zwischen den roten Felsen erblickten. Schöner geht nicht mehr. Gänsehautblick.

Doch wo wir gerade so schön in Fahrt waren, wurde extra für unsere Nichte noch ein Highlight oben drauf gepackt: Sonnentiefstand am Sunset Point im Bryce Canyon. Hierfür mussten wir allerdings ein bisschen auf die Tube drücken, weil wir unseren „Warm-Wetter-Slot" im Gebirge auszunutzen wollten: „Nur" minus 13 Grad. Angeblich. Vielleicht sollten wir den Motor einfach laufen lassen, überlegten wir übermütig; bei dieser Erlebnisdichte lohnte es sich ja eh kaum, abends schlafen zu gehen. Ich glaube übrigens nicht mehr daran, dass ich noch aufhören kann zu reisen - Familie hin, Freunde her, sollen die doch alle zu uns kommen und mitreisen, so lange sie wollen. Ja, ich freue mich schon auf zu Hause, aber jetzt freue ich mich erstmal auf die nächsten Nationalparks... (Ups, das muss ich streichen! Was macht das für einen Eindruck bei meinen Eltern?! Fast hätte ich es vergessen: Ich bin doch „meiner Mutter Zier", damit sie „zufrieden ist mit mir". (Quelle: www.seniorenportal.de))

Denn das Leben ist wie der Wind
ARCHES NATIONALPARK, UTAH

Na, was hält unsere nützliche App denn für Overlander wie uns an Übernachtungsplätzen bereit? „Wenn du jemals vorhattest, neben einem verlassenen Atomraketen-Silo zu übernachten, dann ist dies deine Chance!" So stand es geschrieben. Hmmm. Klang verlockend. Aber wir nahmen dann doch lieber den „Crystal Geyser" am Ufer des „Green River". So viel der Staat Utah uns auch bisher schon geboten hat - einen echten Geysir hatten wir bislang noch nicht im Programm. Die Schotterpiste führte uns durch graue Hügellandschaft. Grau-rotes Ufer am grau-braunen Wasser. So sah er aus, der „grüne Fluss". Ankunft bei Dunkelheit. Gitarre raus. Countryroads, please take me home. Gestern strahlende Sonne, heute graue Suppe. Yesterday seems schon so far away. Beatles, heult leise! Woanders ist auch scheiße. Sagte das nicht schon Frank Goosen, der weise Kulturprophet des Ruhrgebiets?

Am nächsten Morgen hatten die halbherzigen Eruptionen des senkrecht aus dem Boden aufragenden, weil in Betonröhrenform gegossenen Geysirs bereits Stefans volle Aufmerksamkeit auf sich gezogen, als ich noch hinten bei den Mädels in der Koje lag. (Oben Sara mit Martha, unten Edda und ich. Und vorne, also quasi auf der Küchenbank, da schläft der Busfahrer. Schullandheim on the road.) Während des gesamten Frühstücks legte sich die süße Sprudelröhre alias „Kristallgeysir" voll für uns ins Zeug und machte immer mal wieder „Blubb blubb", um sich schließlich krächzend „Ich bin ein Geysir, ich eskalier!" rufend völlig geschwächt von uns zu verabschieden. Also, mit ein bisschen Fantasie war das ein Naturschauspiel.

Umso mehr konnte das Schild mit Aufschrift „Archview" meine Vorfreude auf die spektakulären Steinbögen im Arches Nationalpark nähren, zumal ich nach der Lektüre des bebilderten Reiseführers schon ganz glasige Augen gekriegt hatte. „Nichts geht über den sich urplötzlich öffnenden Blick auf den schönsten aller „Arches" vor dem Hintergrund der Manti La Sal Mountains", stand dort geschrieben. Vom „atemberaubenden Farbschauspiel" war die Rede. Mensch toll!

Dort angekommen mussten wir unter Einsatz aller menschenmöglichen Kräfte unsere Imaginationskraft heraufbeschwören, um hinter dem dichten Regenschleier so etwas Ähnliches wie Farben ausmachen zu können. Das Bild vom Bild am Aussichtspunkt, das Stefan dann nach dem Abwischen der Regentropfen vom farbenfrohen Hinweisschild geschossen hat, war durchaus spektakulär. Auf seinem Vergleichsfoto vom tatsächlichen Ausblick konnte man bei genauem Hinsehen irgendwo in der Ferne einen winzigen Steinbogen und eine schlurfende Schulklasse ausmachen. Nee, wirklich Wahnsinn! Wahnsinn, wie sehr die Atmosphäre dieser Landschaft doch von dem Einfluss der Sonne abhängig ist. Doch wenn sie weg ist... Aint no sunshine when she´s gone. Im Ernst, Leute, geht ihr ruhig gucken, aber ohne mich! Dieser Arch kann mich mal! Edda hatte ebenfalls die Nase voll und verkündete, dass sie ab jetzt „nie wieder rausgucken" werde. Da half nur eins: Musik lauter drehen und weiterfahren.

Bei der Fahrt zum State Park mit dem hoffnungsfrohen Namen „Totes Pferd" wechselte der trostlose Regen zu widerwärtigem Schneeregen. Mist, Scheibenwischer kaputt. Beschlagene Scheiben bei Ankunft. Der Campingplatz hatte zwar keine Duschen, war dafür aber sauteuer. Und beim Einstecken des Stromkabels in die Buchse stellte Stefan dann den Geysir vom Vormittag in den Schatten und eskalierte. Kurzschluss, sowohl bei Stefan als auch bei der Dicken. Ursache nicht gefunden. Alles nass. Alles dunkel. Alles scheiße. Mensch, Stefan, sieh es mal so: „Wer denkt, dass die Sonne Glückseligkeit bringt, hat noch nie im Regen getanzt." Likörchen gefällig?

Irgendwann war mein Mann dann halbwegs wieder im Tritt, holte die Gitarre raus und sang mit unserer musikalischen Reisebegleiterin im Duett: „Love is all around me" und „I don´t mind at all" und „Na, na, na, na-na-na naa" Na also, wird schon wieder!

Und tatsächlich: Als Stefan am nächsten Morgen die Hecktüren der Dicken öffnete, strahlte Sonnenlicht in die Schlafgemächer. Begeistert sprangen wir in die Klamotten und waren überrascht von dem krassen Ausblick, den wir - wenige Meter von der Dicken entfernt - vom Dead Horse Point geboten bekamen. Davon hatten wir ja keinerlei Ahnung gehabt, denn die Sichtweite hinter der Regenwand betrug am Vortag noch weniger als einen halben Meter. Nun waren es gut und gerne 150 Kilometer!

Jetzt war sowieso alles anders. Ein solches „Anders", das einem den Brustkorb auf die doppelte Größe aufpumpt, so dass man den ganzen Tag im Kreis grinsend durch die Gegend schwebt. Das erlebt man nur, wenn der Tag davor so dermaßen übel war, dass man das Kontrasterlebnis nicht mit Worten beschreiben kann. Also komm her und schau es dir selber an! Stell dich an den Abgrund und genieß den Ausblick - aber Vorsicht: Da ist ein langer Riss im Fels. Gleich stürzt du zusammen mit dem Felsbrocken in die Tiefe und badest unfreiwillig im Green River. Setz dich lieber auf den Felsvorsprung - aber Achtung: Setz dich nicht neben Stefan, denn der macht einen auf Mentaltrainer und strapaziert deine Vorstellungskraft. „Merkst du schon, wie du ganz langsam nach vorne rutschst? Gleich kippt der Felsen. Gleich schwebst du hinab." Danke, Stefan, aber meine eigene Schwerelosigkeit reicht mir schon.

Und nun wieder rein in die Karre, auf zum nächsten Aussichtspunkt, auf zum nächsten Nationalpark, quer durch die „Canyonlands", links, rechts, geradeaus, alles mitnehmen. Keiner versteht, warum hier niemand ist, denn hier ist es NOCH schöner, der Blick NOCH weiter, der Himmel NOCH blauer, die Felsen außerdem röter, der Boden aufgerissener, die Plateaus krasser und sogar der Arch ist hier viel schöner als jeder Arch im Arches Nationalpark.

Gucken, gucken, gucken, bis dir die Augen aus den Höhlen springen. Beim Anblick des strahlenden Himmels ruhig mal laut und befreit pupsen, denn man hatte ja Tortillas und jede Menge Kidneybohnen zum Mittag. (Den will ich sehen, der da an sich halten kann.) Und singt nicht Christian Steiffen, der große Philosoph aus Osnabrück: „Lasst ruhig mal einen fahren, auch wenn Menschen um dich sind, denn das Leben ist wie der Wind"? Wo kann man es lauter singen als hier, wo man ganz allein auf der großen weiten Welt ist? „Ach, ihr seid auch aus Deutschland?", ertönt es in diesem Moment aus der menschenleeren Umgebung und ich denke nur „Häh"? Doch keine Zeit für Peinlichkeitsgefühle, keine Zeit zum Quatschen, wir müssen weiter. Wer weiß, welche atemberaubenden Aussichten uns hinter der nächsten Kurve erwarten?!

Und weil es bei Dauerregen so „schön" war, gucken wir uns den Arches Nationalpark mit seinen malerischen Felsbögen einfach bei spätem Sonnenlicht noch einmal an, natürlich aus der Panoramaperspektive unseres Feuerwehrautos, denn keine Zeit, keine Zeit. Wer weiß, was morgen für ein Wetter ist? Also heißt es Fenster runterkurbeln und Stefans Kamera raushalten. Dieser erteilt seiner Frau aber vorsichtshalber ein paar Anweisungen: „Denk an den geraden Horizont und nimm den Busch da noch mit ins Bild und lass die Felsen genau im oberen rechten Eck auslaufen und…" Ach, alles muss man selber machen. Stefan lässt den Motor laufen, springt raus, ballert die Fotos auf die Speicherkarte wie ein Besinnungsloser (immer schön Busch im Vordergrund, Felsen oben rechts auslaufen lassen, die weiße

Wolke über dem Schneeberg dabei auch nicht vergessen), kontrolliert kurz den Batteriestatus der GoPro, die unsere rasante Fahrt im Zeitraffer dokumentiert (Nur noch zwei Prozent. Ob das seine Nerven wohl noch lange mitmachen?) und startet wieder voll durch. Weiter Richtung...

STOP! Jetzt mal langsam. Heute, bei der Weiterfahrt gen Süden zu den nächsten Highlights dieses einfach unglaublichen Staates, bin ICH die Mentaltrainerin. Mein Mann hat Fotoverbot. Nein, Stefan, auch nicht diesen einen schönen Felsbogen da. Die Kamera bleibt, wo sie ist! Heute wird nicht in den 4. Gang geschaltet, es wird nicht nach links und rechts geguckt und es wird in keinen Nationalpark abgebogen. Heute bringen wir den Puls mal wieder unter 180. Na gut, kochen ist erlaubt, aber nur auf Sparflamme. Und geschlafen wird - wie immer - in der Isolationszelle. Watt denn, watt denn, jetzt schmoll nicht so. Och, komm mal her!

Keine Zeit für Heimweh
MONUMENT VALLEY; UTAH

Wir sind mal wieder die Einzigen, die eine Spur in den Schnee fahren. („Achtung, Finger aus der Nase! Texasgitter!" Rattattattattat.) Der Schnee liegt auf einer der gewundenen Straßen, die uns zum „Monument Valley" führen wird, nachdem sie uns durch das sagenumwobene „Valley of the Gods" geleitet hat, das man nur über den spektakulären Abstieg, den „Moki Dugway", anfahren kann, welchen wir soeben erreicht haben. Das ist einfach der Hammer! JEDER muss das mal gesehen haben. Dieses Farbspiel, den spektakulären Ausblick, diesen abenteuerlichen Weg, einfach alles! Vor lauter Gucken kommt man hier zu nichts, noch nicht einmal zum Heimweh.

Mit sorgenvollem Blick in die menschenleere und schneebedeckte Landschaft meinte Stefan am nächsten Morgen: „Hoffentlich ist Sara nicht auf der Klobrille festgefroren." Daraufhin schlug Martha vor: „Wenn sie nach einer Stunde nicht wieder hier ist, dann gehen wir sie suchen." Schließlich mag man es ja selbst auch nicht, wenn man so gehetzt wird, schon gar nicht auf dem stillen Örtchen. Und wenn du glaubst, dass ich hier all-mählich vom Thema „Reisen" abkomme, dann möchte ich nochmal daran erinnern, dass das Toilettenproblem zwar reise-literarisch mitunter vornehm ausgespart wird, in Wahrheit je-doch für jeden noch so hartgesottenen Kosmopoliten von größ-ter Relevanz ist. Groß oder klein? Das ist hier die Frage; nicht nur bei Shakespeare. Bei unseren Mädels ist es gleichzeitig der Einstieg in ein längeres philosophisches Gespräch, denn auf dem Klo kann man ja bekanntlich am besten reden.

Keine Angst, genauer gehe ich nicht ins Detail. Irgendwo muss schließlich auch die Grenze sein. Die bei mir im Übrigen deut-lich eher erreicht ist als bei den Kindern. So sehr ich die rudi-mentären Plumpsklos der Nationalparks auch schätze, so sehr achte ich auch stets sträflich darauf, beim abendlichen Klogang mit Stirnlampe nicht versehentlich den Raum UNTER der Klo-brille auszuleuchten. Die Kinder dagegen scheinen den Reflex des Wegsehens noch ausbilden zu müssen. („Boah Mama, hast du DAS gesehen...?!") Ja ja, ist gut. Ich hör´ schon auf.

Der Rückzugsort auf dem als „Campingplatz" ausgewiesenen Acker vor dem als Wohnhaus dienenden Bretterverschlag in dem als Lebensraum vorgesehenen Indianerreservat der Na-vajos ist jedenfalls so anheimelnd wie - ja, wie was eigentlich? Mir fehlt noch der Vergleich. Ich weiß nur: Nicht jeder hätte hier freiwillig seinen Fuß in die Schneeverwehung am Boden ge-setzt, den Schnee vom Rand geschubst, die Kondenstropfen unter dem Klodeckel ignoriert und todesmutig die Hose runter-gelassen, um sich sodann der Lektüre der vergilbten und ge-wellten Zettel, Kalenderblätter und Schilder zu widmen, die vor Jahren einmal lieblos an die vier Sperrholzplatten getackert worden waren.

In Ermangelung einer Lichtquelle hatte ich immerhin daran ge-dacht, mir vor dem Klogang die besagte Stirnlampe aufzuset-zen, die hier wahrlich Gold wert ist. Wie hätte ich sonst erfahren sollen, dass ich soeben einen sinnvollen Beitrag zum Erhalt des Ökosystems geleistet hatte? „Making compost HELPS the De-sert EcoSystem", stand dort geschrieben. Die Bebilderung die-ser guten Nachricht (hockendes Männchen auf steil in die Höhe gewachsenem grünen Baum inmitten grüner Büsche) schien von der Silhouette her gekonnt den merkwürdigen Steinformationen im Valley of the Gods nachempfunden worden zu sein.

Du magst jetzt über dieses Bild lachen, das ich heute Morgen abgegeben habe, aber kannst DU von dir behaupten, schon vor dem Zähneputzen etwas ähnlich Gutes getan zu haben? Ökosystem hin oder her - allein die Tatsache, für diesen Stellplatz 25 Dollar investiert zu haben, weist mich bereits als guten Menschen aus, zumal ich nicht einen einzigen Gedanken daran verschwendet habe, dass dieses Geld womöglich weder in die Fütterung der beiden großen Hunde noch in die Maximierung von Camperglück investiert wird. „Wuff Wuff!" (neugierig bis bedrohlich) - „Sind die Hunde lieb?" (schüchtern bis verängstigt) - „Wieso sollten sie nicht lieb sein?! Sie werden gefüttert! Wuff Wuff!" (empört bis bedrohlich) - „Alles klar." (vermeintlich freundlich) Ich nehme das knittrige Wechselgeld entgegen. „Vielen Dank." - „Wuff."

Wie konnten wir nur auf das einsame Zelt (war es nun der gerissene Trick des Pärchens oder ihr Eigenheim?) und das riesige Schild auf dem Bretterverschlag reinfallen, auf dem in großen Lettern „OFFICE" geschrieben stand! Andererseits: Wer für den verzweifelten Lebenserhaltungstrieb dieses Pärchens kein Verständnis aufbringen kann, hat deren Lebensbedingungen nicht mit eigenen Augen gesehen. Der Lebensraum, den die amerikanische Regierung der indigenen Bevölkerung zugewiesen hat, liegt zumeist in unwirtlichen Prärien.

So ungern man in dieser Umgebung leben möchte, so sehr steht für mich fest, dass wir gestern in der Kategorie „Aussicht", „Wegeführung" und „Wetter" die spektakulärste Route unserer bisherigen Amerikatour geboten bekommen haben. Von dieser hat Martha genau so viel mitgekriegt, wie es ihre Lesepausen von „Ostwind" zuließen - also original GAR nichts. Auf ihre Begeisterung hin zu schließen, schien sie jedoch ähnlich viel erlebt zu haben wie wir. Edda hatte heute Morgen nur den einen Wunsch: bloß nicht weiterfahren, sondern hier bleiben, denn hier gefalle es ihr so gut. Hier könne sie so wunderbar die beiden lieben Hunde streicheln und durch den Neuschnee stapfen. So sehr können Meinungen auseinander gehen. Andererseits wäre dies wohl - bei Lichte besehen - genau die richtige Umgebung für mich, um endlich doch noch Heimweh zu kriegen.

Colorado heißt „Weiß"
WOLF CREEK PASS; COLORADO

Wenn ich es schon einmal wusste, dass der Bundesstaat Colorado bekannt ist für die vielen Skigebiete, so hatte ich es zwischendurch wieder vergessen. Colorado, das klang für mich nach Farben, sieht aber seit ca. einer Stunde nur noch weiß aus. Schneesturm. Die Dicke quält sich tapfer den Berg hinauf, während die Fahrbahn immer weißer wird. Eben konnte man noch die Fahrspur erkennen, nun verschwinden sogar die blattlosen Bäume rechts und links der Straße hinter dem stetig fallenden Schnee. Stefan fährt konzentriert, Sara schaut frohgemut nach draußen und die Kinder hören fröhlich ihr Lieblingshörspiel oder bemalen vergnügt ihre T-Shirts, während ich langsam, aber sicher die Nerven wegschmeiße. Dies ist schließlich erst der Anfang. Der Pass kommt noch. Wie viele Meter sind 11000 Fuß? 3300. Heul! Warum bloß hatte ich unsere Nichte Sara mit „Adventure-Tours" nach Amerika gelockt?

Als wir gestern vor der Schranke des völlig verschneiten Mesa Verde Nationalparks standen, hatte ich bereits das ungute Gefühl, bei der Routenplanung irgendwie versagt zu haben. Die 800 Jahre alten Ruinen, diese in die Felsen hineingebauten Städte, ich hätte sie ZU gerne gesehen. Wohin also nun? Ein Wettercheck der umliegenden Orte für die nächsten zwei Tage ergaben Schneefall und Temperaturen bis minus 20 Grad. Wie wir es drehten und wendeten, irgendwie mussten wir die Rockies überwinden, um Sara in vier Tagen in Denver in den Flieger zu setzen. Wir hatten nur eine Option, die scheinbar unvermeidliche Route, die drei Worte, bei denen sich mir unweigerlich die Nackenhaare aufstellten, sie lauteten: „Wolfs Creek Pass".

„Da kommen wir schon irgendwie durch!", war die naive Devise aller Beteiligten, mit Ausnahme meiner Wenigkeit; schließlich waren da nirgendwo Tunnel auf der Karte eingezeichnet. Außer mir hielt auch niemand sonst den 550-km-Umweg über Albuquerque für eine wirkliche Option. Zum Glück war ich ja vom familiären Hintergrund her bestens auf alle Abenteuer des Lebens vorbereitet worden. („Was, DU willst eure Reisetruppe nach Holland fahren? Du bist erst 18. Ich fahre euch hin!" - „Danke, Mama. Möchtest du nicht vielleicht gleich mit uns im Zelt schlafen?") Also dann, auf in den Schneesturm! Schlittern wir halt in die Wolfsschlucht. Nicht jeder Unfall endet tödlich.

In der Nacht vor unserem Manöver widmete ich meine ungeteilte Aufmerksamkeit dem nervigen Piepen der Räumungsmaschinen, die hier in Durango immerhin zahlreich und emsig im Einsatz waren. Irgendwann muss ich dann doch eingeschlafen sein, denn plötzlich befand ich mich auf einer einspurigen Passstraße, die wie eine Achterbahn steil in den Himmel wuchs, dafür aber weder mit Leitplanken noch Geländern ausgestattet war. Zum Glück wachte ich auf, weil Edda den Druck ihres Fußes in meinem Gesicht erhöht hatte.

Beim Frühstück konnte die anscheinend mit unerschütterlichem Optimismus ausgestattete Sara sich bereits köstlich über die kleinen Räumungsflitzer amüsieren, die über den Walmart-Parkplatz schlitterten, als ich noch angestrengt versuchte, meine Selbstsicherheit wiederzuerlangen, indem ich das Lied

„Supergirl" in Spotifys Suchmaschine eingab. Zwecklos, denn „Supergirls just fly". Weg ist es. Reamonn gibt´s ja eh nicht mehr, seit der Ire sich vom Acker gemacht hat. Irish Liquor ebenfalls alle. Eine Verkettung ungünstiger Umstände. Sogar Stefans Grundkonstitution konnte man an diesem heutigen Morgen mit dem Begriff „angespannte Entschlossenheit" beschreiben. Schweigend wärmte er die Druckluftbremsen mit dem Kochwasser der Frühstückseier an, um die Dicke für ihre Fahrt in den „Creek" zu rüsten.

Als ich unserer Feuerwehr in ihre müden Augen schaute und sah, dass ihr ein langer dreckiger Bart aus Eis und Schnee gewachsen war, unterdrückte ich den Impuls, sie tröstend in die Arme zu nehmen. Ach Dicke, du bist nicht die einzige, die über Nacht gealtert ist. Ich könnte jetzt behaupten, dass ich sodann im Seitenspiegel mein erstes graues Haar entdeckte, weil es so gut zu der Stimmung passen würde, doch meine ersten grauen Haare hatten mich in Wahrheit schon vor über einer Woche schockiert.

Dank Sara wissen wir, dass dieser Pass über den sagenumwobenen Wolfs Creek von dem renommierten Käseblatt „The Durango Herald" einmal als Sieger im Vergleichstest der gefährlichsten Passstraßen des Staates ausgezeichnet worden war - nach sorgfältigem Abwägen „aller Probleme, die das Fahren im Winter zu einem Angstfaktor machen: Schnee, Steilheit, Verkehr, Höhe, Unfallhäufigkeit, Distanz zu Rettungsstationen." Na großartig! So etwas muss man vor mir geheim halten, liebe Nichte! Zumindest hatte sie sich mit dieser Information die Rolle als Shot Gun gesichert, während ich in Erwägung zog, mir ganztägig in der Koje die Decke über den Kopf zu ziehen.

Und die Kinder? Die fanden das alles bis eben noch spannend, mittlerweile jedoch nur noch langweilig, da wir ja schließlich schon seit über einer Stunde durch die komplett weiße Welt gurken, ohne dass sich bisher irgendwas Spektakuläres wie ein Auffahrunfall, ein Achsbruch oder auch ein Komplettausfall der vereisten Bremsen mit anschließendem Sturz in die Wolfsschlucht ereignet hätte. (Korrektur: Gerade fahren wir an den ersten beiden umgekippten Lastwagen vorbei.)

Im Rahmen meiner Möglichkeiten halte ich meinen bevorstehenden Nervenzusammenbruch zurück und kommuniziere mit meinen Kindern zur Linken durch die geschlossene Zahnreihe. Ja, ihr dürft Schokolade, so viel ihr wollt. Ja, ihr dürft den ganzen Tag DVDs gucken. Im Creek und in der Liebe ist schließlich alles erlaubt. Allerdings herrscht Schneekettenpflicht. (Heieiei, jetzt hat der Mann aber kalte Hände und Füße. Nun gut, man hätte sich ja auch Socken in die Flipflops ziehen können.) Gebannt starre ich auf die Scheibenwischer, die ebenfalls tun, was sie können, nur leider können sie nicht mehr viel. Je höher wir uns quälen, desto größer wird die schwarze Wolke, die unsere Dicke schnaufend auspustet. Mein aufmunterndes Klopfen an die Seitenverkleidung gilt mehr mir als ihr: Wir schaffen das.

Auf dem gesamten Streckenabschnitt sind für heute Nacht Temperaturen bis unter minus 20 Grad gemeldet. Eindeutig zu kalt für einen kalten Motor. Fahren, fahren, fahren lautet die Devise. Mindestens 220 Meilen, immer auf der #160. Das sind 350 Kilometer. Bei unserer Durchschnittsgeschwindigkeit von 30-40 km/h dürften wir diese Strecke in ca. 10 Stunden geschafft haben. Da bleibt uns wohl nichts übrig - außer jede Menge Zeit für Heimweh. Mamaaaa, wo bist du?

11. *Size matters* - Reibereien mit Texas

„… all the way down the telegraph road." (Dire Straits)

Here we go again
PICTURE CANYON, CAMPO, COLORADO, USA

„Here I go again on my own" ist das erste Lied, das uns Spotify heute anbietet und das Whitesnake durch die Boxen in unsere Karre brüllt, nachdem Martha still durch den Vorhang nach draußen geweint hat. Es trifft den Nagel auf den Kopf. Hier fahren wir also wieder allein durch die Landschaft. Sara ist weg. Weg sind auch die Berge. Weg ist der Schnee. Weg sind die Nationalparks. Das einzige, was noch da ist, ist der Weg durch die menschenleere Prärie - die anderen Trucker jetzt mal ausgenommen. Die dichte Wolkendecke gibt hier und dort den Blick auf ein winziges Fleckchen blauen Himmel frei, damit die Sonne versprengte Mitglieder der großen Rinderherden in malerisches Licht tauchen kann. Man könnte das als schön empfinden. Wieder nur fast. Denn unsere eigene Herde ist nicht mehr komplett. Schnief.

„Du bist ganz schön fest befreundet mit Sara, oder?", hatte ich letztens noch zu Martha gesagt, war aber umgehend korrigiert worden: „Nein, Mama, wir sind nicht befreundet, wir sind verwurzelt." Nur Edda hatte schon vor Tagen bekannt gegeben: „Sara, ich freue mich schon ein bisschen darauf, dass du gehst." Schluck. Häh. Aha. Erleichtert wurde es mir klar: Ihre Vorfreude hatte mit der Karte zu tun, die sie Sara zum Abschied geschrieben hatte und die nun heimlich und leise im Handschuhfach darauf wartete, endlich überreicht zu werden. Gestern war es dann soweit. Leider. Das Argument, dass Sara nunmal wieder zur Arbeit und zum Studium zurückkehren müsse, ließ Edda nicht gelten: „Dann muss Sara einfach Homeschooling machen." Tja, so einfach ist das für sie.

Wir hatten uns fest vorgenommen, unserer Nichte eine Reise zu bieten, die sie nie wieder vergisst, und ich glaube, das hat geklappt. Ein untrügliches Zeichen hierfür ist die Tatsache, dass Sara an der einfachen Aufgabe, sämtliche Feuerwehrstellplätze seit ihrer Ankunft in San Diego in chronologischer Reihenfolge aufzusagen, kläglich gescheitert war. Nicht eine einzige Nacht hatten wir an ein und demselben Ort verbracht. Joshua Tree, Grand Canyon, Bryce, Zion, Capitol Reef, Arches, Canyonlands - welchen Nationalpark habe ich vergessen? Gefühlt haben wir sie ALLE gesehen! So dicht war das Netz an Eindrücken und Erlebnissen, dass man sich manchmal für nur einen Tag eine derart reizarme Landschaft wie diese hier gewünscht hätte. (Zur Rechten Grasland, so weit das Auge reicht. Zur Linken Weideflächen bis zum Horizont. Geradeaus die schnurgerade Landstraße. National Grasland.)
Ich blicke in die Ferne und gleichzeitig zurück. Denver. Letzter Tag mit Sara. Zähneknirschende Mittagspause mit Feuerchen und Kartoffelauflauf am zugefrorenen See. (Zähneknirschend wegen der Rußpartikel zwischen den Zähnen. Kochen mit dem Dutch Oven ist bei uns noch immer Glückssache.) „Ob das Eis wohl trägt?", wende ich mich in meiner festgeschriebenen Rolle als Oberhuhn besorgt an den Hänfling von einem Spaziergänger, als der Rest der Reisetruppe längst auf dem See rumtobt. „I am a chicken", offenbart der nette Mann seinen Hang zur Ängstlichkeit und meine Sorgenfalten spiegeln sich in seinem Gesicht, während er von Strömungen, immensen Tiefen und versunkenen Autos erzählt. „And I am a fear rabbit", solidarisiere ich mich mit dem Angsthuhn. Stefan dagegen hatte seine entsprechende Rückversicherung von einem Schrank von einem Eisangler eingeholt, der diesen See sogar mit seinem Pick-Up befahren würde und für den es nichts Schöneres gibt, als an einem schönen Wintertag seinen Kaffee im T-Shirt am Eisloch zu trinken. Brrr.
Wir jedenfalls hatten jetzt erstmal genug von Eis und Schnee und das machte unsere Routenplanung einfach: geradewegs Richtung Süden, auf dem schnellsten Weg, möglichst ohne Pause. Beim ersten Halt am Truck-Stop namens „verlorene Seelen" in dem winzigen Ort namens „Perspektivlosigkeit" im

County namens „Nirgendwo", noch nicht ganz in Oklahoma, aber trotzdem nur noch eine Autostunde von Texas entfernt, teilten Stefan und ich uns unseren ersten Coffee-to-go unserer Reise, um der fetttriefenden käsedominierten Pizza ihrerseits auf ihren Weg nach Süden zu verhelfen. (Ein langer Weg.) „Make America great again!", stand auf der Kappe des alten Mannes, der uns von seinem Plastikstuhl aus joviale Nettigkeiten zurief, und oberhalb dieses Imperativs war in riesigen Lettern das „T-Word" gestickt, das die nette Frau aus Denver vorgestern lieber nicht aussprechen wollte. („Taxes?", riet Stefan begriffsstutzig, „spricht man hier nicht gerne über Steuern?" Nee du, ich glaub, sie hat das andere T-Wort gemeint.)

Da uns die Pizza und die Typen hier schwer im Magen liegen, ist der Drive raus und wir rollen wenig später in einen winzigen Ort mitten in den „Comanche Graslands" ein, wo man angeblich frei campen darf. Noch etwas ratlos richten wir die Dicke gen Abendsonne aus und schon eilt ein kleiner Pummeliger mit dunkler Pudelmütze und hellem Pick-Up auf uns zu.

Bob war übermorgen vor 14 Jahren hierher gekommen und fühlt sich seitdem in der Weite dieses Countys zu Hause. Stolz berichtet er von der kleinen Schule im 110-Seelen-Ort. „Wo sind wir hier eigentlich?" - „In Campo." (Spanisch für „Acker". Passt.) Und wieso hatte so ein winziger Ort dann 'ne eigene Schule? Tja, früher hätten hier mal mehr Leute gewohnt. Aber heute gingen die jungen Leute zum College und kämen nicht mehr zurück. Auch Lehrer habe er viele kommen und gehen sehen. Wahrscheinlich würde ich ebenfalls schnell das Weite suchen, geht es mir so durch den Kopf. „Viele kommen mit der Weite nicht klar", reißt Bob mich aus meinen Gedanken und der ehemalige Pilot (lange her) erzählt mir von einem Naturphänomen, das in Fliegerkreisen als „severe clear" (also schwerwiegende Klarheit oder gefährliche Weitsicht oder so) bekannt ist. Da flogst du so in der Gegend herum und merktest auf einmal: Hoppla, kaum noch Sprit im Tank. Aber da vorne waren ja schon die nächsten Häuser in Sicht, also kein Problem. Tja, Pustekuchen. Diese nächsten Häuser konnten gut und gerne 50 Meilen weit entfernt sein und schon hatte man den Salat bzw. ein Privatflugzeug im Acker liegen.

Und sonst so? Also, im Nachbarort „Eads" (der mit dem Truck-Stop, du weißt schon: Trump-Kappe, fettige Pizza, jede Menge abgerockter Pick-Ups und drei kahlrasierte Cops), da habe es mal ein heftiges Massacker gegeben zwischen Indianern und… naja, unschöne Geschichte. Außerdem sei diese Gegend bekannt für den „Dust Ball" - häh? - die „Dirty 30s" - Ach sooo, DIE. (Muss ich noch recherchieren.) Und dann wäre da ja noch der absolute Geheimtipp, der „Picture Canyon", quasi ums Eck, aber mit echten indianischen Petroglyphen. Aber wie man da hinkommt, das könne er nicht erklären. Das wisse die Frau in dem weißen Haus dahinten besser. Die sei nämlich gerade dabei, eine Karte auszuarbeiten, mit Hilfe derer man die versteckten Sehenswürdigkeiten aufspüren könne. Klingt spannend. Nach beinahe unerforschtem Gelände.

Doch bevor wir uns die 300 Jahre alten Felszeichnungen sowie weitere Kritzeleien, Initialen und Einschusslöcher deutlich neueren Datums aus der Nähe ansehen konnten, mussten wir erst einmal 24 Stunden warten und eine abenteuerliche Fahrt auf schnurgeraden Straßen und einige beträchtliche Schneehaufen in Angriff nehmen - wegen des Schneesturms, der die ganze Nacht und den gesamten Vormittag gewütet hatte. Der erste Gedanke: Dieser verdammte Schnee, wir werden ihn einfach nicht los! Der zweite Gedanke, beim Betrachten der - „Halt mal an! Bleib mal GENAU hier stehen!" - weiß verschneiten Landstraße ohne Namen zwischen Kuhweide und Kuhweide, knapp hinter den kaputten Silos und den alten Fahrzeugen, die neben anderem Schrott einfach so auf dem Acker zurückgelassen worden waren: „Sieht das nicht unglaublich schön aus, wie der Wind den Schnee da über die Straße peitscht?!" Einfach nur eine gerade Straße durch einfach nur ebene Landschaft. Nur Campo. Nichts als Acker. Aber auch schön. Irgendwie.

Everything is BIGGER in Texas
DAVIS MOUNTAIN STATE PARK; TEXAS

Beim letzten Truck Stop vor der Grenze zu Texas hatten wir noch einen netten Mann getroffen, der sich über unsere Feuerwehr gefreut und Stefan auf die Schulter geklopft hatte, um ihm nur freundliche Reisebekanntschaften zu wünschen: „I wish, you only meet friendly people!"

Doch so ein Road-Trip ist wie die Pralinenschachtel bei Forest Gump: Man weiß nie, was man kriegt. Und der Staat Texas ist seeeehr groß, da hatte er recht, der nette Mann im Visitor Center, der sich ´ne halbe Stunde Zeit nahm, uns die besten Spots des Staates in die riesige Karte einzuzeichnen. Der Palo Duro Canyon gefiel uns noch ganz gut und in Amarillo hatten wir unseren Spaß beim Anblick der frontal eingebuddelten und bunt angesprühten Autos - vielleicht hast du schon einmal von der „Cadillac Ranch" gehört. Doch bei unserer Weiterfahrt entlang meilenweiter flacher Ödnis und trockener Erde kriegten wir eine leise Ahnung davon, wie das Klischee entstanden ist, dass die Menschen sich hier angeblich mit dem Durchlöchern von Straßenschildern ihre Zeit vertreiben. (Dabei hatte in Wahrheit noch gar keiner auf uns geschossen. Und durchlöcherte Straßenschilder hatten wir auch noch keine gesehen.)

Nachdem wir zwecks Stellplatzsuche durch die barackenähnliche Siedlung des Ortes Lamesa gefahren waren, wo in den vermeintlich unbewohnten, weil komplett heruntergekommenen, Straßenzügen vor jedem zweiten Holzhaus ein halbes Dutzend Familienmitglieder herumlungerte, parkten wir mit unserer Feuerwehr schließlich am Rand des Stadtparks. Dort beobachteten wir einen etwas in die Jahre gekommenen Homer Simpson, wie er mit einer japanischen Kampfwaffe rumhantierte. Diese kurze Kette mit jeweils einem länglichen Holzknüppel an beiden Enden war ein „Nunchaku", wusste Stefan zu berichten. Statt der japanischen Kampfkunst vollzog er aber eher eine Art Selbstverstümmelung, die von herzzerreißenden Schmerzensschreien begleitet wurde. Jaul! Schon wieder hatte er seinen Ellenbogen getroffen.

War mein Kopfschütteln hier noch belustigt, so war es im nächsten Walmart von Fassungslosigkeit angetrieben. Ungläubig betrachtete ich dort zusammen mit Martha die „Wall of Honour". Bei dieser „Heldenwand" handelte es sich um ein großes Bild von einem kleinen Mädchen, das barfuß mit einer riesigen Amerikaflagge über eine saftige Wiese rennt. Daneben hingen viele Fotos von Männern und einer Frau in U.S.Army-Uniform, die für Amerika durch ihren Tod zu Helden geworden sind. Am längsten verweilte mein Blick auf dem jungen Gesicht und dem Satz: „Unser Sohn starb für den Frieden. Doch auch Gottes Sohn starb, damit alle Menschen für immer im Himmel weiterleben dürfen." Mir stellten sich die Nackenhaare auf und Martha meinte verblüfft: „Man kann doch nicht mit Waffen für den Frieden kämpfen!" Ich gab ihr Recht.

Währenddessen machte Stefan Bekanntschaft mit einem jener Herrenmenschen, der offensichtlich in gerader Linie von ehemaligen Sklavenhaltern abstammte. Da hatte es die Frau an der Kasse doch tatsächlich gewagt, die Bananen mit dem Ketchup zusammen in eine Plastiktüte zu packen und wurde von der überschminkten hässlichen Mittfünfzigerin dafür verbal ordentlich ausgepeitscht. Jetzt wolle sie die Bananen nicht mehr, jetzt könne die Unwürdige das Obst mal schön wieder zurücknehmen. Zerknirscht nahm die Frau an der Kasse die unversehrten Bananen wieder aus der Tüte. Zufälligerweise hatte auch Stefan Bananen und Ketchup aufs Band gelegt. „Sie können ruhig beides zusammen in eine Tüte packen", meinte er mit einem Augenzwinkern zu der Kassiererin, die sich das Lachen nur schwer verkneifen konnte, während sie und die schimpfende Plantagenbesitzerin noch den Stornovorgang abwickelten. (In solchen Momenten bin ich sehr stolz darauf, diesen Mann geheiratet zu haben.)

Jetzt waren wir schon seit Tagen in Texas unterwegs und noch immer wollte der Funke nicht überspringen. Wo war meine Begeisterung für Amerika hin? Ich tröstete mich darüber hinweg, dass es sich bei den USA nun einmal bekanntermaßen um ein Land voller extremer Gegensätze handelt. Die Texaner scheinen ihren Staat jedenfalls zu lieben, denn auf so manchem Pick-up mit Doppelbereifung und 400 PS unter der Haube prangt ein I-love-Texas-Aufkleber. So auch an der Heckklappe des Autos, das an der Tankstelle neben uns einparkte. Ob sie mit ihrer Karre im Weg stehen würden, fragten uns die beiden Typen, denn sie wollten im Shop was trinken. Als wir freundlich verneinten, zogen sie gut gelaunt von dannen, derweil der 6,7-Liter-Motor weiter fröhlich CO_2 ausstieß. Doch wir wären ja wohl die Letzten, die sich in Bezug auf CO_2-Ausstoß aus dem Fenster lehnen dürfen. Schade eigentlich, denn ich bin gerade so schön im Meckermodus.

Neue Tankstelle, neue nette Menschen: Diesmal stieg ein Schrank von einem Mann in klobigen Arbeitsschuhen aus, nickte uns freundlich zu und kippte mit Elan einen Liter kalten Kaffee aus seinen Coffee-to-go-Becher neben die Zapfsäule. Meine Oma hätte jetzt entrüstet gesagt: „Der hat kein Benehmen!" Bei der Rückkehr in den Wagen berichtete Stefan mir leicht angewidert von dem alten Mann mit Cowboyhut, der neben ihm gestanden und unentwegt einen Mix aus fertig gekautem Kautabak und Rotze aufs Pflaster gespuckt habe. Igitt!

Für jeden politisch korrekten Reisebericht versteht es sich von selbst, dass wir in den nächsten Tagen nur noch freundlichen und sympathischen Menschen begegnen sollten. Aber leider hatten wir wohl zufälligerweise eine kleine Pechsträhne. Doch bevor ich zu den zwei lustigen Rentnern komme, von denen ich unbedingt erzählen will, muss ich eins vorwegnehmen: In Texas scheint die Größe eine herausragende Rolle zu spielen. Was man bereits unmissverständlich an den Mega-Pick-Ups erkennen kann, wird einem oft genug noch zusätzlich mit dem Aufkleber „Size matters" eingeschärft. Hinsichtlich der beiden Rentner bezog sich dieses Bekenntnis jedenfalls eindeutig auf das Fahrzeug und nicht auf die Insassen. Die augenscheinlich gänzlich unamerikanische Körpergröße des hutzeligen Männchens wurde zusätzlich mit Hilfe des stolzen Adlers und der riesigen Amerikaflagge auf der Motorhaube kompensiert. Außerdem hatte er sich für den längsten auf dem Markt erhältlichen Wohnwagen plus Zusatzanhänger mit Golf-Buggy sowie AOK-Shopper und Oversize-Generator entschieden. Allerdings passte Mutti wohl trotzdem nicht mehr mit rein. Jedenfalls fuhr sie in einem weiteren Wagen hintendrein.

Kaum war dieser Konvoi geltungsbewusst auf den Campingplatz gerollt, hatte der Mann sich auch schon hoffnungslos fest-
geparkt. Das war vielleicht ein Bild, wie der schmächtige Rentner verzweifelt versuchte, irgendwie den verkeilten Anhänger
vom Kfz-Gespann zu kriegen, und damit den gesamten Cam-
pingplatzverkehr lahmlegte. Erst war es noch lustig, doch spätestens als er „Help! I need help!" krächzend die übrigen Cam-
pinggäste auf den Plan rief, damit sie ihm beim Verstauen seiner Fahrzeuge auf der riesigen, für seine Bedürfnisse jedoch zu
eng bemessenen Parzelle behilflich wurden, hatte ich Mitleid
mit dem Pärchen. Unmittelbar nachdem auch Stefan beherzt
mit ins Rad gepackt hatte, verschanzten die Rentner sich auch
schon in ihrem Wohnanhänger auf unserer Nachbarparzelle -
nicht jedoch, ohne vorher den Generator anzuschmeißen, der
fortan bis in die späte Abendstunde sein röhrendes Brummen
über den Platz erschallen ließ. Dieser Typ ist jedenfalls nun
neuer Anwärter auf den „unsympathischster Camper-Award".
Muss ich zwecks Political Correctness nochmal betonen, dass
wir auch in Texas sehr nette Menschen - u.a. aus Minnesota
und Oklahoma - getroffen haben? Ich denke, das ist nicht nötig,
denn das versteht sich ja von selbst. Außerdem haben wir - na
also! es geht doch! - schließlich im westlichen Zipfel von Texas,
also zwischen Mexiko und New Mexiko, den wunderschönen
Davis Mountain State Park und das nahe gelegene National
Monument „Fort Davis" gefunden. Letzteres ist eine Festung,
deren spärlichen Überreste sich in die ausgesprochen malerischen Felsnadeln der wunderschönen Wüste Chihuaha sch-
miegen.
Zwar macht man als Europäer in Amerika immer den gleichen
Fehler, ein inneres Erwartungsbild zu einem Wort wie „Festung"
aufzubauen, das mit dem Dargebotenen gelinde gesagt nicht
ganz mithalten kann; doch die Mädels hatten trotzdem ihren
Spaß, nicht nur an den beiden frei auf dem Gelände herum laufenden Pferden, sondern auch in der Kinderspielecke des Museums. Während unserer eifrigen Bildungslücken-Aufholjagd
durch die amerikanische Militärgeschichte hüllten sich die Kinder vergnüglich in Häubchen und Schürzchen der damaligen

Mode und schnappten sich die pädagogisch wertvollen Holz-knarren und Munitionsgürtel. (Na, na! Stellt die sofort wieder in die Ecke!)

Der filmisch dargestellte geschichtliche Abriss wurde ebenfalls mit verkleideten und natürlich größtenteils bewaffneten Schau-spielern veranschaulicht. Der Zuschauer erfuhr unter anderem, dass nach dem Ende des Sezessionskriegs erstmals Rekruten aus ausschließlich farbigen Soldaten in Fort Davis eingesetzt worden waren, die „Buffalo Soldiers" genannt werden. (Ich hatte sofort einen Ohrwurm, Bob Marley sei Dank.) Im Film wurde fast selbstkritisch zugegeben, dass diese Männer es unter der Lei-tung von ausschließlich weißen Offizieren wohl nicht immer leicht gehabt hatten. Wir erfuhren außerdem eine Menge Inte-ressantes über Henry Ossian Flipper, den ersten schwarzen Absolventen der Militärakademie. Der gebürtige Sklave aus Ge-orgia schaffte es zwar, zweiter Offizier im Fort Davis zu werden, doch dichtete man ihm quasi umgehend zu Unrecht diverse schwere Vergehen an, um ihn schon drei Jahre später wieder loszuwerden. Diese Amtshandlung ist posthum rückgängig ge-macht worden und Präsident Clinton hat sich im Jahre 1999, also knapp 120 Jahre nach dem Rausschmiss von Flipper, offi-ziell dafür entschuldigt.

Es wurde ebenfalls kleinlaut eingeräumt, dass es in den langen Jahren der Existenz dieser Militäranlage nicht jeden Tag zu er-folgreichem Abmurksen von Mexikanern, indigenen Stämmen oder sonstigen Grenzübertretern gekommen war, sondern dass der Alltag in Wahrheit ein stupider war, den man in Offizierskrei-sen durchaus mit Hilfe von Alkohol, Kartenspiel und der Nut-zung weiterer Freizeitwert steigernder Angebote hier und da ein wenig aufzulockern verstanden hatte. Der Film endete mit dem aufrichtigen Dank an die U.S.Army und ihre o.g. Verdienste, es wurde etwas umständlich eine gigantische amerikanische Fahne gehisst, Musik erklang, eine Kanone wurde feierlich ge-stopft. Peng! Die Vorführung war zu Ende. Schweigend verlie-ßen wir zusammen mit den übrigen Besuchern das Auditorium. Tja, und dann stand am Ende doch tatsächlich in der Army dem ihr seinem Spaßverein ein Pferd auf dem Flur, genau zwischen Frauen- und Herren-WC, direkt neben dem Eingang zum Visitor

Center und kurz hinter dem Schild mit Aufschrift: „Haustiere sind an der Leine zu führen." Dabei dachte ich, die Amerikaner feiern kein Karneval.

Fast hätte ich vergessen, die wohl wichtigste und umfangreichste Tätigkeit der in Uniform verkleideten Männer zu erwähnen. Denn sie haben Straßen gebaut, um sie dann in Karten einzuzeichnen, und damit die wertvolle Infrastruktur geschaffen, mit deren Hilfe Stefan und ich in den nächsten Tagen unsere Reise durch die Südstaaten fortsetzen werden. Thank you, guys! Great job!

Mein Gehirn und andere unergründliche Universen
MC DONALD OBSERVATORY; DAVIS MOUNTAIN; TEXAS

Nachdem ich in meinen letzten Beiträgen wohl in etwas grenzwertigem Tonfall über Land und Leute (und die US-Army) berichtet und in letzter Zeit einige günstige Gelegenheiten ausgelassen habe, stattdessen mich selbst mal wieder gehörig durch den Kakao zu ziehen, möchte ich das nun schleunigst nachholen, bevor Stefan - zurück in Deutschland - dies an meiner statt ausgiebig tun wird. In Militärkreisen nennt man eine solche Strategie die „Flucht nach vorn".

Ich nehme vorweg, dass Edda bei ihrem vormittäglichen Feuerwehrreferat über Dinosaurier und Martha bei dem nachmittäglichen Wiesenvortrag aus „Green Line 1" deutlich mehr Grips bewiesen haben als ihre Mutter beim gestrigen Besuch der Sternwarte, aber dazu später.

Zum Verständnis meiner Situation muss ich vorab kurz erklären, wie mein Gehirn funktioniert. Ähnlich wie ein zuverlässiger Heimcomputer - sagen wir mal ein C 64 oder Amiga 500 oder auch Atari 1024 ST - können meine Gehirnwindungen erstaunliche Leistungen verbringen, haben aber gleichzeitig den unangenehmen Nebeneffekt, sich wahllos mit unzusammenhängendem Zeugs zuzumüllen, das dann teilweise seit der Schulzeit den Festplattenspeicher belegt. Es sind Begriffe wie „semipermeable Membran" oder „Nullstellenberechnung" oder auch „Labmagen", „Netzmagen", „Netzpython" oder „Pythagoras", die allesamt wie kleine Planeten oder Trabanten lustig in Licht- bzw. Trabanten-Geschwindigkeit im luftleeren Raum meines Oberstübchens umeinander kreisen.

Jeder von uns weiß ja, dass sämtliche Sterne, Planeten und Gedöns im Universum an langen Fäden von der Decke hängen. So ist es auch bei mir. Kein Wunder also, dass bei einem solchen Planetenmodell bzw. Perpetuum Mobile sich in unregelmäßigen Abständen die Fäden verheddern. Error. Nichts geht mehr. Nur noch verknotetes Mobilé ohne Perpetuum. Es sind einfach zu viele Himmelskörper, die da oben ihre Kreise ziehen, als dass dies noch von irgendeinem Gehirn verarbeitet werden könnte. Kennst du das nicht?

Im verzweifelten Versuch, jene unnützen Begriffe, die ich mir im Laufe meiner Schulbildung angeeignet hatte, endlich mal wieder loszuwerden, um Platz für Neues zu schaffen, drückt mein Zentralcomputer von Zeit zu Zeit einmal auf „Reset". Für die Dauer eines Bruchteils einer Sekunde ist dann der Bildschirm schwarz, alles ist weg, jedoch nicht für immer. Stattdessen passiert sowas wie bei einer Kegelbahn, wenn man mit Wumms alle Neune umgehauen hat und die Anlage dann alle Kegel hochzieht, um in ruckeligem Prozedere die Holzklötze an den enthedderten Fäden wieder in ihre Ausgangsposition zu bringen.

Wer das verstanden hat, der weiß auch, dass Stefan die falsche Terminologie verwendet, wenn er den Moment der Erfüllung dieser wichtigen Funktion meines Gehirns als „Totalausfall" bezeichnet. Zugegeben, nicht nur Stefan schaut mich in solchen Augenblicken mit einem Gesichtsausdruck an, der irgendwas zwischen Erstaunen, Entgeisterung und Entsetzen aussagt. Es ist ihrer Unkenntnis meines Gehirns verschuldet, also mache ich meinen irritierten Gesprächspartnern keinen Vorwurf, wenn sie sich freundlich von mir verabschieden, nachdem ich ihnen gegenüber erst behauptet hatte, leider noch nie im Joshua Tree Nationalpark gewesen zu sein, den aber liebend gerne mal sehen würde, um als nächstes zu berichten, dass wir als letztes im - hier, sag mal schnell, ich komm gleich drauf, ach ja - Joshua Tree Nationalpark waren.

Bei Stefan müsste sich eigentlich allmählich eine Routine einstellen; stattdessen betrachtet er mich jedes Mal wieder fassungslos aus der Distanz. Unnötig zu erwähnen, dass dies alles - wie bei dem Lebenskreislauf der Planeten auch - wieder einmal eine genetische Ursache hat. Das weiß man ja.

Andersrum gebe ich gerne zu, dass gerade in Bezug auf das Universum einmal erworbenes Wissen bei mir nicht lange hält. Vielleicht ist das alles einfach zu groß, zu umfangreich, zu unendlich, zu unendlich schön, so dass es sich meinem Verständnis entzieht. Immer wieder. Aber gestern besonders. Da waren wir nämlich Gäste einer sogenannten „Star Party" beim McDonald Observatory, dieser Sternwarte ganz oben auf dem Davis Mountain, die noch bis vor Kurzem als die Stelle mit der geringsten Lichtverschmutzung der gesamten Vereinigten Staaten galt. Jetzt leider nicht mehr, wie einer der Astronomen traurig und verbittert berichtete, während er mit dem Laserpointer auf den hellen Halbkreis im Süden verwies, wo schon immer, aber immer öfter und zunehmend intensiver, nämlich Tag und Nacht wie besessen Öl aus dem Boden gepumpt wird. Und weil da nun auch nachts das Licht angeht, sehen die Sternforscher kaum noch was.

Nun ja, das erschien mir übertrieben, schließlich hatte ich noch nie so viele Sterne auf einmal gesehen. Es war einfach umwerfend! Nachdem meine Augen sich an die Dunkelheit gewöhnt hatten - was nach ca. 45 Minuten der Fall war - machten sie auf einmal einen Sinn, diese lächerlich abwegigen Liniengefüge der Sternzeichen, denen ich irgendwann schon einmal auf irgendwelchen Abbildungen einen lustlosen Blick zugeworfen hatte. Plötzlich sah ich ihn klar und dreidimensional vor mir, den Kopf des Stieres. Sein Schulterblatt nennt man übrigens nicht den „kleinen Wagen", sondern „die sieben Schwestern", falls du das bisher noch nicht wusstest. Ätsch! Außerdem gucken wir nicht nur auf die Milchstraße DRAUF, wenn wir das Glück haben, mit besonderer Dunkelheit gesegnet zu sein, sondern wir sind sogar ein TEIL der Milchstraße, die eigentlich in Wirklichkeit gar keine Straße ist, sondern ein spiralförmiger Pfannkuchen von Sternen und Planeten und Wattnichalles, aber wenn du als Teil des Pfannkuchens auf den Pfannkuchen blickst, dann siehste natürlich nur Straße, ist ja klar.

Ach, was tat das gut, all dieses neu (oder wieder neu) erworbene Wissen an meine beiden flüsternd nachfragenden, weil interessierten (oder im Falle von Edda hoffnungslos gelangweilten) Mädels weiterzugeben - aber immer pssst, ganz leise, denn der da vorne wollte ja mit seinem Laserpointer noch in Ruhe auf weitere Sternkonstellationen laiserpointen. Unbeirrt mimte ich weiter den Experten - unter den Argusaugen von Stefan, der fand, dass man mit den erklärenden Worten ja schließlich auch warten könnte, bis der eineinhalbstündige fremdsprachliche Vortrag unter dem immer spektakulärer werdenden Firmament beendet war.

Dieser strengen Marschroute konnte jedoch auch er nicht bis zuletzt treu bleiben, sondern musste zuletzt selbst in das unterdrückte Gekichere der Mädels einfallen, als sich im unendlichen Universum meines Gehirns keine Supernova, sondern stattdessen ein oben beschriebener Reset-Vorgang ereignete. Abgelenkt durch das fragende Flüstern von Martha und das ungeduldige Gehampel von Edda auf meinem Schoß, hatte ich den Namen des gelaserpointeten Sterns links oben nicht richtig mitgekriegt und hielt diesen hellen Punkt inmitten anderer etwas weniger heller Punkte allen Ernstes - nur für die winzige Zeitspanne, die nötig ist, um meinen bräsigen Gedanken zeitgleich mit seinem Entstehen auch halblaut auszusprechen - doch tatsächlich für niemanden Geringeres als unsere Sonne. Mein Kopf ist schwarz und leer, ein Vakuum, ich gucke nur und verstehe nichts, und ich denk nur so: Häh? Krass! Ist die nachts aber klein.

Eine Aussage, die selbstkritisch betrachtet so dermaßen dumm ist, dass man ihr im Lehrerzimmer, begleitet von kollektiven Lachanfällen, eine ganze Pause widmen würde, wenn man denn zu dieser Sorte Mensch gehört - und ich kann dir versichern: Ich gehöre zu dieser Sorte Mensch. Aber ich muss mich ändern. Ich muss unbedingt damit anfangen, erst zu denken und dann erst zu sprechen bzw. während des Systemneustarts einfach mal den Mund zu halten.

Strandschildkröten
PORT ARANSAS BEACH; PADRE ISLAND; TEXAS

Ooops, we did it again! Nachdem wir vor fast vier Monaten das letzte Mal mit unserer Feuerwehr auf einen Strand gefahren waren, wo sich unsere Dicke ruckizucki bis zum Dieseltank in den weichen Sand gegraben hatte, hatten wir eigentlich beschlossen, dieses Manöver nicht unbedingt so schnell ein weiteres Mal zu wagen. Doch damals war damals, der Sand des Nordens ist nicht der Sand des Südens, Long Beach ist verdammt long her und wir wären nicht die Brightmans, wenn wir nicht imstande wären, eine dämliche Aktion auch ein zweites Mal mit den viel zitierten Attributen „schön, stark und mutig" anzugehen. Uiuiuiui. War der Sand wohl wirklich so fest, wie er in meiner App beschrieben worden war? Stefan, soll ich nicht doch lieber vorher mal? Eieieieiei. Aaaaaah... Lass mich doch lieber erst... Ah! Glück gehabt! Kreisgrinsende Erleichterung. Diesmal hatten wir uns nicht heckwärts wie ´ne trächtige Schildkröte in den Sand eingebuddelt. Keine weiteren Schmähreden von „Freunden" mehr. Hier durften wir nun ein Jahr lang am Strand parken, denn wir hatten ja für 12 Dollar das „Permit" erworben. Total easy.
Kaum irgendwo kann man übrigens so günstig campen wie in Texas, um mal wieder was Positives über diesen Staat zu sagen. Und dieser 70 Meilen lange Sandstrand, direkt neben dem glitzernden Meer, den schäumenden Wellen, der grün bewachsenen Düne, den fischenden Pelikanen und anderen See- und Raubvögeln, die man einfach so vom Fenster der Dicken aus beobachten kann, war nun endlich der weitere schöne Ort in unserem Reiseprotokoll, den wir in den letzten Tagen vergeblich gesucht hatten. Tief durchatmen. Ankommen. Endlich wieder am Meer!
Auf Padre Island gibt es sogar Meeresschildkröten, einige davon riesengroße Mopeds - ich sag mal: ein Petziball ist nix dagegen. Und - du glaubst es nicht! - die gehen scharenweise hier an Land, um ihre Eier in den Sand einzubuddeln. Hochkonzentriert und mit Hingabe wird das Heck versenkt und schon kommt ein Ei nach dem anderen rein in die Kuhle, schön Sand

drüber schaufeln, damit wäre dann der Auftrag erledigt und Mama Schildkröte verschwindet - von instinktiver Rücksichtslosigkeit getrieben - wieder im Meer. Der Rest muss dann von alleine funktionieren: Genau richtig viel Sonne auf die Eier, die hoffentlich gut versteckt sind vor Räubern, nach Möglichkeit soll auch kein Auto drüberfahren, dann steht den kleinen Schildkröten kaum noch was im Wege, gemütlich im Ei heranzuwachsen und irgendwann - knack, plopp! - aus der Schale zu springen. Und dann geht es - von instinktiver Ahnungslosigkeit getrieben - hinein ins Abenteuer Überleben. Gerade noch im Ei, schon sind sie groß. Hat man da als Mutter noch Worte?

Ich muss allerdings dazu sagen, dass man es auf Padre Island ein bisschen anders macht, denn diese Strategie „Adoleszenz von 0 auf 100" ist bei der Anwesenheit von schaulustigen Möwen, Pelikanen und anderen Räubern ja nicht gerade ein „Erfolgsmodell" der Evolution. Also buddeln die Leute von der Schildkrötenaufzuchtstation die mühevoll eingegrabenen Eier liebevoll wieder aus, um sie kontrolliert im Brutkasten auszubrüten. Und sobald die kleinen Schildkröten geschlüpft sind, werden die süßen Purzelchen zurück an den Strand gebracht, wo sie dann tapsig, aber zielgerichtet ihren Weg ins Meer antreten. Da dürfen sogar Schaulustige und Helfer und - als Zaungast quasi - auch die o.g. Seevögel dabei sein. Das ist vielleicht ein Spektakel, kann ich euch sagen!

Jedenfalls stelle ich mir das ganz toll vor und ich wäre - ehrlich gesagt - auch sehr gerne dabei gewesen, aber leider kommen die Schildkröten erst im Frühjahr, also frühestens in einem Monat zum Eierverbuddeln an den Strand. Echt schade!

Naja, und in Ermangelung von Schildkrötenmamas, -nestern, -eiern oder -babys mussten wir uns die Zeit dann eben anderweitig vertreiben. Martha hatte nun alle Zeit der Welt, sich mit Haut und Haar in ihre kreativen Schaffensprozesse zu versenken, und Edda nutzte die ausgiebigen Strandspaziergänge, um ihre von ihr anvisierte Rolle im Klassenraum mit mir durchzusprechen. Mir schwante Übles. Kaum drei Wochen war es schließlich her, dass Edda mir auf der Toilette mit leuchtenden Augen zugeraunt hatte: „Ich muss mich beeilen, denn ich möchte zu gerne sehen, wie Sara in ihre Schuhe steigt!" Es

stellte sich heraus, dass sie kurz zuvor eine große Handvoll Schnee in Saras Wanderschuh geschaufelt hatte... Doch scheinbar hatte sie sich mittlerweile im Stillen vorgenommen, mit Schulbeginn eine andere Nuance ihrer Persönlichkeit NOCH stärker zutage treten zu lassen. So teilte sie mir mit: „Ich habe mich entschieden, keine Streiche zu spielen, sondern in der Pause herumzulaufen und zu sehen, ob jemand traurig ist." Ach, was hab ich sie - ISTDAHINTENJETZT.ENDLICHRUHE! - doch - SCHLAFT.JETZT.END.LICH! - lieb, meine - GLEICH-WERD-ICH-ABER-RICHTIG-SAUER! - kleinen Strandschildkröten! Ob und wie lange Edda diese anvisierte Rolle wohl zu spielen imstande sein wird, habe ich mich gerade eben noch gefragt, als sie uns anstatt lieb „Gute Nacht" zu sagen, nur lässig „Fresst meinen Sternenstaub, ihr Langweiler!" mit auf den Weg gegeben hat, nachdem wir zum xten Mal genervt „AB.INS.BETT!" gerufen hatten. Seufz. Irgendwie kommt so eine Schildkrötenmama leichter dabei weg, geht mir gerade durch den Kopf. Andererseits - und das könnte eigentlich schon mein Schlusswort sein - verpasst sie auch das Schönste.
Sinngemäß waren dies auch meine Gedanken am heutigen Morgen. Wagemutig waren wir gestern mit der Dicken bei Dunkelheit auf den nun schon etwas weicheren Sand des mittlerweile dritten Strands gefahren. Bei Sonnenaufgang stellte sich heraus: Wunderschön! Links die Düne mit Schwemmholz (und nur ein ganz bisschen Schwemmplastik), rechts das glitzernde Meer. Kurz nochmal den Verschnitt von Frisur mit der Stoffschere nachbearbeitet. (Wer geht auch beim Walmart zum Frisör?!) So geht es einigermaßen. (Naja, eigentlich ging das GAR nicht.) Erstmal Kaffee kochen. Und beim Betrachten meiner noch selig schlummernden Brut ging mir das Herz auf. Wie süß, diese verknoteten Beine der Mädels in ihrer gemütlichen Koje! Alles, was man zum Leben braucht, passt in eine Feuerwehr. Dumdidum. Life is beautiful. Ohrwurmgesumm: „On a dark desert highway... cool wind in my hair." Der Wind der Freiheit wehte mir wieder um die kahlgeschorenen Ohren. Endlich waren wir wieder on the road, auf dem Weg zum „House in New Orleans (they call it the Rising Sun)" und die Yellow Lights vom

Mississipi wollten wir auch noch sehen - alles auf den Country-roads, versteht sich. Bring uns zu den Blue Ridge Mountains und zum Shannandoah River, und DANN erst take me home! Denn NOCH sind wir junge Wölfe, die dem Ruf der Wildnis folgen.

Dachte ich. Bis zu dem Moment, als ich in die Realität zurückgeholt wurde. Und zwar von einem freundlichen Cop, der direkt neben der Feuerwehr anhielt, weil Martha auf dem Strandhighway in Nullkommanix und von uns unbeobachtet ein riesiges Loch gegraben hatte. Dass das nicht geht, sahen wir ein, das war nicht das Problem. Mein persönliches Problem war auch nicht die Art und Weise, mit der der Cop fragte, ob das unsere Tochter sei, die da das Loch gräbt, denn er war ausgesprochen nett und freundlich. Das Problem war seine sich selbst korrigierende Formulierung: „Ist das Ihre Tochter... oder Enkeltochter...?"

WIE BITTE?!

Dies war unbestritten mein persönlicher Tiefpunkt dieser Reise, und zwar inklusive meiner peinlich-panischen Bärenbegegnung im Algonquin Nationalpark in Kanada, dem peinlich-peinlichen Feuerwehr-Abschlepp-Manöver in Washington, meiner panisch-panischen Fluchtambitionen an der stürmischen Küste Oregons sowie der panisch-verzweifelten Überquerung der Rockies in Colorado. Ich war so down, dass ich gerne 1 bis 10 Sundowner getrunken hätte, dabei stand die Sonne noch nicht einmal im Zenit. Stefan hatte ordentlich was zum Lachen, während er selbstzufrieden die Tipps von Youtube (How to play „Hotel California") auf der Gitarre umsetzte. Nur die arme Martha hatte sogar noch mieserere Laune als ich, weil sie schließlich viel Arbeit in dieses Loch im Strand-Highway investiert hatte. Es sollte eigentlich eine Brücke werden.

Wahrscheinlich meinte der Cop eh Stefan, den Graubärtigen, versuch ich beim prüfenden Blick in den Spiegel meinem geknacksten Selbstwertgefühl die listige Brücke zu schlagen, die Martha gerade vereitelt worden war, und beginne mit der Recherche, in welchem Durchschnittsalter die Frauen hierzulande so Großmutter werden.

12. *Alles auf Schwarz!* - Fahrtwind Richtung Süd, Südost

„I´m a cowboy. On a steel horse I ride." (Bon Jovi)

Kanutour mit Kroko-Thrill
PALMETTO ISLAND STATE PARK; LOUISIANA

Stefan wollte endlich mal wieder unsere Liesel vom Dach holen. Das war noch in Texas. Christmas Bay. Och nee... MUSS das sein?! Ganz gegen meine Art hatte ich nämlich das Hinweisschild auf die hier ansässigen Tiere (Alligatoren, Schlangen,...) und das von Stefan angesteuerte Terrain zu einem mentalen Panikbrei verrührt. Dazu noch eine Prise Erinnerung an die „8 Tipps für ein friedliches Zusammenleben von Mensch und Reptil", die ich meiner Schwester Silke zur Vorbereitung auf unsere gemeinsame Reise durch Florida voller Häme geschickt hatte, und schon hatte ich das innere Bild vor Augen, wie mein Paddel auf den Kopf eines Alligators kracht - angeblich noch immer eine der Haupttodesursachen bei der Begegnung zwischen Mensch und Reptil. Tödlich für den Menschen, versteht sich.

Mittlerweile befinden wir uns eineinhalb Tagestouren entfernt von der Christmas Bay und bereits in einer komplett anderen Welt. Quasi mit Grenzübertritt nach Louisiana änderte sich das Landschaftsbild. Es wurde immer grüner und irgendwie immer heimatlich westfälisch anmutender, allerdings gab es am Straßenrand plötzlich neben den platt gefahrenen Waschbären und Stinktieren sogar platte Schildkröten und Gürteltiere. (Ein humorvoller Amerikaner kommentierte diesbezüglich, tatsächlich schon mal ein lebendiges Gürteltier gesehen zu haben, dabei habe er schon fast geglaubt, die würden plattgefahren geboren.) In den überholenden Autos auf der Autobahn saßen außerdem zunehmend Afroamerikaner und wir fuhren durch Alleen, deren knorrigen Bäume ihre ausladenden Äste über uns breiteten, bis die ersten Mangrovenwälder beiderseits der Landstraße auftauchten.

Beim State Park „Palmetto Island" angekommen, hatten wir dann das Gefühl, in den Regenwald gebeamt worden zu sein. Und da diese Welt so dermaßen fremd wirkte (wie im Traum), konnten die Tiere, die wir hier zu Gesicht kriegten (bzw. vor deren tödlichem Gift ein Faltblättchen uns warnte), ja gar nicht echt sein: Schlangen, quietschgrüne Echsen, riesige haarigstachelige Spinnen, knallrote Vögel. Ergo musste ich auch keine Angst haben, noch nicht einmal vor den Alligatoren, die angeblich hier im See leben sollten.

Und sind die nicht gefährlich? Das fragten wir den gemütlich mit seiner Golfkarre durch die Gegend cruisenden Camp Host. Nein, sie sind wie du und ich. - Ein bisschen faul?, riet Stefan. Nein, das hatte der Camp Host nicht sagen wollen, er redete nur sehr langsam. (Geduld, Stefan!) Er wollte sagen, dass die Viecher wählerisch sind, was ihre Nahrung angeht. „They don´t like your kind of meat." Ach so, Menschenfleisch steht nicht auf ihrer Speisekarte. Na dann...

Ja dann... dann haben wir uns also tatsächlich ins Kanu gesetzt. So andächtig wie noch nie zuvor paddelten wir schweigend oder maximal flüsternd durch die uns komplett fremde Welt. (Ungefähr so hätte ich mir Costa Rica vorgestellt.) Als wir in das schmale Verbindungsflüsschen zwischen See Nummer 2 und See Nummer 3 einbogen - ganz langsam, fast ganz ohne zu paddeln, wir ließen uns einfach lautlos gleiten - beobachteten wir ehrfürchtig die Schildkröten, die sich zum Sonnen auf die ins Wasser ragenden Baumstämme gesetzt hatten. Wunderschön! Dann kamen wir an einer Baumgruppe mit ca. sechs bis acht Geiern vorbei, von denen zwei ungerührt sitzen blieben, so dass wir uns gegenseitig misstrauisch beäugen konnten.

Die Luft war bereits zum Reißen gespannt, alle unsere Sinne auf vollste Aufnahmefähigkeit gestellt, die Augen konzentriert auf die Wasseroberfläche gerichtet, als wir beim dritten See angelangten. Und plötzlich machte mein Herz einen Sprung, um diesen Aussetzer bei den nachfolgenden Pulsschlägen im Rekordtempo aufzuholen, denn in meiner Funktion als Späher im Kanu hatte ich in der Ferne tatsächlich einen Alligator gesehen. Nein: zwei! Beide riesig! (So vier bis fünf Meter, schätzte Stefan.)

Kaum dass wir uns dem Pärchen zögernd näherten, machte sich der größere von den beiden auf seinen Weg zu uns ins Wasser. Jedenfalls war das die grobe Richtung. Und meine Interpretation seiner Bewegungen war die unmissverständliche Ansage: bis hierhin und nicht weiter. Während wir unsere Tour in flüsternd verhandelter Entfernung fortsetzten (Stefan wollte näher ran, ich wollte den Rückwärtsgang einlegen), verfolgte er uns weiterhin, allerdings glücklicherweise nur mit seinen riesigen Kulleraugen, die nicht wenig respekteinflößend aus dem Wasser ragten. Edda meinte erst schlotternd: „Ich mach mir gleich in die Hose!" und fragte dann flehend: „Wo ist Wauwi?!" Sie wollte nur noch zurück zu ihrem flauschigen Hund ins kuschelige Feuerwehrambiente. Mir ging es ähnlich, zumal Stefan zwecks Fotoshootings sein Paddel abgelegt hatte und der plötzlich aufkommende Wind unser Kanu immer näher an die beiden Krokos ran schob.

Mit geschultem Blick konnten wir dann auf unserem Rückweg zur Einstiegstelle noch einige weitere, allerdings deutlich kleinere Alligatoren ausmachen. Puh. Erstmal ausatmen. Allmählich wurden wir wieder etwas gesprächiger. Wie die größten Maulhelden auf Erden begannen wir schließlich, die Kanutouren mit meiner Schwester in den Everglades zu planen.

Der gleiche humorvolle Amerikaner, mit dem wir uns zuvor über die platten Gürteltiere unterhalten hatten, teilte übrigens auch unseren Respekt vor den Alligatoren. Seine Argumentation: Am Ende hilft es einem unter Umständen wenig, dass die Krokos unser Fleisch nicht mögen. Die Gewissheit, dass sie allerhöchstens kurz mal zum Probieren in uns reinbeißen, um uns dann - bah! - angewidert wieder auszuspucken, sei dann doch tendenziell wenig tröstlich, gab er zu bedenken. Wir waren einer Meinung.

Mississippi
ROCKY SPRINGS; NATCHEZ PARKWAY; MISSISSIPPI

Wir fahren auf einem schönen grünen Highway Richtung Norden entlang des Mississippis, den man von hier aber nicht sehen kann, dafür aber herrschaftliche Alleen und prachtvolle Anwesen, die noch nicht „vom Winde verweht" sind: Die „Great River Road" passiert die Grenze zwischen Louisiana und Mississippi und führt uns zu einem schönen Haus mit edler Einrichtung und vielen vielen Prospekten in den Regalen.

Im „Mississippi Welcome Center" sitzen zwei vornehm gekleidete Afroamerikaner hinter einem großen Tresen: „Was kann ich für Sie tun?" Tja, was möchte ich über Mississippi erfahren? Im ersten Moment fällt mir nur ein, was mir die beiden Rentner aus Florida empfohlen hatten: „Gibt es hier nicht irgendwo eine alte Straße mit kostenlosen Campingplätzen?" - „Aha. Der Natchez Parkway." Der Mann mit dem Pokerface reicht mir eine Karte über den Tresen. „Gibt es sonst noch etwas, was Sie interessiert?" (War das Ironie?) - „Tja, äh…" Als Übersprungshandlung schaue ich mich ein bisschen um.

„Interessieren Sie sich für Musik?" - „Oh jaaa!" (Ich mache voll einen auf Musikexperte, denn ich muss unbedingt meinen bräsigen Ersteindruck wieder wett machen.) Der Mann empfiehlt mir Cleveland, die Wiege des Blues. „Kommt der Blues nicht aus New Orleans?" Das Pokerface entschwindet, Entrüstung macht sich Bahn. Strenge Belehrung: „Nein, dort ist die Wiege des Jazz, der Blues kommt aus Cleveland." (Subtext: Das weiß man doch!) Jazz oder Blues? Solche Feinheiten sind für uns Schall und Rauch, aber was selbst wir festgestellt hatten, ist, dass man unmöglich durch das French Quarter laufen kann, ohne mit den Füßen zu wippen oder den Hüften zu schwingen oder dem Kopf zu wackeln, weil es an jeder Ecke und in jeder Kneipe einen oder ganz viele Straßenmusiker gibt. Von New Orleans waren wir grenzenlos begeistert - schon allein von der Tatsache, dass wir einfach so mitten im Stadtpark parken durften, sogar über Nacht - und zwar genau zwischen Polizeistation, großem Kinderspielplatz und dem Food-Truck des be-

rühmten Café Du Monde, wo ich mir morgens als erstes die leckeren Baignets zum Frühstück geholt hatte, für die die Leute
in der Innenstadt in einer meilenweiten Schlange anstehen
mussten. (Check!) Insgesamt hat diese Stadt so dermaßen viel
Flair, dass es selbst Stefan mehrere Stunden am Stück in ihr
ausgehalten hat, bevor es ihn zurück in den Stadtpark, zu seiner Gitarre und zu unseren vier Wänden mit Küche und Bad
zog.
Daran denke ich beim Durchblättern der Informationsblättchen.
Als ich noch immer keine Anstalten mache, von dannen zu ziehen (Stefan kocht und Martha schreibt Tagebuch, aber beides
ist längst noch nicht fertig, schlender-schlender, dumdidum),
fragt der Mann: „Interessieren Sie sich für die amerikanische
Geschichte?" (Oh je, mein letztes Stündlein hatte geschlagen.)
Mir wird der Besuch von Vicksburg wärmstens ans Herz gelegt,
denn dort könne man unter anderem die „U.S.S. Cairo", das berühmte Kriegsschiff besichtigen. Und nun kann ich brillieren,
denn kürzlich hatte ich irgendwas über Vicksburg gelesen, also
haue ich raus: „Aaah, ich weiß," (hoffnungsfrohes Gesicht meines Gegenübers, aufmunternder Blick der Kollegin) „dort hat
doch der Bürgerkrieg begonnen!" (resigniertes Gesicht) - „Dort
wurde er BEENDET." Es war hoffnungslos. Nun war ich aber
wirklich durchgefallen. Und zwar in Musik UND in Geschichte.
Abschließend wurde mir noch Prospektmaterial über die Stadt
Natchez, die älteste europäische Siedlung am Mississippi,
überreicht, denn just in dieser Woche öffneten prunkvolle Pri-
vathäuser ihre Türen für vielseitig interessierte Touristen, die
auch ganz gerne mal in die Gemächer der Superreichen rein
linsen. „Wieso machen die das? Kriegen die da Geld für?" (Zu
seiner Lieblingstouristin würde ich eh nicht mehr aufsteigen,
also konnte ich nun frei von der Leber weg reden.) Nun ja, es
sei vielmehr ein gewisser Idealismus, diese besondere Architektur (Antebellum - war mir ein Begriff!) zu erhalten und anderen zugänglich zu machen. Jedenfalls wollte ich diese Prunkvil-
len unbedingt von innen sehen. (Außerdem hatte ich in meiner
App gelesen, dass man in Natchez vor dem Visitor Center umsonst stehen kann. Sogar mit Strom! Schacka!)

Natürlich haben die Superreichen Geld für ihren Idealismus gekriegt, und zwar nicht wenig! Stefan war jedenfalls nicht neugierig genug, um 15,- Dollar für ein einziges Ticket für die Besichtigung einer einzigen Privatvilla auszugeben, also machte ich zum ersten Mal in diesem Urlaub einen Alleingang. Nun ja. Es war pompös hässlich. Dafür hatte man die Sklavin, die natürlich schon vor dem Krieg mehr so eine Art beste Freundin war, nach dem Krieg adoptiert. Und das wirkt schließlich schwerer als meine Abneigung gegen vergoldeten Nippes.

Bei unserer Wanderung über den historischen Natchez Parkway liefen wir kreisgrinsend durch wunderschönen Wald, atmeten die frische Frühlingsluft und genossen die Farben und Lichtverhältnisse, die zum beginnenden Frühling dazugehören. Der Weg, der scheinbar über die Jahre immer tiefer in den Waldboden getreten worden war, führte uns zu dem einzigen erhaltenen Gebäude der ehemals lebhaften Stadt Rocky Springs. In der sparsam eingerichteten Methodistenkirche aus dem 18. Jahrhundert mit alten Holzbänken, deren tiefe Rillen von Jahrhunderten des stundenlangen braven Zuhörens zeugten, erlebte ich einen winzigen Augenblick lang die besondere meditative Atmosphäre einer komplett menschenleeren und mucksmäuschenstillen Kirche. So lange, bis die Mädels mich zwecks begeisterten Bejubelns der drei - „Mama, Mama, komm ganz schnell raus!" - knallgrünen oder grün-blau-gestreiften Echsen, die sie auf dem Mauerwerk gesehen hatten, nach draußen komplementierten. „Och schade, jetzt sind sie weg."

Auf dem mysteriösen Friedhof mit schiefen Grabsteinen und schwer lesbaren verwitterten Inschriften (von 1855 zum Beispiel) betrieben Martha und ich Grabsteinforschung und fanden heraus, dass eine gewisse Familie Powers innerhalb von drei Jahren drei Kinder verloren hatte, die jeweils weniger als ein Jahr alt geworden waren. Bei solchen Ausflügen nimmt der eben noch auf einem Informationsschild gelesene Begriff „Gelbfieber-Epidemie" unweigerlich Gestalt an und man kriegt ein Gespür dafür, welchen Lebensbedingungen die Menschen in diesem Landstrich früher ausgesetzt waren.

Sollte es auch übertrieben pathetisch klingen; darauf kann ich leider keine Rücksicht nehmen, weil ich niemandem vorenthalten möchte, wie dankbar ich in solchen Momenten bin: für meine Kinder, für meinen Mann, für meine Familie, für diese Reise, für dieses Leben. Was geht es uns gut!

Verzockt

„Schlechte Nachrichten." So lautet Stefans wortreiche Erklärung der Tatsache, dass eine Warnlampe auf dem Armaturenbrett leuchtet. Die Bremsbeläge. Scheiße. Stefan ist mies drauf
und spricht mit Google statt mit mir, dafür aber mit besonders
deutlicher Aussprache, das Handy ganz dicht vorm Mund:
„Werkstatt in der Nähe". Das Mobiltelefon spuckt „Biloxi" aus.
Wir ändern kurzerhand die Reiseroute. Also doch zur Küste.
Mist! (Wir hatten doch diese tollen Aufkleber für unsere Feuerwehr bestellt: Die Umrisse von Kanada und den USA, wo man
dann die verschiedenen Staaten drauf kleben kann, die man
schon bereist hat. Auf diversen Wohnmobilen gesehen. Wollte
ich auch. Bestellt. Bringt Schwester Silke mit. Denn bald reisen
wir zusammen durch Florida. Jippieh! Vorher wollten wir aber
eigentlich noch durch einen Zipfel von Alabama fahren, damit
wir diesen Staat auch noch aufkleben können. Manno.)
Stefan wird etwas gesprächiger. Finster eröffnet er mir unsere
Optionen: Entweder kann die Werkstatt die Bremsbeläge bestellen, wir müssen dort 'ne Woche warten, die Werkstatt macht
die uns für teuer Geld rein und wir ballern nach Florida, um wenigstens noch ein paar Tage mit Familie Bohlen rumreisen zu
können. („Und was ist die zweite Option?") Oder Silke bringt uns
die Bremsbeläge im Koffer mit, megaschwere Teile, und der
Mann darf die dann in den ersten drei Tagen unserer gemeinsamen Zeit einmontieren. Hmmm. Ich kann mich irgendwie
nicht entscheiden. Beides super!
Schweigen im Wald. Miese Stimmung auf dem Fahrersitz, aber
das kriege ich schon wieder hin. „Das ist ja echt blöd mit den
Bremsen." Keine Antwort. „Du machst dir jetzt echt 'n Kopp des-
wegen, oder?" Finsteres Stieren auf die Fahrbahn. „Ach Stefan,
alles wird gut." Dazu leichtes Streicheln seines Oberarms. (Mit
Männern kenne ich mich aus. Die wollen keine Problemlösung.
Die wollen einfach nur in den Arm genommen werden. Die wollen reden.) Die Dicke brummt, die Insassen schweigen.
Zahlreiche Kilometer später kommt die gute Nachricht: Stefan
ist sich nicht mehr so sicher, ob das wirklich die Kontrollleuchte

für die Bremsbeläge ist, die da leuchtet. Es KÖNNTE auch nur die Bremsflüssigkeit sein, die man nachfüllen muss. Tankstelle. Bremsflüssigkeit kaufen. Reinschütten. Fertig. (Na siehste! Wozu ein klärendes Gespräch so gut sein kann.) Stefan singt: „I´m a cowboy... on a steal horse I ride."

In Biloxi bleiben wir dann einfach vorm Casino auf dem Parkplatz stehen. Blick aufs Meer. Baumschatten. Campen wie die (anderen) Obdachlosen. Was will man mehr?!

Der Folgetag geht erst super los (Sonnenschein und Grapefruit zum Frühstück) und scheiße weiter. Denn es flattert ´ne Nachricht von meiner großen Schwester rein: ein Bild vom Bild in der Bild-Zeitung. Mit fetter Schlagzeile: „WOW stellt Betrieb ein. Die nächste Airline-Pleite". Dazu noch ein paar hämische Worte von Silke: „Wie war das mit dem Vertrauen und WOW?" Stefan prüft das heutige Datum. Nein, es ist NICHT der 1. April. Wir recherchieren. Die erste Information, die aufploppt, kommt von Wikipedia: „WOW air war eine isländische Billigfluggesellschaft mit Sitz in Reykjavík und Basis auf dem Flughafen Keflavík." Die Betonung liegt auf „WAR". Stefan und ich hatten den Kaffee auf, aber sowas von! Rückflüge weg. Geld weg. Das kommt davon, wenn man (schon wieder) einer Billig-Airline sein Vertrauen schenkt.

Okay, hilft alles nichts. Diesbezüglich kann ich tatsächlich auf väterliche Gene zurückgreifen, mit dem Wahlspruch: Ich rege mich nicht über Dinge auf, die man nicht ändern kann. (Außer über Regen.) Mal gewinnt man, mal verliert man. No risk no fun. Mit diesem Lebensmotto stehen wir hier auf dem Casino-Parkplatz ja nicht alleine. Damit sind vor uns schon ganz andere auf die Fresse geflogen. Leider ist unser Internetempfang hier zu schwach, um neue Flüge zu buchen, also spricht Stefan wieder in sein Handy: „Starbucks in der Nähe". Siehe da: Das Casino beherbergt ein Starbucks-Café mit schnellem Netz.

„Wir haben gerade 2700,- Euro im Casino verloren", bemerkt Stefan auf dem Rückweg zur Feuerwehr mit erneuter Einsilbigkeit. Ach, es hätte schlimmer kommen können. Es hätte regnen können. Ich meine: Es könnte stürmen. Ein Wirbelsturm namens Michael oder Katherina hätte unser Zuhause zerstören

können. Wir wären nicht die ersten, denen das passiert. Im un-
beschädigten Zuhause angekommen, spricht Stefan sich wieder aus. Mit Google. Handy vor den Mund, deutliche Aussprache: „Bon Jovi. Dead or alive."

Kleine Sorgen und große Sorgen
SOPCHOPY; FLORIDA

Ein Tag nach der Airline-Pleite. Ohne Kaffee aufgebrochen.
Stefan äußert bei der Fahrt den innigsten Wunsch, dem Besitzer der WoW-Airline mit Vollspann in die Eier zu treten. Pause
am Strand. Die Kinder zoffen sich, pillepalle eigentlich, aber es
kommt ein Schwung Sand auf die Picknickdecke und da kommt
Stefan nicht drauf klar. Zack, Ende der Mittagspause am Strand
in „Sweet Home Alabama, where the skies are so blue". Blauer
Himmel, aber scheiß Stimmung.
Ich will mich mal kurz von mir selbst distanzieren und visier 'ne
Bank an, um in Ruhe Dampf auszustoßen. In großen Lettern
hatte jemand liebevoll „Love your children" in die Sitzfläche der
Holzbank reingedremelt. Ich setz mich auf das Wort „Love",
stiere finster aufs Wasser und feinde die Pelikane und Möwen
an, bis die Mädels sich zu mir auf die Bank setzen. Nachdem
wir uns vertragen haben, erörtern wir, was für Glückspilze wir
doch sind. Das größte Glück für Martha ist immer noch ihre un-
zerstörbare Kraft, in allen Dingen das Positive zu sehen, was in
unserer Familie nicht allen gleich gut gelingt. So hatte Stefan
(verständlicherweise) ziemlich ungehalten reagiert, als seine
große Tochter die Nachricht von der plötzlichen Nichtexistenz
unserer Rückflugtickets mit den Worten „Ich liebe dieses Abenteuer!" kommentiert hatte. Martha versteht das. Wir füttern Möwen. Alles ist in Butter. (Zumal Martha vor Kurzem erst die gute
Nachricht von einem Platz in ihrer Wunschschule erhalten
hatte. (Fünf Minuten Schulweg. Strike!) „Ich hab 'ne Uhr, ich
hab 'ne Schule und ich hab 'nen ausgefallenen Backenzahn.",
ist ihr strahlender Kommentar.

Bei unserer Weiterfahrt ist dann auch Vatti wieder in der Spur. Der Highway 98 führt uns von der Küste Alabamas nach Florida. Es ist eine Straße wie im Bilderbuch: bunte Holzhäuschen, grüner Wald, grüne Wiese, knorrige Eichen. Zwischendurch blitzt das Meer immer wieder durch die Bäume. Dazu Sonnenschein und schöne Wolkenformationen am Himmel. Das Leben meint es gut mit uns.

Als wir an einer Grundschule vorbeikommen, wundern wir uns über den Verkehrsstau, bis wir erkennen, dass hier die Eltern vor dem Kinder-Drive-In Schlange stehen, um - tse tse tse - ihre jeweiligen Koten DIREKT vor dem Schultor ins Auto zu laden. Was offensichtlich auch so gedacht ist, denn im Halbkreis angeordnet sitzen die Grundschüler brav auf ihren Bänken, bis sie der Reihe nach ins elterliche Mobil verfrachtet werden. Radfahren und Zu-Fuß-gehen sind in Amerika nicht vorgesehen. Es ist allseits bekannt, aber doch immer wieder skurril zu beobachten.

Schon wenig später, nach ein paar sorglosen Tagen am Strand von Navarre und Umgebung, werden wir eines Besseren belehrt. Denn plötzlich können wir uns vor Fahrrädern nicht retten. Wir haben Seaside erreicht, laut Reiseführer ein künstlich erschaffener Retortenort, der schon als Kulisse für den Film „Die Truman Show" gedient hat. Dieser Ort ist nicht nur mit lauter hellblauen und rosafarbenen Schickimickihäuschen verziert, sondern zusätzlich mit jungen Leuten auf bunten Leihfahrrädern geradezu vollgestopft. Was kein dekoratives Café oder Restaurant ist, nennt sich Fahrradverleih und beherbergt haufenweise Zweiräder auf der gepflegten Grünfläche vorm Laden. Wer soll denn die alle ausleihen? Im Golfwägelchen vor uns sitzen vier blonde langhaarige Mädels, jeweils mit Smartphone bestückt, die unterwegs ganz viele Selfies machen. Wo auch immer die vielen jungen Leute herkommen und was sie hierher getrieben haben mag (Spring Break? Feiertag? Normaler Touri-Wahnsinn?), Stefan reagiert angesichts dieses Getümmels erwartungsgemäß und nimmt so schnell wie möglich reißaus. Unser Stellplatz für die Nacht liegt folgerichtig im benachbarten State Forest: einfach rückwärts in den Wald eingeparkt und schon beherrschen Ruhe und Frieden die brightmansche Reiseatmosphäre. Die zwei dicken Tannenzapfen, die uns am nächsten Morgen aufs Dach fallen, sind auch schon unsere einzigen Sorgen.

Als uns der idyllische Highway 98 aber weiter in Richtung Panama City führt, kriegen wir eindrücklich vor Augen geführt, was es heißt, ECHTE Sorgen zu haben. Wir sind geschockt. Statt Tannenzapfen sind den Leuten hier ganze Bäume auf die Dächer gefallen. Es ist ein einziges Bild der Verwüstung, wo man auch hinsieht: Lagerhäuser, deren eine Seite von einem herabgefallenen Hausdach eingedellt wurde. Zerstörte Wohnmobile in Reih und Glied auf einem Parkplatz. Berge von Schutt und ehemalige, nun zerstückelte und aufgestapelte Hausfassaden. Das Wenige, das noch an Baumbestand vorhanden ist, hängt schief in den Angeln. Mauloffen fahren wir weiter, an einem Bus vorbei, dessen komplette rechte Seite den riesigen Werbeschriftzug „hurricanerepair.com" trägt. Reklameschilder, sofern nicht komplett zerstört, werben mit neuen Bedachungen, Anwaltsdienstleistungen oder mit dem Besuch einer Kirche: „Looking for hope?"

Dass der Hurricane Michael hier vor fünf Monaten sein Unwesen getrieben hatte, war während unserer Reise nur am Rande zu uns durchgedrungen, denn damals dominierten noch die Nachrichten von den verheerenden Waldbränden in Kalifornien. Wir sind komplett sprachlos angesichts der hoffnungslosen Zerstörung, an der man nicht vorbei schauen kann. Fotos machen wir keine, Katastrophentourismus geht gar nicht. Wir ändern die Route, fahren von der Küste weg und sehen, dass auch hier - bis weit ins Landesinnere - Bäume auf den Strommasten hängen und vereinzelte Räumarbeiten im Gange sind. Ich frage mich: Was macht man, wenn nicht nur das eigene Haus, sondern die gesamte weitläufige Nachbarschaft in Trümmern liegt? Ärmel hochkrempeln, ein neues Haus bauen (gesetzt den Fall, dass Geld dafür da ist) oder der Gegend für immer den Rücken kehren, schon aus Angst vor einem neuerlichen Wirbelsturm? „Do you need a mobile home?", lockt ein riesiges Werbeschild mit dem Erwerb rollender Häuser. Ich denke mal, das wäre unser Lösungsansatz, aber wer weiß das schon.

Hurricanes stellen in unserem Lebensalltag zwar keine wirkliche Bedrohung dar, doch sind Naturkatastrophen ja auch nicht die einzigen Schicksalsschläge, die einem das ganze sorglose Leben von einem auf den anderen Tag auf den Kopf stellen könnten. Kann man sich auf so etwas vorbereiten? Und wenn ja, wie? Stefans und meine einzige Antwort auf diese Fragen liegt auf der Hand: Das Leben genießen. Nichts aufschieben, denn nichts ist selbstverständlich, nichts ist planbar. Sich Zeit für die Familie nehmen. Ihnen jeden Tag deutlich machen, was für ein Geschenk sie sind. Dankbar sein. Denn wir haben uns dieses Leben nicht „verdient", sondern wir haben einfach nur Glück gehabt.

Did you see the Manitu?
MANATEE SPRINGS STATE PARK; FLORIDA

Worum es beim Reisen geht, hatten wir schon nach drei Monaten festgestellt, als wir zu später und kalter Stunde in Kanada
mit Patrick am Lagerfeuer saßen: Momente sammeln. Und
nach einem weiteren halben Jahr unterwegs ist dem nichts
Kleingedrucktes hinzuzufügen. Manche dieser Momente, die
wir auf Reisen gesammelt haben, waren ganz besondere, um
nicht zu sagen magische Momente, in denen sich - von den
Borsten am dicken Onkel bis zum flauschigen Backenbart - alle
Körperhärchen aufstellen und damit signalisieren: Daran wirst
du dich für immer zurückerinnern. Langer Schwede kurzer
Finn': Gestern hatten wir mindestens einen dieser magischen
Momente.
Schon der Ort, an dem wir uns befinden, hat ganz besondere
Vibrations. Manatee Spring heißt er, und zwar a) wegen der
Quelle, die den Fluss Suwannee River kurz vorm Münden in
den Golf mit frischem Quellwasser versorgt, und b) wegen der
Manatees, die sich von diesem klaren Wasser angezogen fühlen. Diese ganz besonders niedliche und friedliche Sorte Tier,
die es quasi nur in Florida und selbst hier nur noch ganz selten
gibt, wird im Deutschen fachmännisch „Rundschwanzseekuh"
und von kanadischen Seefahrern auch liebevoll „Meerjungfrau"
genannt. (Für diese Einschätzung muss man allerdings schon
sehr lange fern der Heimat gewesen sein, denn eigentlich sieht
ein Manatee eher aus wie eine dicker grauer wubbeliger Klops
mit lustiger Schnauze und Knopfaugen am dickeren und einer
Monoflosse am schmaleren Ende.)
Als ich vorgestern am späten Nachmittag auf dieses Naturbe-
cken vor der verwunschenen Mangrovenwaldkulisse guckte,
das so geheimnisvoll von warmem Sonnenlicht beschienen
wurde, war ich ganz hin und weg. Und als ich dann erst den
oben beschriebenen Bockermann in dieses das ganze Jahr
über gleichbleibend warme Quellwasser hielt, dachte ich: Leck
mich am A-a-aber das ist jetzt doch ganz schön kalt. (Von wegen „warme Quelle"!) Und trotzdem wollte ich da UNBEDINGT
- „Mama, guck mal, da guckt ja 'ne Schlange aus dem Wasser!"

- oder vielleicht doch nicht so unbedingt - „Und da schwimmt auch eine!" - äh, will ich da wirklich noch - ach komm, immerhin sieht man ja, wo die Viecher sind - also ging ich am Ende tatsächlich einfach rein. Und das war WUNDERBAR!

Nach dem Familienschwimmen am nächsten Tag (Edda wollte „nur rein, wenn Papa mit reingeht." Da fühle sie sich sicherer.) haben wir uns dann nochmal die Schlangen angeguckt, die überraschend zahlreich am Uferrand herumlagen. Wir haben sie mit dem Hinweisschild zur Identifizierung giftiger Schlangen verglichen („Also für mich ist der Kopf eindeutig dreieckig. Das ist keine Brownsnake, das ist ganz klar die Moccassinotter.") und beschlossen, dass wir erstmal genug gebadet hatten.

Dann folgte die schönste Kanutour seit dem Besuch der Schnappschildkröte, vielleicht sogar die schönste Tour ever! Vor lauter Ehrfurcht vor der eindeutig überzähligen Tierwelt - Hunderte von Echsen, Tausende von Schildkröten, Millionen von Kranichen und Geiern sowie (das stimmt jetzt aber wirklich) exakt drei Alligatoren - sprachen wir nur im Flüsterton miteinander, brachten die Paddel kaum zum Einsatz und ließen uns einfach nur dahingleiten. Das Beste kam am Schluss, nämlich ein Manatee und schwamm ganz friedlich neben unserem Boot her, woraufhin ich den Atem an- und Stefan die Kamera ins Wasser hielt. Die Seekuh kam näher, guckte einmal neugierig in die GoPro, tauchte unter unserem Kanu durch und schwamm weiter ihrer Wege. Martha war so aufgeregt, dass sie ihre Freude über dieses niedliche, friedliche Wesen unbedingt mit der ganzen Welt teilen wollte, und rief den Insassen des nächsten Kanus strahlend zu: „Did you see the Manitu?" Nee, sie hatten keinen Indianer gesehen. Leider.

Und sonst so? Besuch von drei Rehen am Morgen, Limonade und Chips zum Mittag, ein lustiger Eichhörnchen-Stunt (uaah, platsch!) am Nachmittag und eine mega Glühwürmchen-Show bei abendlichem Kerzenlicht. Und der Backenbart zuckt im Rhythmus der Phrasendreschmaschine, wenn wir uns am Abend strahlend zuprosten - ich Wein, er Bier: „Das kann uns keiner nehmen!"

13. *Einfach mal wech von dem janzen Heckmeck -* In Kolonne durch Florida

„Don't worry, don't hurry, take it easy!" (Laid Back)

Queen of Labern
HIGHLAND HAMMOCK STATE PARK; FLORIDA

Was ist die größte Errungenschaft des Homo Sapiens? Die Kommunikation. Und wer ist Queen of Labern? Richtig: meine große Schwester Silke. Ach, was freute ich mich schon auf die tiefgreifenden Gespräche mit der buckeligen Verwandtschaft! Und je größer die Vorfreude, desto missmutiger der Blick auf dieses Gepäckband, das noch immer - Standen wir hier wirklich richtig? Flugnummer, Ankunftszeit, alles korrekt. - kein einziges Gepäckstück ausgespuckt hatte. Nicht, dass die jetzt am Ende doch in Miami gelandet waren! (Die vergleichsweise unwichtige Detailinformation des Ankunftsflughafens Orlando hatte ich immerhin noch einige Tage vor Abflug erhalten. Ich war - Kommunikation hin oder her - bis vor Kurzem irgendwie immer davon ausgegangen, dass die zweiwöchige Tour mit Silke und ihren beiden Männern in Miami beginnen würde.) Am Gepäckband drehte sich immer noch nix. Dafür drehte Stefan mit der Feuerwehr die 100. Runde ums Flughafengelände. „Ich fühl mich wie ein Formel-1-Fahrer", teilte er mir per Mobiltelefon mit, außerdem seine Rundenzeit: 3 Minuten, 30 Sekunden. Selbst Stefan war schon im Kommunikationsmodus, sogar mit dem Handy! Da fehlten mir die Worte.

Kaum, dass wir die Drei irgendwann gesichtet und Freudenschreie durch die Ankunftshalle gebölkt hatten, die unserem Namen alle Ehre gemacht haben, sind wir uns nach allen Regeln der Wiedersehensfreude in die Arme gefallen, haben beim schnatternden Gänsemarsch zur Feuerwehr wahllos Basisinformationen ausgetauscht (Nutzung des Lufthanseatischen Filmangebots: Traumschiff und Inga Lindström, da kann man so schön bei einnickern und den Schweighöfer spart man sich für den Rückflug auf. Geschickt eingefädelt!), haben getestet, ob man sich beim Laufen, Kofferziehen und Erzählen ohne Luftholen auch zeitgleich dolle knuddeln kann (Man kann, allerdings muss man Kollateralschäden wie zerstörte Flughafentüren in Kauf nehmen. Zack! Tür mit dem Koffer aus den Angeln gehoben. Mist, die geht jetzt nicht mehr zu. Egal, wir haben jetzt andere Sorgen.), haben kurz mal die bohlensche Reiseausstattung bewundert (Schicke Koffer! - Ja, passen alle ineinander! - Nicht WAHR!) sowie die neue Brille (Steht dir! - Ja, findste? - Absolut!) sowie das neueste Hairstyling (Trag ich jetzt länger. - Sieht MEGA aus!) in den Fokus gerückt, sind dann nochmal auf die neue Brille zurückgekommen (Magste leiden? - Die ist der Hammer! - Ich bin ja mehr so der goldene Typ. - In der Tat! - Ich bin ja Frühling und du bist Sommer. - Echt? - Ja, hab ich doch testen lassen. - Ach was?!), um uns schließlich zum wiederholten Male feste zu drücken (Was riechst du gut! - Ja, neues Parfum, irgendwas mit „Sun" im Namen. Was ganz Leichtes! - Geil, das passt ja!), ah, da kommt auch schon die Feuerwehr. Alle aufstellen! Lächeln! Ankommensfoto: Klick! Klick! Klick! Moment, Stefan, fahr nochmal ´ne Runde, du kannst sicherlich NOCH herzlicher lächeln!

Und dann alle rein in unsere rollende Butze, ab zum Hotel, Feuerwehr vorm „Waffle House" abstellen, dürfen wir hier overnighten? Wir dürfen! Cool! Bierchen in den Rucksack und ab dafür. Erstmal Hotelzimmer aufsuchen, Geschenke auspacken, ohne Ende Süßigkeiten essen, während wir unsere Wiedersehensfreude lautstark mit den anderen Hotelgästen teilen und den neuesten Duty-Free-Shoppingerfolg feiern: Prost!

Wenn man sich so lange nicht gesehen hat, dann hat man natürlich ´ne Menge zu erzählen und in Deutschland ist in unserer Abwesenheit ja auch einiges passiert, das wir nicht mitgekriegt haben, auch im Nachrichtensektor - einiges davon wichtig („Haste gehört? Der Wendler hat ´ne neue Freundin, die ist erst 18!" - „Nicht WAHR!" (Wer ist der Wendler?)) und anderes NOCH wichtiger. Ach, was hatte ich sie vermisst, meine große Schwester, meinen großen Schwager und mein großes Patenkind! Und jetzt sind sie da. ENDLICH!

Morgens sind die Kids „heimlich" in den Pool gesprungen und Martha hat sich danach kurzerhand noch heimlicher in einer geschützten Ecke um- und dabei untenrum komplett blank gezogen. („Äh, da ist es eher nicht so günstig, Mäuschen." Ein besorgter Blick in die Panoramascheibe des Frühstücksbereichs. Aufatmen. Die Gäste schienen den Anblick einer nackten Scheide besser überlebt zu haben, als es das Klischee vom

Amerikaner vermuten ließ. Und wieder habe ich mit einem Vorurteil aufgeräumt. Das tu ich doch gerne!)

Beim Betrachten der mit jeweils einem Coffee-to-go-Becher ausgestatteten Bohlen-Familie stellte ich fest, dass diese sich schon nach einer einzigen Nacht erfolgreich amerikanisiert hatten. Außerdem habe ich von meinem fast 13jährigen Neffen schon ein paar neue Begriffe gelernt. Das Wort des Tages: „gebrozoned". (Ich wurde gebrozoned. Wir sind gebrozoned worden. Du hättest wohl gerne gebrozoned werden wollen sein. Gehabt. Gewesen.) Ich glaube, das ist was Gutes! Schließlich kommt es von Bro(-ther) und ist dann wohl sowas wie die Sis(-ter).

Unser erster gemeinsamer Campingmoment war ein echter Premiumabend - ohne Mücken, ohne Pullover, aber dafür mit Schlüpper, Bierchen und langsam wegdimmerndem Lagerfeuer, Kerzenlicht, Kirmesgrillen und leisen Campingplatzhintergrundgeräuschen. Ein Waschbär ist vor uns auf den Baum und Silke mir vor Schreck auf den Schoß geklettert, wir haben - natürlich! - geredet, geredet und geredet. Und jetzt ist alles still, der Campingplatz liegt im Dunkeln und die Bohlens schlummern gemütlich in ihrer Koje, von Jet-Lag keine Spur. Den habe jetzt dann wohl ICH. (Ach egal. Im Zweifel leg ich mich gleich einfach nochmal ein bisschen zu Silke in die Sis-Zone. Smile!)

Nicht cool, sondern mega
MIAMI; FLORIDA

Campen mit Holli - heieiei, wie das wohl wird?, haben wir uns am Anfang gefragt. Die olfaktorische Grenze ist bei meinem Schwager ja ziemlich schnell erreicht, da kann ein Gang zum Plumpsklo ganz fix zum Spießrutenlauf werden, von der Entleerung einer Chemietoilette mal ganz zu schweigen. Und bei diesen professionell ausgebauten Campingfahrzeugen wackelt hier was, wackelt da was, da kann man sich schon mal beim beherzten Einsatz mit dem Schraubenzieher („Warum geht das

denn nicht, verdammt!?") böse an allen Ecken und Enden ver-
letzen - schwerpunktmäßig an den Nervenenden, versteht sich.
Nein, ich muss sagen: Holger ist uns hinsichtlich der erhofften
Lacherfolge auf seine Kosten nichts schuldig geblieben. Nach
den ersten fünf Minuten der ersten Etappe war schon der Kühlschrank aufgesprungen, um die soeben erworbenen Eier -
platsch! - auf den Boden zu entleeren. Kurz nach Antritt der 2.
Etappe hatte der vermaledeite Kühlschrank - pardauz! - eine
Gallone Milch ausgespuckt. Sohnemann musste beherzt eingreifen, um Schlimmeres zu verhindern. Doch das schmer-
zende Knie, das er sich bei seiner Rettungsaktion zugezogen
hatte, konnte seinem vorläufigen Urteil über die gemeinsame
Reise keinen Abbruch tun: „Keine der Aktivitäten, die wir bisher
gemacht haben, war cool", strahlte Jannis, „die waren alle einfach nur mega."
Alles mitnehmen, so lautete die Devise; wenn es sein muss,
auch einen Baum. Der wurde nämlich kurzerhand von Holger
entlaubt, als er hinter uns vom Parkplatz am Nordstrand in Miami Beach rollte. Was wir außer Bäumen sonst noch so mitgenommen haben? Angefangen hat es mit einem Abstecher zu
den Keys, also den Inselchen, die ähnlich einer langen Perlen-
kette auf einen Highway aufgefädelt sind, wo wir erst im Meer
und dann im Platzregen baden gingen. Des Nachts folgte Stefans Abrechnung mit unserer bisher schrecklichsten Mückeninvasion: neues Mückennetz zurechtschneiden, großzügig mit
Panzertape vor das vermaledeite Heki-Fenster plakatieren und
im diabolischen Killermodus das Hard-Chore-Mückenspray
„Off" in die Luke sprühen. (Ich schmecke jetzt noch den Belag
auf meiner Zunge.) Zeitgleich hat Holger mit seinem Mietmobil
Schluss gemacht: „Das ist das erste, was ich morgen mache.
Ich fahre zu Apollo und stelle denen die Karre wieder vor die
Tür!" (Die Klimaanlage war „kaputt". Dabei musste man - wie
Jannis clever kombinierte - nur den Generator irgendwie um-
switchen und schon konnte der Papa wieder runtergekühlt wer-
den.)
Schon ging es weiter ins Dolphin Research Center in Grassy
Key, das sich zur Aufgabe gemacht hat, verletzte Delfine zu ret-
ten und besonders zahlungsbereite Touristen zu den geretteten

Delfinen ins Wasser steigen zu lassen - für einen kleinen Aufpreis hätte man sich sogar eine kleine Runde von den Meerestieren durch die Lagune ziehen lassen können: Erstmal los schwimmen, dann kommen die beiden Delfine (erst links, dann rechts) von hinten angeschwommen, nun - zack! - die Rückenflosse greifen (wieder erst links, dann rechts) und ab geht´s! Du fragst dich, wer bei so´nem fragwürdigen Touri-Nepp mitmacht? Äh, wir. (Ja, ich weiß. Aber immerhin handelte es sich um gerettete Delfine, die sich hier ihren Lebensunterhalt durch Flossenschütteln und Trallalla verdienten. Den gleichen Text hatten wir übrigens auch schon der Stimme unseres Gewissens entgegengeschleudert.)

Ich muss zugeben, dass ich die Frau von dem Delfin-Rettungs-Zentrum in meiner Aufregung zunächst ein wenig falsch verstanden hatte, was die Entfernung dieses kleinen Ausflugs mit den Delfinen angeht. WAAS! Zwei Meilen durchs offene Meer?! Oh mein Gott! „Edda zieht AUF.JEDEN.FALL. die Schwimmweste an! Da gibt es nix zu diskutieren!" Edda zog aber nur eins: ´nen Fluntsch. Die Schwimmweste war ungemütlich, Stefan war ungehalten, die ganze Aktion war dabei, ins Wasser zu fallen. Zum Glück habe ich mich nochmal bei der Frau rückversichert und - siehe da! - es handelte sich nur um ein paar Meter delfinischen Anschwungs beim Cruisen durchs Meer. Kleines Missverständnis. Kann ja mal passieren. Ergo brauchte Edda keine Schwimmweste und der Delfinspaß war im Sack. Abends schrieb sie in ihr Glückstagebuch: „Heute sind wir mit Delfinen geschwomen. das kan ichnt jeda."

Zum Ausgleich zu diesem „Tourigedöns" (immerhin hatten wir uns einstimmig gegen Disney World und Universal Studios entschieden) wurde dann das volle brightmansche Campingprogramm abgezogen. Dazu gehörte zum einen das Freistehen am Casino neben den großen Trucks, die auch des Nachts noch einrollten und phasenweise ihren Generator laufen ließen, so dass Silke morgens so knitterig aufgestanden war, dass sie den ganzen Tag nutzen konnte, um sich zu entfalten. Dann folgte das Wäschewaschen in einer Münzwäscherei, diesmal in einem quasi kubanischen Vorort von Miami. Die Aufregung

stieg mit unserer Kolonnenfahrt über die abenteuerliche Ver-
knotung von 1000 Highways quer durch Miami Downtown nach
Miami Beach, um dort leider erfahren zu müssen, dass es erst
am entfernten North Beach noch freie Parkplätze gibt, die dafür
- Jippieh! - aber nur drei Minuten vom Strand entfernt waren.
Abends ging es dann mit dem Bus zum Ocean-Drive (ein bisschen Miami-Vice-Stimmung schnuppern, flanieren wie die anderen notgeilen Tussis) und schließlich mit dem Taxi (Passen
da wohl sechseinhalb Leutchen rein? - No worries, mate! - Sooo
will ich dich hören!) zurück zum Parkplatz. Frei campen Klappe
die zweite, diesmal in Miami Beach, läuft doch bei uns!
Nun ja… bei uns lief der Schweiß und bei den Bohlens lief der
Strom immerhin bis 2:00 Uhr nachts, bis ein warnendes Piepen
die drei Campingfreunde aus ihren Träumen von Tubs und Cro-
cket gerissen hatte. Die Batterie war leider in die Knie gegangen. „Endlich mal wech von dem janzen Heckmeck, wa?!", steht
auf dem Bruno-Küssling-Gedächtnis-T-Shirt, das meine
Schwester dem bekennenden „Wilder-Westen-Inclusive-Fan"
als Reiseoutfit organisiert hatte. Das T-Shirt passt gut, nicht nur
zum Outfit.

Jedem sein Workout
MIAMI; FLORIDA

„And up and down, up and down, and push it, and push it!" Aus
dem tragbaren Ghettoblaster schallt die animierende (leicht las-
zive) Wassergymnastik-CD über den ganzen Pool. Der Kasko
gehört einer etwas molligen Dame, die sich im Takt der Musik
bewegt. Ich korrigiere: Sie bewegt ihre rechte Hand dynamisch
im Takt, während der Rest des Körpers sich wohlig in den Lie-
gestuhl schmiegt und der hungrige Blick immer wieder zum Ba-
demeister wandert. Holger steht im Pool und kriegt sich kaum
noch ein. Ich sage: Jedem sein eigenes Workout-Programm.
Ich bin da tolerant.
Während die Kinder pausenlos im Wasser toben, imitieren wir
den Trainingsstil der Pool-Nachbarin, genießen zwischendurch
aber auch ein bisschen unser Leben (bei aller Liebe zu „Push-

it up and down") und treffen das deutsch-chinesische Pärchen wieder, das uns vor Kurzem auf die Feuerwehr angesprochen hat. Sie sind Full-Timer, was hier in Amerika nicht etwa bedeutet, dass man einem Vollzeitjob nachgeht; vielmehr heißt das, dass man Vollzeit im Wohnmobil lebt. Haus verkauft, Plünnen verschenkt und ab dafür! Stefan und ich haben beschlossen, das auch zu machen, wenn wir groß sind. Man hat ja eh viel zu viel Kram und im Gegenzug viel zu wenig Zeit. Minimalismus - das ist die Zukunftsdevise! Wir werden in Deutschland schon mal damit anfangen und der erste Schritt wird sein, dass wir unseren gesamten Krempel, den wir ja zwischenzeitlich bei den Bohlens eingelagert haben (Danke nochmal!), einfach bei Silke und Holger auf dem Dachboden lassen. Erstmal sehen, was wir davon überhaupt vermissen, und den Rest kann das Schwesterherz behalten. Einfach so. Geschenkt. (Aber ich erwarte keinen Dank.)

Ein bisschen undankbar war die Reaktion meiner Schwester auf dieses großzügige Angebot dann aber doch, das muss ich jetzt auch mal sagen! Sie will uns „unseren Scheiß" auf unsere Kosten vor unsere Tür stellen. Ich frag mich: Woher die Aggression? Das ist doch ein bisschen alarmierend, finde ich. Wenn man schon so weit ist, dass man sich über nichts mehr freuen kann, dann sollte man sich mal selbst fragen, ob das vielleicht ein Zeichen für Übersättigung ist. Dahingehend kann ich den Minimalismus-Ansatz nur weiterempfehlen! Aber - wie gesagt - ich bin ja tolerant. Jedem sein Workout, jedem seinen Lebensstil!

Doch angucken kann man es sich ja wenigstens mal, wie andere Leute so leben. Einfach mal über den eigenen Tellerrand gucken. Ruhig ein bisschen neugierig sein. Und diesbezüglich - das sei an dieser Stelle ausdrücklich betont - kann ich meiner Schwester absolut nichts vorwerfen. Zurück zu den Full-Timern aus dem Pool. „Dann fahrt ihr bestimmt eins von diesen ganz langen Wohnmobilen, oder?", wollte Silke wissen. Ja, das konnte der ausgewanderte Münchener und eingewanderte Amerikaner bestätigen. Für Tagestouren habe er allerdings noch einen Jeep hinten dran. Also, so einen komplett ausgestatteten Wohnbus wolle Silke auch wohl gerne mal von innen sehen. Ja, wir könnten gerne mal bei ihnen vorbei kommen. Parzelle Soundso. Man habe auch immer ein Bier kalt stehen. Sooo. Läuft doch! Kommunikatives Ziel erreicht. („Queen of Sabbeln" wird man schließlich nicht einfach mal so.)

Stefan, dem solche eigeninitiativen Einladungen immer sehr peinlich sind, bot sich an, schon mal für das Abendessen zu sorgen, derweil wir unsere Fremde-Leute-Privatsphäre-Besichtigungstour in Angriff nehmen wollten. (Ich sag ja: Jedem das Seine, da rede ich Stefan nicht rein.)

Und so standen wir wenig später im geräumigen Wohnzimmer, das mit sämtlichem Luxus und allen Raffinessen des chinesischen und amerikanischen Kitsch-Sektors liebevoll überdekoriert war. Und mit wem plauderten wir da so nett? Mit einem Hollywood-Filmproduzenten. (Ach was? Welcher Sektor? - Mainstream. - Und kennt man da welche von? - Terminator, Derrick, Polizeiruf 110 - Jooo, meine ich schon mal was von gehört zu haben.) Der hatte unter anderem auch schon einen Harrison Ford unter seine Fittiche genommen, als dieser mit der Trennung von seiner Frau nicht zurecht kam. Mit Blick auf die Kuhfell-Sitzgruppe und das säuberlich gemachte Bett (da gab es nichts zu meckern) erfuhren wir noch einiges mehr über den Lebenslauf dieses Filmproduzenten: Mit 14 habe er schon gewusst, was er später mal machen will und mit 17 dann folgerichtig die Schule geschmissen. Übrigens - der Schwarzenegger ist voll der Kumpeltyp, aber der Tom Cruise und vor allem der Dieter Wedel, das sind ja mal riesige Arschlöcher. „Meine Zeit ist zu kurz, als dass ich einen Film von dir produziere!", habe er dem Wedel ins Gesicht gesagt. Klasse Typ! (Den Spruch muss ich mir merken. Den kann ich bei meiner zukünftigen beruflichen Laufbahn bestimmt noch gewinnbringend einsetzen.)

Es ist auf jeden Fall immer wieder interessant, welch unterschiedlichen Leuten man auf Reisen so begegnet, das fanden auch Holger und Jannis. Und Silke hat jetzt eine neue Einstellung zum Thema Camping gekriegt. Denn in SO einem schicken und geräumigen Teil könnte sie sich durchaus auch vorstellen, den einen oder anderen Urlaub zu bestreiten. „Der steht

mir, oder?", fragte sie, nachdem sie sich zwecks Erinnerungs-
foto (Daumen hoch) vor die fette Karre platziert hatte. Im Prinzip
schon, aber nimm nicht die silberne Variante, Silke. Du bist
schließlich mehr so der goldene Typ.

Der Countdown läuft
CAPE CANEVERAL; FLORIDA

10-9-...
8:    Wir sitzen glücklich im Pool gebadet und zufrieden son-
nengebräunt am Picknicktisch vor Bohlens Wohnmobil und
freuen uns auf den Besuch der Raketen, Raumschiffe, Astro-
nautenkapseln und dergleichen. Der Campingplatz ist super; lediglich die Nachbarn sind ein bisschen schräg.
Neben unserer Parzelle wohnt Familie Flodder und hortet wohl
schon seit geraumer Zeit Krempel jeder Art, derweil der Nachwuchs in routinemäßig anblaffendem Tonfall großgezogen wird.
Die Nachbarn von den Bohlens sind zwei (auf dem alkoholi-
schen Sektor) durchtrainierte tätowierte Mittdreißiger, die sich
mehrfach erkundigen, ob sie womöglich zu laut sind (Nein, kein
Problem.) oder ob das Radio womöglich zu laut ist (Nee, wir
haben nichts gehört.) oder ob der Hund vielleicht zu laut gebellt
hat (Nein, alles okay.), denn der sei ein bisschen „overprotec-
tive" in Bezug auf sein Herrchen (Wie jetzt?), also wenn was sei
- wegen Lautstärke und so - dann sollten wir es ruhig sagen.
Hey, entspann dich mal, wir sind derzeit die Lautesten auf dem
Platz.
7:    Stefan beobachtet morgens eine Coffee-to-go-Prozes-
sion in Richtung Sonnenaufgang und findet überraschend heraus, dass unser Campingplatz direkt am Meer liegt. Etwas ver-
spätet stoßen also zwei weitere Familien zum romantischen
Sonne-ist-längst-aufgegangen-Treff auf dem Steg dazu, allerdings mit wiederverwertbaren KERAMIK-Tassen, liebe Freunde
der Morgenröte. Mann, Mann, Mann! (Es ist zwecklos, der Un-
tergang des Abendlandes steht unmittelbar bevor, also lasst
uns den Aufgang der Sonne feiern, so lange es noch geht.)

„Mensch, wenn man hier so einen schönen Sonnenaufgang erlebt, dann sollten wir hier heute Abend nochmal hingehen, um
den Sonnenuntergang zu sehen", meint Silke und erntet einen
fassungslosen Blick von ihrem Sohn. Kopfschütteln, Augenrollen: „Oh Mann, Mama." Ach nee, war ja Quatsch, merkt jetzt
auch Silke. (Siehe Reset-Vorgang im Gehirn und Gene und so.)
6:      Wir stehen auf dem Gelände des Kennedy-Space-Cen-
ters und überlegen, von welchen Zusatzangeboten wir ggf. Gebrauch machen sollen: „Essen mit einem Astronauten" klingt
schon mal vielversprechend. Ich wäge das Preis-Leistungs-
Verhältnis von „Schlafen mit einem Astronauten" ab, möchte
aber nicht die Katze im Sack kaufen, also verschieben wir unsere Entscheidung, werden vor eine „Green-Screen" verfrachtet, um uns in verschiedenen Posen davor zwangsabzulichten,
wobei Silke enttäuscht feststellt, dass „der Hintergrund jawohl
total langweilig ist." (Kopfschütteln und Augenrollen #2: „Oh
Mann, Mama.") Dann fahren wir erstmal mit dem überklimati-
sierten Bus über das riesige Gelände mit den Raketenab-
schussbasen - für Holger das Highlight der Tour und ich denke
so: „Im Ernst?"
5:      Und dann kommt MEIN persönlicher Höhepunkt: die
ersten Reisen ins All. Erst gibt es ein kurzes mediales Spektakel
über den zunächst ziemlich missglückten Raketenwettlauf mit
Russland. (WIR warn die ersten und ihr mann nihicht. - Laaang-
weilig! Dafür fliegen wir jetzt zum Mooond. Ätsch bätsch. (Bei
Lichte besehen lauter pubertäre Kasper.)) Sodann werden wir
ins „Ground-Control-Center" geleitet, wo uns megaspannend
vor Augen geführt wird, mit welchem Nervenkitzel und vor allem
jahrelangem fieberhaftem Forschen und Experimentieren die
ersten Raketenabschüsse einhergingen. Gebannt starren wir
auf den Countdown und Martha fragt immer wieder, dem Zu-
sammenbruch nahe: „Kann jetzt noch was schief gehen,
Mama?" Ja, Schatz, gleich fliegen wir alle in die Luft. Halt dich
fest!
Als wir dann im nächsten Kino Zeuge der ersten Mondlandung
werden (Mensch, das hätte auch SCHIEF gehen können. Das
war HAARscharf. Nur noch 16 Sekunden für die Landung, fast
wäre dem Neil Armstrong der Treibstoff ausgegangen, aber

überall Steine, keine Chance auf ´ne Landung, das halten meine Nerven nicht aus!) will ich a) unbedingt als Astronautin ins All fliegen, denn hatte man mir nicht gerade gesagt, dass ICH vielleicht die nächste sein könnte?, oder b) wenigstens Ingenieurin bei der Nasa werden, denn nun weiß ich ja, dass „nothing impossible" ist oder c) all mein Geld der Forschung stiften, wenn nicht d) zumindest eine Schürze mit der Aufschrift „Failure ist not an option" erwerben. (Merkt euch das für die Zukunft, Kinder: Versagen ist keine Option!) Doch in erster Linie will ich e) Wie spät ham wir es eigentlich schon? Boah, hab ich ´n Hunger. Scheiß auf die Schürze und die Zukunft. Her mit diesen Brotchips da!

4:      Eins muss man den Amis lassen: Mit Medien kennen sie sich aus. Egal, was man sich anguckt, ALLES ist geil: die Apollo-Missionen, das ECHTE Space-Shuttle Atlantis oder der Simulationsstart einer Rakete mit vollem Getöse und Gewackel und zuletzt der 3-D-Film über unseren blauen Planeten. Der sieht - aus dem All betrachtet - zwar wunderschön, aber leider auch schon ziemlich abgerockt aus: Kalifornien ist quasi ausgetrocknet, die Regenwälder quasi abgeholzt, die Polkappen sind quasi abgetaut, der Wasserpegel steigt, über den Metropolen liegt ein Dunstschleier aus Smog (traurige Musik), aber - hey! - das kriegen wir schon in den Griff. (Heldenmusik) Die Nasa weiß doch, dass alles möglich ist. Außerdem hat der Sprecher (Astronaut) eine hoffnungsvolle Message: Früher war so ein See in seiner Umgebung quasi tot, alle Fische schwammen mit dem Bauch nach oben, aber dann hat man den See renaturiert und - schwupp! Yeah! - nun schwimmen sie wieder, die lieben Fischchen. Und was bei so einem popeligen See funktioniert, das geht auch bei unserer popeligen Erde.

Lösungsansatz der Nasen, äh NASA: Wir müssen auf JEDEN Fall über alternative Energiegewinnungen nachdenken. Das mit dem Aussaugen unserer Ölreserven bringt auf Dauer nix. Wir müssen auf JEDEN Fall mal überlegen, wie man die Nuklearenergie NOCH krasser zum Einsatz bringen kann, damit wir „auch in Zukunft eine Energiegewinnung gewährleisten können, die unseren Bedarf an Energie deckt." (Sprich: Casinos und Trallalla in der Wüste und jedem Kind seinen Fernseher und

Omma ihr 10. Glätteisen und so.) Schwenk auf die hochenergetische Sonne: Was die kann, das können wir auch. (Schaffen. In Zukunft. Glaubt man. Geht schon irgendwie. MUSS gehen.) Und sonst suchen wir uns einfach einen neuen Planeten, denn irgendsoein Teleskop, das man vor Jahrzehnten mal losgeschickt hat, meint einen Planeten gefunden zu haben, der genau den richtigen Abstand zu seiner Sonne hat, so dass dort Leben möglich wäre: „Ist dies vielleicht eine andere Erde?", fragt der Filmsprecher. Hey, Freunde, hättet ihr vielleicht noch ein Fleckchen für 10 Milliarden Menschen übrig? (Aber America first, versteht sich.) Genug mit dem Zynismus! Martha ist jedenfalls völlig geflasht von den faszinierenden Aufnahmen aus dem All und wir alle kehren voll informiert und inspiriert und indigniert, allerdings auch ein bisschen dehydriert und denutrifiziert zum Campingplatz zurück.

3:     Um dort festzustellen, dass uns jemand das Stromkabel samt Adapter geklaut hat. Das gibt´s doch nicht! Da kann doch hier eh keiner was mit anfangen! Aufregung, Gerenne, hoffentlich ist noch einer an der Rezeption. Ich frage - einer vorurteilsfreien Eingebung folgend - freundlich bei den Flodders nach, ob sie zufällig beobachtet haben, wie jemand unser Stromkabel entfernt hat, und siehe da: Die „fünfjährige Tochter" hatte „gedacht, dass wir abgereist sind" und deshalb den Stecker gezogen. Die Mutter hatte das Kabel dann erstmal unter einer Decke im Bollerwagen verwahrt und „war nur noch nicht dazu gekommen, es an der Rezeption abzugeben." Ich bedanke mich freundlich „für die Aufmerksamkeit" und entalarmiere Stefan, der bereits mental kalkuliert hat, ob wir die verbleibenden Wochen auch ganz ohne Strom klargekommen wären.

2:     Und jetzt? Jetzt ist doch allen Ernstes der letzte Abend mit den Bohlens. Die NASA hat zwar viel erforscht und damit vielen geholfen und sie werden uns auch hinsichtlich der dringend benötigten Energierevolution retten, damit wir auch weiterhin kraftvoll wie die Made in den Speck beißen können, aber hinsichtlich der Relativität von Zeit können sie uns leider auch nicht weiterhelfen. (Guck nochmal aufs Datum, Silke! Das kann doch gar nicht sein!)

„Hey Guys, wir haben gerade ein bisschen das Radio angemacht, ist das vielleicht zu laut?" - Nee, Jungs, alles okay. - Wirklich nicht? - Nein. - Also, sie gehen jetzt und lassen das Radio ganz leise an, aber der Hund ist noch im Anhänger. - Okay. - Falls uns das Radio nervt, dann sollen wir einfach den Stecker ziehen. - Nervt uns nicht. - Aber bitte nicht die Tür vom Wohnwagen aufmachen, denn der Hund ist noch drin. - Geht klar.

Wir kombinieren, dass die drei lustigen Zwei inklusive Bullterrier sich in der Vergangenheit wohl etwas daneben benommen und womöglich das letzte Ultimatum vom Platzwart gekriegt haben, und ich ziehe in Erwägung, mich morgen spaßeshalber an der Rezeption über sie zu beschweren.

1: 	Die Koffer sind gepackt, unsere Raumschiffe sind bemannt, das letzte Ziel ist navigiert: Outlet. (Wie soll man denn sonst die letzten Stunden bis zum Abflug rumkriegen? - Nee, Silke, da hast du Recht!) Und ich bin so traurig, dass die Reise mit den Bohlens nun zu Ende ist, dass ich beinahe Frustshopping als Lösungsansatz in Betracht gezogen hätte. In diesen Outlets soll man ja SUPERgünstig einkaufen können. Und - bei Lichte besehen - hat mein Kleiderschrank eh kaum noch etwas für einen Sommertypen wie mich im Angebot. (Genau genommen habe ich noch nicht einmal einen Kleiderschrank.) So kann das nicht weitergehen. Und was mich noch interessieren würde: Stefan, wo genau wohnt eigentlich der Wendler?

0

14. *Zurück auf Los!* - die Ostküste

„Goodbye stranger, it's been nice. Hope you find your paradise. Tried to see your point of view. Hope your dreams will all come true." (Supertramp)

Charleston hat ausgetanzt
CHARLESTON; SOUTH CAROLINA

Wenige Tage nach dem Abschied von den Bohlens müssen wir schweren Herzens auch Abschied vom Sunshinestate nehmen. (Wir sind uns einige: Dieses ganz besondere Licht Floridas sollte es auf Rezept geben.) Wir fahren immer weiter Richtung Norden und entdecken am Straßenrand ein Schild mit Aufschrift „Food Phone". Was hat das wohl zu bedeuten? Ist das vielleicht so eine Notrufzentrale, bei der man anrufen kann, wenn der Hunger zu groß wird? („HELP! I need my burger NOW!" - „Bleiben Sie ruhig. Wir sind umgehend vor Ort.") Für solche Gelegenheiten wäre ein „Drive BY" (als Weiterentwicklung des herkömmlichen „Drive-Thru") wohl die neueste Erfindung, fachsimpelt Stefan. Du fährst einfach mit 50 Meilen auf der rechten Seite und der McDonald´s-Notfall-Food-Truck fährt ans Fahrerfenster, um die Bestellung aufzunehmen. Wär sicher ´ne feine Sache für Menschen mit ´nem straffen Terminkalender.
Der unsrige ist jedenfalls ganz entspannt. Wir machen täglich ca. 100 Meilen, heute mal am Nachmittag, denn wir wollten die State-Park-Gebühren erst noch gebührend abarbeiten. Also ab ins Meer, in den Wellen toben, während Stefan von der Picknickdecke aus zusieht. Er hat einfach so ungern Sand unterm T-Shirt - und das wäre ja mit SICHERHEIT passiert, wenn er sein Shirt ausgezogen hätte... (Und mit DEM habe ich neun Jahre in Spanien gelebt?)
Richtig geraten, es gab Knies im Hause Hellmann. Lieber Freund der gepflegten Meinungsverschiedenheit, ich will ehrlich zu dir sein. Stefan und ich haben uns im letzten Jahr einfach zu sehr auseinandergelebt. Jeder macht hier ja schließlich sein Ding. Ich plane - er fährt. Er kocht - ich schreibe. Ich wasche ab, bringe die Kinder ins Bett, räume auf, mache sauber, rotiere noch und nöcher (aber komm, schon gut, is egal, ich tu es im Stillen, ich mach da kein großes Aufsehens drum, jeder hat hier seine Aufgaben) - und er spielt Gitarre. Da bleibt ja kaum noch Raum für Zweisamkeiten.
LACH... PRUST! Der war gut. AUSEINANDER-gelebt! Das ist nun wirklich kein Begriff für Menschen, die gemeinsam in einer

Feuerwehr leben. Wie soll das denn bitte gehen? In Wahrheit kann man sich gar nicht stärker zusammenleben, wenn man so unterwegs ist wie wir, und das ist ja gerade das Schöne - Knies hin oder her.

Stefan fährt nun schon auf die dritte Tankstelle, die sich als ungeeignet herausstellt: kein Diesel im Angebot. Dementsprechend ist seine Laune. Dazu noch die schlechten Nachrichten von gestern: Ab 2025 darf man in Norwegen keine Fahrzeuge mit Verbrennungsmotor mehr zulassen. Oh oh oh. Da kommt er in Sicht, der Anfang vom Ende. Das, was Stefan schon als 13-Jähriger in seinen dunkelsten Träumen begegnet war, scheint nun allmählich wahr zu werden. Damals hatte er nur einen Wunsch: schnell genug groß werden, um das Geräusch eines röhrenden Verbrennungsmotors noch in den Ohren und sein Vibrieren noch unterm Hintern zu spüren, bevor es zu spät ist. „Ina, lass uns reisen reisen reisen, so lange man es noch kann." Stefan sieht diesbezüglich jedenfalls schwarz und denkt laut: „Leider ist es in Deutschland verboten, größere Mengen an Sprit zu bunkern." (Nie darf man was! Echt!)

Wie sähe ein Urlaub in Amerika aus, wenn man ihn nicht mit dem eigenen Wohnmobil bestreiten würde? Hotel? Motel? Oh Gott. Das wäre für uns die Hölle! Denn viel wesentlicher als die Frage, wie ein solcher Urlaub aussehen würde, ist die Frage, wie WIR nach einem solchen Urlaub aussehen würden. „Mangelernährt", sage ich. „Übergewichtig", sagt Stefan. Wahrscheinlich stimmt beides. Just in diesem Moment entlädt Stefan seinen Tankstellenfrust an einem Werbeplakat für irgendsoeinen ekligen Burger. „Das sieht aus wie ein gefalteter Pappkarton zwischen zwei Brötchen." Es sollte ein mehrfach gefaltetes Spiegelei sein. Was ist da schlimmer - das Eiweiß, das Weißmehl? Weiß der Himmel! (Amerika - ein Paradies für Proktologen?)

Schon ploppen die Auslagen in deutschen Bäckereien vor meinem geistigen Auge auf: knuspriges Graubrot, saftiges Mehrkorn, leckeres Roggengemisch (Hoppla, jetzt hätte es beinahe aus meinem Mundwinkel getropft.) Bei dem Gedanken ans deutsche Brot kriege ich ausnahmsweise dann doch Heimweh. Ich muss vorab eins klarstellen: Die Kanadier und Amerikaner können viel. Landschaft zum Beispiel. Und wilde Tiere. Außerdem noch nette Menschen. Aber... Sowieso und überhaupt - was heißt hier „Brot"? Abendelang haben Stefan und ich uns gefragt, was da vor 150-300 Jahren bei der Übersiedlung der Europäer auf den fernen Kontinent schiefgelaufen sein mag. War da nicht EIN Bäckermeister dabei? Hatte nicht EINE Hausfrau ein vernünftiges Rezept in der Tasche?

Der Tiefpunkt in Sachen „Brot" war das schwarze Toastbrot, das mit der Aufschrift „German Pumpernickel" unsere Aufmerksamkeit auf sich gelenkt hatte. Gesamtkulinarisch gewinnt das „Golden Chick" den Pokal in Sachen Widerlichkeit. „Wir sind in einen foll dowen Fast-Fut-Laden gegangen. in dem habe ich mich ganech wol gefült.", fasste Edda es in ihrem Tagebuch zusammen. Unser Besuch lief darauf hinaus, dass wir alle völlig angewidert unsere Hände zum Schwur erhoben, um feierlich zu verkünden, von nun an nie wieder einen Fuß in ein Fast-Food-Lokal zu setzen. „Eins ist klar: Diese Welt geht vor die Hunde", meinte Stefan angeekelt. Selbst er, der normalerweise alles andere als einen moralinsauren Kampf für den Umweltschutz (oder was auch immer) anstrebt, war zutiefst schockiert über das Ausmaß der Müllproduktion, für das schon allein dieser eine Laden sich zu verantworten hat, ungeachtet der vielen anderen Fast-Food-Läden in allein dieser einen Stadt.

Gute Küche wird es in den USA natürlich auch geben - gar keine Frage -, aber die liegt leider außerhalb unseres Reisebudgets. Nee nee, wenn du in Amerika darauf angewiesen bist, außerwohnmobilig essen zu gehen, dann bist du am Ende entweder arm oder gesundheitlich ruiniert. Auf jeden Fall bist du am Ende am Ende.

Am Ende sind wir ja jetzt schon, jedenfalls fast, also am Ende unserer Reise. Und trotzdem haben wir gestern noch in zwei neue Reifen investiert, denn das Sägezahnprofil der Vorderreifen und das dadurch bedingte ewige Geholpere hatten uns schließlich so verunsichert, dass wir kurzerhand die nächstbeste Werkstatt angesteuert hatten, um 30 Minuten später - that´s America! - schon wieder fix und ready vom Hof zu rollen. Somit hatten wir sogar noch Zeit, drei Stunden durch das wunderschöne historische Städtchen Charleston zu laufen. (Historisch bedeutet ja immer irgendwas mit Krieg. Hier war es der Beginn des Bürgerkriegs, der WO beendet wurde? Na, na? Richtig: in Vicksburg. Gut aufgepasst.)

Charleston ist außerdem der Namensgeber für (Na, na? Wieder richtig geraten) diesen edlen 20er Jahre-Tanz, wo die Frauen so kurze Glitzer-Fransenkleider anhaben und sich neckische Federboas um die nackten Schultern schwingen. So schön ich den Tanz, die Klamotten und die Stadt auch finde - unsere Schlafgelegenheit (ganz zentral, direkt am Visitor Center) belegte mit Bravour den 1. Platz unseres Highscores „schlechtester Übernachtungsplatz ever". (Damit wurde der bisherige Anwärter auf diese Auszeichnung, also der Stellplatz direkt auf einer Baustelle mit Nachtbetrieb, souverän auf Platz 2 verdrängt.) Zum ersten Mal in unserer Karriere als Camper nächtigten wir in einer Tiefgarage - im Gegensatz zu den anderen Übernachtungsgästen (Pennern) immerhin IM Fahrzeug. Der Lautstärkepegel überschritt schon aufgrund des Geschreis unserer streitlustigen Freunde der Nacht jedes Normmaß, doch war dies noch nichts gegen die röhrenden Motorengeräusche und das nervende Piepen. (Weiß der Hammel, wo dieses Piepen her kam!) ZU gerne hätte ich meine große Schwester in einer solchen Umgebung nächtigen sehen!

Heute Morgen hatte die zur Hälfte Multimillionärs- und zur anderen Hälfte Obdachlosen-Stadt für uns jedenfalls ausgetanzt. Daran konnten auch die prunkvollen Villen, die spaßigen Hollywood-Schaukeln am Pier und der lustige Betrunkene, der sich für Michael Jackson hielt und uns eine dementsprechende Performance hinlegte, nichts ändern. („Aau!" Griff ins Gemächt, Griff an den Hut, mauloffener Blick von den Mädels.) Ich zitiere aus dem großen Film „Bang Boom Bang": „Scheiß Laune! Die ganze Nacht nicht gepennt!"

However - die neuen Reifen und das neue T-Shirt können wir auf unserer Habenseite vermerken. Neues T-Shirt, wieso? Also, das war so: Wir stehen auf dem Weg nach Charleston auf der Interstate im Stau. Plötzlich steigt ein fröhlicher (durchaus schicker) Typ aus seinem Pick-Up mit Surfbrett und Anhänger,

tritt an Stefans Fenster und überreicht ihm ein braunes, getragenes, außerordentlich wohlriechendes T-Shirt (Boah, Männerparfum! Das waren noch Zeiten. - „Hömma, riechst du hier an fremden Männershirts?" - „Tja, Vatti, Konkurrenz schläft nicht." - „Ich habe nichts zu befürchten." - „Stimmt.") und der Typ meint nur ganz lässig: „Das ist von einer Brauerei aus Fairbanks Alaska. Auf dem Logo ist euer Bus. Ich schenk's dir."
THAT's America! Ende der Durchsage.

Hinten kackt die Ente
FREDERICK; MARYLAND

Bevor das passierte, das heute passierte, hätte ich ausgiebig von unserer sonnig-fröhlichen Etappe von South Carolina nach North Carolina, von Virginia nach West Virginia und dann nach Maryland berichtet. Von unserem Spaziergang auf den romantischen Stegen am Myrells Inlet bei Myrtle Beach, von den weggespülten Stegen vor den sonst so malerischen Holzhäuschen am Strand von Surf City, von unserem Abstecher nach New Bern. Dieses „neue Bern" schreibt sich übrigens auf ihre vielen Fahnen, die Pepsi-Cola erfunden zu haben, und hat sich darüber hinaus voll und ganz auf den Berner Bären eingeschossen. Sogar das Wappen von Bern ist 1:1 übernommen - nun ja, nur fast. Ein klitzekleines Detail haben die Amis lieber weglassen: den roten Bärenpenis. Und ich sage jetzt nicht schon wieder „That's America", weil das ja beim letzten Beitrag schon mein Schlusswort war.
Der Shenandoah Nationalpark, der passend zu unserer Ankunft die Tore geöffnet hat, ist ebenfalls ein paar Zeilen wert, ganz besonders die Fahrt über den „Skydrive": 105 Meilen ging es immer auf dem Bergkamm entlang, wobei der Wald hier oben noch kahl, doch das schöne Tal unten schon ganz frisch grün war. Beim stundenlangen Cruisen auf der Landstraße genossen wir den weiten Blick auf den wellenförmigen Schwung der dicht bewaldeten Berge - vorne grün, hinten blau, oben noch blauer. „Almost heaven." Zwar waren wir noch gar nicht in „West Virginia", aber man kriegte auf jeden Fall einen hartnäckigen

Ohrwurm von diesen „Blue Ridge MOUNtains", dabei sah man ihn noch gar nicht, den „Shenandoah Rihiver".

Schön waren auch (mal wieder) die Begegnungen und lockeren Gespräche, sei es nun beim Genießen der Aussicht („North-Rhine-Westfalen ist eine schöne Stadt!" - Thank you. Amerika auch!) oder auf dem Campingplatz. („Cool rig man!" - Danke!) Hier stellte sich heraus, dass die beiden Wanderer, die unsere Dicke so toll fanden, hauptberuflich alte Schulbusse ausbauen - unter anderem den von Mogli und Felix aus dem Film „Expedition Happiness". (Jedenfalls haben sie das behauptet.) Leider war der Campingplatz bereits ausgebucht, aber - hey! That's America! - kein Grund für Trübsal, denn die Schulbusausbauer luden uns kurzerhand auf ihre Parzelle ein.

Auf unsere lange Wanderung, die wir für den nächsten Tag planten, haben sich die Kinder so sehr gefreut, dass sie sich hochmotiviert ans Packen ihrer kleinen Rucksäcke gemacht haben. Marthas Gepäck enthielt nur das Nötigste: Wasser, Pullover, Jacke, Handtuch, Badeanzug, Müsliriegel, Gummibärchen, kleines Spielgespenst, Seile, Leseraupe, zwei kleine Bälle, Stift, Notizbüchlein, Lupe... („Ähm, hast du auch wirklich an alles gedacht, mein Schatz?") Auf der ersten Hälfte der Wegstrecke, die zwei Stunden lang konstant bergab verlief (Oh je, oh je, das müssen wir hinterher aber alles wieder hoch laufen...), war Edda bester Dinge und wurde nicht müde, vergnügt zu betonen, WIE sehr sie lange Wanderungen liebe, aber nur die GANZ langen Wanderungen, während sie die kurzen Wanderungen ja sowas von langweilig finde. (Dumdidum, tideldei, und die Natur wird auch immer schöner, denn die Bäume werden auch schon immer grüner, oh, oh, oh...) Stefan und ich tauschten voller Vorahnung auf den bevorstehenden Stimmungsumschwung besorgte Blicke aus. Und kaum war das Ziel erreicht (Picknick am ersten Wasserfall, gemütliches Einrichten auf dem Stein, trallalla, das Leben ist schön), ging es auch schon bergauf und Edda fand, dass es nun aber an der Zeit sei, allmählich mal bei der Feuerwehr anzukommen. (Uiuiuiui...) Nun hieß es motivieren, ablenken, anschieben, Nerven behalten - nur schlappe vier Stunden lang - und schon waren wir da! Die Mädels strahlten und hüpften, die Eltern plumpsten in die Campingstühle, wir alle konsultierten nochmal die Karte und einigten uns darauf, dass diese 12 Kilometer (einmal ins Tal und wieder zurück) als unsere erste waschechte Bergwanderung durchgingen.

Unser nächster Nationalpark war das frühere Städtchen und heutige Museumsdorf „Harpers Ferry", das zwar die Zerstörung durch den Bürgerkrieg, nicht aber die zahlreichen nachfolgenden Überflutungen überlebt hat. Einen Besuch von Harpers Ferry sollte man sich aber trotzdem nicht entgehen lassen, und zwar nicht nur weil man dort a) das erste College für Schwarze besichtigen, sondern aller Wahrscheinlichkeit nach b) auch einen echten dreckigen und verschwitzten Wanderer des berühmten Apalachian-Trails erblicken sowie c) endlich den Shenandoah River und mit etwas Glück auch d) eine riesige Schildkröte darin sehen kann. Für uns hatte es sich schon allein deshalb gelohnt, weil wir f) ja die Nationalpark-Jahreskarte haben und überall umsonst reinkommen. (Hey. Ho. Let´s go.) Doch das Allerbeste an Harpers Ferry ist g), dass es schon GANZ knapp in West Virginia liegt. (Aufkleber klebt. Check!)

Fast hätten wir auch noch einen weiteren Nationalpark namens Gettysburg mitgenommen (Und was ist da los? - „Na, Bürgerkrieg, Schlachtfelder, was sonst?!"), entschieden uns („Baoh nee, irgendwann ist auch mal gut!") dann aber doch geschichtsignorant für die sparsame Nacht auf dem Walmart-Parkplatz. Diese überraschend friedlichen Schlachtfelder hatten uns schließlich schon in Vicksburg zu Tode gelangweilt.

Tja, und jetzt bist du endlich da, wo ich dich schon die ganze Zeit hin haben wollte: auf jenem Kriegsschauplatz, auf dem meine spektakuläre Story des Tages spielt. Da stehen wir also auf dem Parkplatz und plötzlich ereignet sich direkt vor unseren Augen ein Drama: „Guckt mal, wie niedlich!", ruft Stefan und verweist damit auf eine Entenmama mit ihren 10-20 watscheligen Küken, wie sie sich auf eine große Pfütze zubewegen, die sich auf dem Asphalt des Parkplatzes gebildet hatte. Plötzlich dengelt ein dämlicher Idiot um die Kurve und brettert voll auf die Entchen zu. Die Kinder schreien „NEIIIIIN!", wir brüllen aus der Tür „EYYY! Pass doch auf, du Idiot!", die Mädels rennen nach hinten, um das Elend nicht mit ansehen zu müssen, Martha schluchzt bereits verzweifelt in ihr Kissen, doch wie durch ein

Wunder hüpfen die flauschigen Küken rechts und links zur Seite und die Reifen des Autos erfassen nicht EINS der gelben Dinger. Alter Schwede, das war echt knapp!

Wir (mittlerweile alarmiert) bauen uns nun als Schutzwall neben die kleinen Wuschels auf, um uns - wenn nötig - an Enten statt vor das nächste heran brausende Auto zu schmeißen. Glücklicherweise entscheidet sich Mama Ente für den rettenden Graben neben dem Highway. Puh, das war gerade nochmal gut gegangen, doch Pustekuchen! Kurze Zeit später - Edda und Martha sind noch mitten im Entwicklungsprozess von pro-aktiven Enten-Umsiedelungsplänen - trifft der dämliche Esel von einer Ente - von blindem Fatalismus angetrieben - den wahnwitzigen Entschluss, samt Brut die Überquerung des sechsspurigen Highways zu wagen. Die Mädels sind außer sich, schreien der Entenmama zu, es nicht zu tun, toben, beben, werfen ihre Gesichter („Guckt nicht hin! Guckt weg!") ins Kissen, heulen („Neiiiin!"), während Stefan und ich gebannt auf das uns gebotene Drama am Straßenrand schauen. Unentwegt brausen die Autos mit hoher Geschwindigkeit vorbei; schon ist die fürsorgepflichtige Ente quasi unter den Reifen gekommen, doch immer springt sie im letzten Moment erschrocken zur Seite, stets blind gefolgt von ihren nichtsahnenden Schützlingen. Wir haben schon die Hoffnung, die blöde Watscheldame hätte ein Einsehen hinsichtlich der Aussichtslosigkeit ihres Unterfangens („Alles gut, Kinder, sie macht´s nicht!"), doch - nichts da! - im nächsten Moment wagt sich das todesmutige Flattervieh blindlinks auf die Fahrbahn. Das war´s. Das ist das Ende. Wir sehen vor unserem geistigen Auge schon Flaum und Federn fliegen, („Kinder, nicht gucken! Guckt auf keinen Fall hin!"), aber nein! Es hatte sich eine winzige Lücke im Verkehr gebildet, die es dem nächsten gar gefährlich herangurkenden Gefährt gestattete, das gefederte Getier vor die Motorhaube zu kriegen.

Es muss sich wohl um einen Tierfreund gehandelt haben, denn was nun kommt, ist ein scharfes Bremsen, gefolgt von einem lauten Knall. Der eine bremst, der andere nicht. Das vordere Auto kriegt einen satten Schubser bis knapp an die Bürzelchen der Entenfamilie, die unbehelligt die Mitte der Fahrbahn erreicht. Doch hier wartet schon die nächste Hürde: eine hohe

Bordsteinkante, die von den letzten zwei Küken erst im sound-sovielten Anlauf bewältigt wird. Und es ist fast nicht zu glauben, aber auch auf den drei Gegenspuren wird für Familie Quak gebremst und das Drama nimmt ein gutes Ende - jetzt mal abgesehen von den beiden kaputten Autos und den beiden schockierten Frauen, die aber sonst nix abgekriegt haben. Ente gut, alles gut.

So, das war´s. Mehr gibt es nicht zu berichten. Ich hab auch keinen Schlusssatz, noch nicht mal einen Bezug zum Titel auf Lager, denn hier ist ja noch nicht Schluss. NOCH nicht. Noch sieben Tage und der Rest von heute. Seufz.

Vorne ist schon ganz nah
POHICK BAY REGIONAL PARK; LORTON; VIRGINIA

„Hinten ist schon ganz weit weg!" Dieser Satz war monatelang der Slogan für unsere lange lange Reise, bei der wir unser halbwegs geordnetes Leben nur noch schwach in der Ferne ausmachen konnten. Nun allerdings müssen wir die Reise umbenennen, denn hinten ist jetzt wieder vorne, und vorne ist schon ganz nah. (Schluck Kaffee. Pause. Den Satz muss man wirken lassen.)

Heute Morgen, beim Frühstück am Picknicktisch unterm Blätterdach mit Vogelgezwitscher und Eichhörnchengeraschel im Unterholz (Aaah! WAS für eine Kulisse für meine bedeutungsschweren Metaphern!) befanden wir uns irgendwo dazwischen. (Blick in den blauen Himmel. Schwenk in den Wald. Sonnenflecken auf dem Waldboden. Fokus auf den Picknicktisch.) „EY, weg von dem Brot, du Frechdachs!" Da war doch tatsächlich ein Eichhörnchen unbemerkt in unsere Brottüte gekrochen, hat man da Worte?! Dabei wollten wir eigentlich die letzten vier Tage noch von unseren Vorräten zehren.

Wo war ich? Hinten? Vorne? Pling, pling. Nachrichten dengeln rein. Einladungen zu Geburtstagen. Oh, super! Äh, wann? War da was? Ist da was? Termine, Termine, Termine. Wo ist mein Kalender? HABE ich überhaupt einen Kalender? Oh je, KRIEGT man jetzt überhaupt noch irgendwo einen Kalender?

Ich bin überfordert. „Lasst es langsam angehen", rät mir meine kleine Schwester. „Gewöhnt euch schon mal dran!", lautet die Schocktherapie der großen.

Genau in diesem Augenblick singt Stefan: „so FIIND yourself, we´re on our WAY back HOME." Supertramp kommt aber auch wirklich immer im richtigen Moment mit guten Zeilen um die Ecke. Und haben wir uns denn gefunden? Sind wir bereit für die Rückkehr? In Bezug auf Stefan lautet die Antwort „Ja", denn der Soundtrack zum täglichen T-Shirt, das Lied „Unknown Stunt-man" sitzt! Schacka! Heute Morgen flüssig durchgespielt, kein Hänger, sogar mit Gesang, also alles paletti, der Stuntman ist zufrieden mit sich.

Aber was ist ein Stuntman ohne fahrbaren Untersatz? „Enjoy your life in full trains", heißt es ja so schön, aber Stefan ist ja nicht der Typ, der sein Leben in vollen Zügen genießt, wenn er in vollen Zügen reist. Um dies also von Anfang an zu vermei-den, wollten wir uns direkt nach unserer Landung in Frankfurt ein gebrauchtes Auto kaufen, um auch in Deutschland von An-fang an selbst das Steuer in der Hand zu haben. Siehe da, wir fanden einen Caddy: praktisch, vernünftig, gut. Das war schon harter Tobac für meinen Mann (denn seit wann fährt ein Stunt-man einen Caddy?), aber ich hatte ehrlich gesagt sogar mit et-was mehr Widerstand gerechnet. Das Problem war nur: Es han-delte sich bei dem Angebot um das Sondermodell „Jako-O", das es wiederum in verschiedenen Ausstattungsvarianten gibt, was wir - mit Lachtränen in den Augen - auf auto.de nachgelesen haben: „Das Set „Wellness" bietet mit Nackenhörnchen, Brot-dosen und Trinkflaschen aus dem Kinder-Sortiment eine Aus-wahl an nützlichen Reisebegleitern (...), das „Entdecker"-Paket wiederum besteht aus Stirnlampe, Fahrtenmesser, Rucksack, Pflanzenbuch und Kescher." Wir konnten nicht mehr. Ich sah uns schon in Frankfurt das Auto entgegen nehmen und nach dem Kescher fragen. („Das gehört zum Paket!") Mal ganz ehr-lich: Alles noch frisch im Hause Volkswagen? An den fehlenden Coffee-to-go-Becher-Haltern ALLEIN liegt es womöglich nicht, dass die von Volkswagen sich schwer tun, den amerikanischen Markt zu erobern.

So viel zum Thema „Vorne". Wir lassen mal Caddy Jako-O sein und alles auf uns zu kommen. Nun noch was zum „Dazwischen": Gestern haben wir (Mädels) uns Washington D.C. (und Stefan sich die verschiedensten Automodelle) angesehen. So haben wir unter anderem den riesigen hässlichen Obelisken angestarrt und den Anblick dieses schrecklichen Phallus-Symbols durch die Betrachtung renommierter Kunst schließlich wieder ausgeglichen. Dies taten wir in einem der zahlreichen Museen des britischen Stifters namens James Smithson. Dieser hatte im Jahre 1838 aus ungeklärten Gründen sein gesamtes Vermögen in Form von 105 Säcken, die bis zum Rand mit glitzernden Goldstücken vollgestopft waren, auf ein Schiff geladen und in die Hauptstadt der USA schippern lassen, damit es dort der Bildung zugute kommen möge. Er selbst hat Zeit seines Lebens weder einen Fuß auf dieses Schiff noch auf amerikanischen Grund und Boden gesetzt. Glücklicherweise hat man sich am Ende einer langen Debatte dazu durchgerungen, das Geld anzunehmen und auch im Sinne des Stifters anzulegen, so dass Besucher wie Einwohner von Washington D.C. jetzt die Möglichkeit haben, sich auf dem riesigen Museumskomplex in den verschiedensten Disziplinen komplett kostenfrei persönlich fortzubilden. Für mich ist die Hauptstadt der USA damit das Highlight der gesamten Ostküste.

Nachdem ich also vor dem „Electronic Superhighway" von Nam June Paik und anderen Sensationen der neueren Kunstgeschichte mehrmals vor angemessener Begeisterung komplett ausgeflippt war, konnten wir unsere Aufmerksamkeit gebührend dem Weißen Haus widmen, um das man natürlich bei einem Besuch von Washington D.C. auch nicht drumrumkommt. Fragt man irgendwelche Dahergelaufenen, die gerade zum ersten Mal das Weiße Haus gesehen haben, nach ihrem Eindruck, so sagen 11 von 10 Leuten: „Das ist viel kleiner als erwartet." Und wenn du mich fragst, die ich gerade das Weiße Haus gesehen habe, so sage ich: Es wirkt - zumindest von Weitem, denn näher ran kommt man nicht - genauso klein wie alle sagen.

Mit diesem kleinen weißen Häuschen im Hintergrund habe ich meine Familienmitglieder interviewt: „Wenn du der Präsident von Amerika wärst, welche Entscheidungen würdest du dann treffen?" Martha möchte alle Plastikbecher abschaffen, eine große Spendenaktion für arme Leute starten und ein Flüchtlingshaus bauen. Edda möchte, dass alle Menschen die gleichen Rechte haben, dass „keine Bomben mehr sind" und „so wenig wie möglich Kriege". Und Stefan möchte im Sinne der Gleichberechtigung erwirken, dass jeder Autokäufer bei jedem Erwerb eines Fahrzeugs einen Kescher, ein Nackenhörnchen und eine Brotdose dazu bekommt. Ich persönlich wäre ja schon froh, wenn ich weder diese noch andere Gimmicks bei irgendeinem Kauf von Wasauchimmer dazu kriegen würde. Schließlich hatten wir uns gerade vorgenommen, in Deutschland nicht wieder so viel Kram anzuhäufen, der einem dann wie der Teufel im Nacken sitzt.

„Was vermisst ihr eigentlich von den Dingen, die wir in Deutschland gelassen haben?", hatten wir unlängst die Mädels gefragt. Martha vermisst ihre Gitarre und ihr Fahrrad. Edda vermisst das Spielpferd und ihr Keyboard. Das war´s. Ich selbst weiß nicht so recht, was ich vermisse. Aber ich weiß, was ich vermissen werde, wenn ich in wenigen Tagen wieder in Deutschland bin: unser Luxuslotterleben in unserer kleinen bescheidenen Feuerwehr, die Bewegung in unserem Leben, die täglichen neuen Horizonte, die Freundlichkeit der Menschen." Goodbye stranger, it's been nice. Hope you find your paradise. Tried to see your point of view. Hope your dreams will all come true." Und Supertramp. Aber die kommen ja gar nicht aus Amerika.

Monopoly
BALTIMORE; MARYLAND

Irgendwie war der Drive raus, als wir vor drei Tagen unsere letzte Spielrunde antraten. Monopoly. Von Washington D.C. nach New Jersey, vom Rathausplatz zur Parkstraße, 220 Meilen vor, 150 Meilen zurück. Schon auf dem Hinweg: Stau, Stau, Stau. Dreimal Pasch gewürfelt. Mist! Lange Pause in einem fast menschenleeren Park von Philadelphia, deren Skyline wir nur von Weitem sehen. (Bei dem Namen „Philadelphia" kommt

Edda ins Grübeln: „Warum werden Städte eigentlich immer nach Käse benannt und nicht mal nach Pfannkuchen oder so?") Und schon ist er da, der Polizist, und klopft uns aus dem Mittagsschlaf, weil er zwei vermeintlich elternlose Kinder im Fahrzeug erspäht hatte. (Gehen Sie in das Gefängnis. Begeben Sie sich direkt dorthin. Gehen Sie nicht über Los. Ziehen Sie nicht 4000 Mark ein.) Außerdem sei das keine gute Gegend, warnt er uns (mit erhobenem Zeigefinger, aber ohne Trillerpfeife im Mund), also machen wir uns mal lieber auf die Socken.

Gegen Abend erreichen wir Princeton - genau: DAS Princeton. Mit den alten, von Efeu berankten Gemäuern hat diese Universität - besonders bei Nieselregen - etwas von Hogwarts. Wenn nicht in Harward oder Yale, dann trifft sie sich hier, die sogenannte „Ivy League", um zu studieren und hinterher entweder Präsident, Nobelpreisträger oder sonst wie berühmt zu werden. Für schlappe 52.000 Dollar im Jahr bist du dabei - wenn man dich denn nimmt. Für unsere Kinder kommt das schon allein deshalb nicht in Frage, weil deren Eltern gerade dabei sind, ihre Studiengebühren fürs Reisen auszugeben. Folgerichtig wählen wir auch kein Hotel an der Schlossstraße, sondern den Wanderparkplatz am kleinen See für die kostenfreie Übernachtung. Wir fahren durch außerordentlich gepflegte Dörfchen mit sauber gemähten Rasenflächen vor äußerst hübschen Häusern in durchweg ordentlichen Siedlungen.

Sehr idyllisch, finde ich. Unglaublich spießig, findet Stefan. Wieso?, frage ich mich (War doch schön hier! Alles so idyllisch, alles picobello. Hier wehte noch ein anderer Wind. Kein noch so winziges Blatt wehte hier von keinem noch so mächtigen Baum auf die raspelkurze Rasenfläche. Jede Amerika-Flagge wehte in die richtige Richtung.), WIESO muss mein Mann eigentlich immer Recht behalten? Es gebe eine Art „Blockwart", so erfahren wir von der freundlichen Rentnerin, die nach dem Krieg mit ihren Eltern in die USA eingewandert war, und dieser passe auf, dass nicht „die ganzen Schwarzen" unbefugt im Gemeinschaftspool baden gingen. Es sei schon schlimm genug, dass die Selbstbedienungskasse im Supermarkt sie auf Spanisch begrüße und „die Juden" von der Wohlfahrt und somit auf ihre Kosten leben würden. Übrigens sei das Meer nicht weit, ein

Strandbesuch aber nur gegen Gebühr erlaubt und das auch gut so, denn so bleibe man wenigstens dort unter sich. Wieso?, frage ich mich nochmal. WIESO mussten wir in unseren allerletzten Tagen dann DOCH noch mit Fremdenhass konfrontiert werden? Hatte ich nicht gerade erfolgreich mit den Vorurteilen vom „Amerikaner an sich" aufgeräumt? Das kann doch unmöglich der Schluss unserer Story sein!

Eine letzte Chance hatten wir noch. Eine allerletzte Chance, einmal erleben zu dürfen, wie es ist, des Nachts von der Polizei vertrieben zu werden. Wir haben sie genutzt. Kurz vor der Geisterstunde weckt uns ein heftiges Pochen an die Außenhaut unserer Feuerwehr. Stefan taumelt in Boxershorts und schlaftrunken nach vorne und fällt prompt in die Trittstufe, da er aufgrund des Lichts der Taschenlampe, die der Polizist ihm direkt auf die Augen hält, nichts sehen kann. Wer wir sind, wie viele wir sind, wo wir herkommen, wo wir hinwollen, will der Mann wissen. Nachdem er unsere Story gehört, „Thank you for visiting" gemurmelt und uns des Platzes verwiesen hat, transportieren wir uns und unsere schlafenden Spielfiguren um Mitternacht auf die Badstraße: der Walmart in Princeton, was sonst?! (Aber es ist ein außerordentlich gepflegter Walmart.)

Bei unserer Rückfahrt nach Baltimore regnet es wie aus Kübeln; auch bei der Ankunft auf dem Campingplatz noch. Eigentlich müsste man jetzt mal mit dem Packen anfangen. Trägheit hängt in der nassen Luft. Irgendwann fängt dann doch irgendeiner an, irgendwo irgendwas abzuhängen, einzupacken, wegzuräumen. Und schon bald regiert das Chaos. Zwischen Tellern mit irgendeinem improvisierten Reisgericht bringen die Kinder ihre letzten Tagebucheinträge zu Ende, während über ihren Köpfen Bilder abgenommen und Regale geleert werden. „Das hat was von Abwracken", findet Stefan. Wieder muss ich ihm Recht geben.

„Und freut ihr euch jetzt auf Deutschland?", will der Mann an der Pforte beim Abschied von mir wissen. Das frage ich mich selbst. Und? Freue ich mich denn? Ja. Schon. Aber ich könnte auch direkt wieder in Halifax starten. Zurück auf Los.

Braucht die Story einen Schluss?
MÜNSTER; DEUTSCHLAND

Wo bin ich? Wo war ich? Wo war ich stehengeblieben? Ach ja, auf der anderen Seite der Welt. Es ging alles so schnell, ich habe ganz vergessen, Tschüs zu sagen. Goodbye America. „Goodbye stranger, it´s been nice."

Wie - und das war´s jetzt? Zehn Monate unterwegs und alles, was bleibt, ist ein „Tschüs, war schön"? Kein Fazit, keine Erkenntnis, kein Garnix? Losfahren, rumfahren, ankommen, weitermachen - oder was?!

Gut, sicher - der letzte Tag in Amerika ist ja auch erst zehn Tage her. Und diese Fliegerei ist sowieso nicht meine Art des Reisens. Kaum ist man in der neuen Welt losgeflogen, ist man auch schon in der alten Welt angekommen. Und kaum ist man vorne angekommen, ist hinten schon wieder ganz weit weg. Doch eigentlich weiß ich nicht einmal mehr, was hinten und vorne ist, weil ich schon längst im Oben und Unten wühle. Oben = Bücherregal mit alten Ordnern im Dachbodenzimmer. Unten = Unmengen von Kisten im Keller. Ich stehe quasi mit beiden Beinen in meinem alten Leben: alte Schuhe, alte Bücher, alte Fotos, alte Zeichnungen, alte Liebesbriefe. Was für ein wunderbares Gefühl, sein Leben wegzuwerfen! (Abgesehen von den Liebesbriefen, versteht sich.)

Kaum waren wir reihenweise Familienmitgliedern um den Hals gefallen, hatten neue Handyverträge gemacht, die neue Wohnung meiner Eltern bewundert, ein neues altes Auto gekauft, Versicherungsvertreter getroffen (und und und) und schließlich in Münster den Schlüssel ins Schloss gesteckt, hatten die Kinder voller Begeisterung das ihnen völlig unbekannte Elternhaus erkundet, war die erste Flasche Wein in der neuen alten Küche noch nicht geleert, da verwandelte sich unser Häuschen bereits in einen regelrechten Entsorgungsbetrieb. Stefan fragt: „Was machen wir mit...?" Ich antworte: „WEG!" Alles weg, damit man irgendwie im Jetzt ankommen kann, um sich schließlich und endlich mal wieder gedanklich dem zu widmen, was - unglaublich, aber wahr! - noch nicht GANZ so lange her ist wie der letzte Liebesbrief: AMERIKA! Beam me over the ocean, Scotty! Bring mich nochmal kurz zurück nach Baltimore! Unsere Story hat nämlich noch keinen Schluss.

PLING!

Die Seesäcke sind also gepackt, der Rest unserer Siebensachen ist halbherzig im hinteren Teil der Feuerwehr verstaut und wir sind viel zu früh am Hafen. Stefan ist nervös, er will auf Nummer Sicher gehen, also heißt es, lieber zu früh als zu spät anzukommen. Unser Zeitpuffer, bevor wir Kurt Müller treffen, der unsere Dicke in den Hafen von Baltimore fahren wird (ohne Transferservice geht es leider nicht), beträgt zweieinhalb Stunden. Zeit genug, uns auch physisch ganz dem Gefühl hinzugeben, das sich spätestens seit dem Packen unserer Seesäcke in meiner Magengegend breitgemacht hatte: irgendwas zwischen Lähmung und Antriebslosigkeit. Auf jeden Fall etwas ohne Schwung. Ich habe plötzlich Lust, den Himmel über uns zu fotografieren: einmal nur Himmel mit weißen Wolken, einmal Himmel mit silbernen Dachboxen, einmal Himmel mit bunten Übersee-Containern. Seufz.

Irgendwann trudelt ein weiteres Wohnmobil mit einem schweizerischen Pärchen und zuletzt auch Herr Müller ein. Dieser stellt sich als ein Mann deutlich älteren Semesters heraus, der einen erstaunlich fitten Eindruck macht - insbesondere angesichts der Tatsache, dass er gestern noch in Deutschland war, um den 80. Geburtstag seines - habe ich richtig gehört? - jüngeren (!) Bruders zu feiern, heute Morgen jedoch bereits eine Gruppe Touris durch Washington geführt hat. Dem Kurt seine Energie hätte ich gerne! Zögernd überreicht Stefan ihm den Feuerwehrschlüssel. Das Schicksal unserer Dicken liegt ab jetzt nicht mehr in seinen Händen. Doch - Hab Vertrauen, Stefan! - für Kurti ist das alles gar kein Problem. Der schaukelt das schon. Der hat zwar vielleicht heute noch keinen Schlaf gekriegt, aber dafür Erfahrung mit diesen Dingen, gaaaanz viel Erfahrung.

Während der Wartezeit in der Reederei werden wir nochmal kurz munter, als die beiden Schweizer, die eine ganz ähnliche Reiseroute wie wir hinter sich haben, uns raunend zuflüstern, dass SIE den Dingern selbstredend kein Vertrauen geschenkt hätten, also diesen Geldautomaten. Stattdessen hätten sie (Safety first! - Ja nee, is klar.) das gesamte Budget für ihre einjährige Reise rund um die Uhr im praktischen Hüftbeutel mit sich getragen. Ich habe es vor Augen und meine heimliche Freude an diesem Bild.

Kurz. Denn um uns die bevorstehende Ankunft in Deutschland schon mal richtig schmackhaft zu machen, geben meine Schwestern die Temperatur des Zielortes per Whats-App durch: 3 Grad in Melle. Bielefeld: 4 Grad, sticht! - Sag mal, ist in Deutschland gerade auch Mai? Am Flughafen hätte ich fast meine letzten Münzen in irgendsoeine Spendenbox geworfen, als ich noch so nebenbei nachfrage, welcher wohltätigen Organisation dieses Geld denn zugute kommt. Die Antwort: „Der Army." Ich halte inne, gucke blöd: „Nee, dann nicht." Erleichtert, mich nicht an irgendwelchen kriegerischen Machenschaften mitschuldig gemacht zu haben, stecke ich meine 1 Dollar und 37 Cent wieder in die Hosentasche. (Da kann man bestimmt noch irgendwas draus basteln.)

Ja, und dann? Komm mal in die Puschen, Ina! Was ist jetzt mit dem Fazit und der Erkenntnis und so? Geduld, mein Freund, Geduld. So ist das eben mit der Rückreise. Da sitzt man viel rum, da heißt es „Warten!" - erst am Flughafen, dann im Flieger. Beim Umstieg Regen - muss ja zum Drehbuch passen. Alle todmüde, Edda zusätzlich quengelig. Man schleppt sich in den nächsten Flieger, aus dem Flieger ans Gepäckband, die Augen noch halb geschlossen erblicke ich die beiden Seesäcke, wuchte sie vom Band und fange spontan an zu heulen. Warum, kann ich irgendwie selber nicht sagen, doch Edda scheint es zu wissen, streichelt meinen Arm und sagt: „Ach Mama, mit uns ist das Leben doch überall ein Abenteuer!"

Jetzt hast du dein Fazit.

Demnach hat und braucht diese Story auch keinen Schluss, denn das Abenteuer geht ja weiter. Stefan und ich sind zwar wieder da, wo wir vor zehn Jahren aufgehört haben, aber nun haben wir zwei große Mädels im Gepäck, die sich mit Feuereifer auf ihr neues Leben in Deutschland stürzen. Auf den ersten Blick scheint unser psychologisches Konzept aufgegangen zu sein: Abenteuerlust statt Abschiedsschmerz, Vorfreude statt

Kulturschock - so lautete der Masterplan vor dem Antritt der Reise. Grund zur Freude gibt es ´ne Menge: die Familie, die Freunde, die grünen Bäume, das Vogelgezwitscher am Morgen, die Öffnungszeiten der Abfallwirtschaftsbetriebe, die Ankunft der Dicken in Hamburg. Wenn irgendwann auch mein Kopf angekommen sein sollte, dann sage ich Bescheid. Und wenn nicht, dann auch. Denn ich schreibe weiter. Am liebsten von unterwegs.

Für Edda und Martha.
Für Stefan.
Für Mama und Papa.
Für Maren und Silke.
Und für den Rest meiner Herde.

Ich hab euch lieb!